John Plant

Heyoka
Die Contraries und Clowns der Plainsindianer

John Plant

Heyoka

Die Contraries und Clowns der Plainsindianer

Verlag für Amerikanistik
Wyk auf Foehr
Germany

Inaugural-Dissertation zur Erlangung der Doktorwürde der Philosophischen Fakultäten der Albert-Ludwigs-Universität zu Freiburg i. Br.
Dekan: Professor Dr. Hermann Danuser
Referent: Professor Dr. Ulrich Köhler
Korreferent: Dr. Lothar Käser

ISBN 3-89510-011-0
1. Auflage 1994

Satzherstellung: Fotosatz Meinecke, 38321 Denkte
Druck und Reproarbeiten: Druckerei R. Knust GmbH, 38104 Braunschweig
Buchbinderische Verarbeitung: Buchbinderei Bratherig, 38118 Braunschweig

Printed in Germany

Inhaltsverzeichnis

Einleitung

Lachen auf den Plains

Ein altmodisches und volkstümliches Bild des historischen Indianers der nordamerikanischen großen Ebenen (Plains) beschreibt ihn als einen berittenen, mit seiner Kriegstracht und seinem Kopfschmuck prächtig herausgeputzten Krieger.

Eine andere verbreitete, zu stark vereinfachende und ungenaue Vorstellung beschreibt den Indianer der Plains als einen schweigsamen Stoiker, der weder Tränen noch Lachen kennt. Diese stereotype Betrachtungsweise hat sich weit über ein Jahrhundert gehalten und wurde durch Reiseberichte, Kinderliteratur, Wildwest-Filme usw. noch verstärkt. Bei einem Besuch in einem Dorf der Omaha-Indianer im Jahre 1819 berichteten die Mitglieder der Long-Expedition, daß der Ernst der Indianer fast sprichwörtlich sei: *»Er lächelt, aber lacht kaum, und er ergeht sich nicht in Scherzen oder unnötigen Bemerkungen über das Wetter*[1]*.«*

Trotz dieser und ähnlich lautender Zeugnisse ist das Stereotyp, das dem Indianer der Plains jeglichen Sinn für Witz und Humor abspricht, grob falsch[2]. Plainsindiander waren alles andere als humorlos. Scherze treiben, Witze und Possen reißen, humorvolle Neckerei, Gespött und ein breites Spektrum von Spielen und Sport bestimmten den täglichen Umgang miteinander. Viele von denen, die mit den Plainsindianern auf einer freundschaftlichen Ebene verkehrten, waren Zeugen dieses breiten Spektrums von Humor. Humor tauchte ständig im Gesang, in Legenden und Erzählungen auf, und auch in vielen Zeremonien war Humor ein wichtiges – wenn auch nicht immer vorgesehenes – Element.

Alle Menschen haben einen Sinn für Humor oder sind zumindest im Prinzip fähig, Freude durch Lachen auszudrücken. Während Humor und Lachen universell verbreitet sind, hängt es oft vom kulturel-

[1] Die Expedition unter Leitung von Major Stephen H. Long wurde von dem U.S. War Department durchgeführt, um das Land westlich des Mississippis zu vermessen und zu erkunden. Mit dieser Expedition wurde übrigens die Hausmaus auf den Plains eingeschleppt (James 1823: 284n, 369–370).

[2] Siehe hierzu Bemerkungen von Ewers (1958: 145–146); Lowie (1917: 84); Grinnell (1892: 181; 1911: 21); Kroeber (1922: 15–16).

len Kontext ab, ob irgend etwas als komisch empfunden wird oder nicht.

Namen von Indianern erinnerten häufig an eine bezeichnende Eigenschaft oder ein wichtiges Ereignis im Leben dieser Person. Viele Indianer hatten Namen mit humorvollen Bedeutungen, die vom Träger nicht als Beleidigung empfunden wurden, wie zum Beispiel der Crow-Indianer »Im Winkel Seiner Hoden«, der Teton-Sioux »Gefleckte Hoden«, der Mandan-Häuptling »Rotz«, der Comanchen-Medizinmann und -Krieger »Kojoten-Scheiße«[3].

Witze, Wortspiele und Gelächter gehörten untrennbar zum täglichen Gespräch, und es wurde bereitwillig zugehört, wenn lächerliche Fehltritte und komische Situationen erzählt wurden. Orte, an denen ein witziger Zwischenfall stattgefunden hatte, wurden markiert, so daß der Spaß noch einmal erzählt werden konnte, wenn andere sich nach der Markierung erkundigten[4].

Washinggushsahba, ein Omaha-Häuptling, zeigte sich im Gespräch mit einem Franzosen außergewöhnlich schlagfertig. Er meinte, daß die Weißen, die ja in ihrem Wunsch, Wissen zu erlangen, so viele Bücher lesen, doch sicherlich den Grund für den Farbunterschied zwischen den Weißen und den Indianern kennen. Washinggushsahba bat deshalb den Franzosen, ihm Näheres über dieses Thema zu berichten. Der Franzose nahm das Anliegen sehr ernst und versicherte ihm, daß der Grund sehr gut bekannt und darin zu finden sei, daß der Indianer aus rotem Pferdemist entstanden sei. Mit dem Anschein größter Aufrichtigkeit legte der Häuptling ohne zu zögern seine Hand auf den Arm seines Begleiters und antwortete, daß diese Beobachtung einen überzeugenden Beweis des großen Wissens der Weißen darstelle, und daß sie mit den früheren Handlungen des Herrn des Lebens völlig vertraut seien, und er zweifle nicht daran, daß sie genausogut über den Stoff informiert seien, aus dem sie selber gebildet worden seien. Aber wenn er, ein armer unwissender Indianer, der nur über sein eigenes Wissen verfüge, gebeten würde, seine Meinung darüber zu äußern, würde er sagen, daß die Weißen aus Hundescheiße gemacht seien, die in der Prärie weiß gebacken wurde[5].

[3] Lowie (1912: 217); Walker (1983: 148); Beckwith (1938: 314); Wallace und Hoebel (1952: 319).
[4] Chamberlain (1907: 578).
[5] James (1823: 330).

Schabernack auf den Plains

Die Kunst des Streichespielens war fest eingebürgert und wurde von den Indianern möglicherweise noch mehr genossen als das verbale Scherzen. Streiche boten auch Unterhaltung und Abwechslung im Lager- oder Dorfleben.

Scherze auf Kosten der Gäste waren eine verbreitete Sitte. In einer Gruppe der Blackfoot-Indianer wurde bevorzugt ein Familienstreit aufgeführt. Der Gastgeber begann einen Streit mit seiner Frau, der zu einem Kampf eskalierte. Nachbarn eilten hinzu und stellten sich mit gespielter Empörung auf die Seite der Ehefrau. Das Ergebnis war ein allgemeines Durcheinander, in dem die Familie das Ziel verfolgte, über den Gast herzufallen und ihn soviel wie möglich herumzuschubsen, ohne ihn dabei ernsthaft zu verletzen[6].

Ein besonders dreister Streich, der in den nördlichen Plains gespielt wurde, bestand darin, mitten in der Nacht falschen Alarm zu geben, so als ob sich Feinde näherten. Obwohl dieser Streich alles andere als nur lustig oder harmlos war, wurde er trotzdem mit Begeisterung weitererzählt und erzielte unzählige Lacherfolge, sowohl bei den unbeteiligten als auch bei den gefoppten Zuhörern. Der Spaßvogel mußte aber auf Vergeltung in Form eines zukünftigen, mit Zins und Zinseszins zurückgezahlten Streiches gefaßt sein. Amelia Paget beschreibt, wie man den Streich, bei dem falscher Alarm ausgelöst wurde, durchführte:

Ein Späher trifft auf befreundete Indianer, macht sich jedoch nicht bemerkbar, sondern wartet bis zum Einbruch der Nacht, um dann ohne Vorwarnung einen Stein mitten ins Zeltlager zu werfen. Hierauf wird natürlich jeder Hund im Dorf zu bellen beginnen und alle Indianer aufwecken. In kürzester Zeit werden alle Krieger, auf das Schlimmste vorbereitet, zu ihren Ponies eilen, bis sie aus einiger Entfernung durch spaßhafte Bemerkungen in ihrer eigenen Sprache begrüßt werden. Vielleicht wird derjenige, der den falschen Alarm verursacht hat, sie auch noch darüber informieren, daß die Blackfoot-Nation (ein feindlicher Indianerstamm) Hunderte von Meilen entfernt in tiefem Schlaf liegt, und daß es dem Sprecher sehr leid tut, daß sein Niesen als Feuer der feindlichen Gewehre mißverstanden wurde.

[6] Wissler (1911: 53); Ewers (1958: 145).

Zum Abschluß wird der Sprecher bemerken, daß er sehr erfreut sei, sich einer Indianergruppe anzuschließen, die einen so leichten Schlaf hat, da er zur Zeit ganz besonders ein paar Nächte der Ruhe bedürfe und glücklich sei, ihnen das Wachen zu überlassen[7].

Man erinnerte sich gerne und lange an viele dieser Spaßvögel, wie zum Beispiel an Kleinen Habicht (Little Hawk), einen Cheyenne, der in Kriegszeiten sämtliche Pfeile versteckte oder die Ankunft nichtexistenter mexikanischer Händler ankündigte[8].

Beliebt waren auch vulgäre und obszöne Streiche. Possenreißer bei den Teton-Sioux waren Anhänger solcher Späße. Sie bereiteten eine Tierblase vor, befeuchteten die Schlauchöffnungen und bliesen den Schlauch mit Luft auf. Mitten im Dorf, wo alle das Geschehen gut verfolgen konnten, näherten sie sich von hinten der Person, die sie in Verlegenheit bringen wollten, und ließen die Luft aus der Blase, so daß es sich anhörte, als würde gefurzt und geschissen[9].

Es ist manchmal schwer bis unmöglich zu verstehen oder sogar verstehen zu wollen, warum gewisse Dinge für die Indianer lustig sein konnten. Bei manchen Stämmen war es verbreitet, aber nicht unbedingt nötig, den Körper der getöteten Feinde nach einem Gefecht zu zerstückeln oder zu verstümmeln. War das Zeltlager in der Nähe, übernahmen die Frauen diese Aufgabe. Es wurde berichtet, daß es ihnen Spaß machte, die abgehackten Arme und Beine zusammenzubinden und über den Boden zu ziehen. Mit viel Geschrei und Gelächter schnitten sie die Penisse der Getöteten ab und banden sie den Dorfhunden um[10].

Heyoka, Clowns und *Contraries*

Humor und Lachen gehörten eindeutig zum nicht-zeremoniellen sowie zum zeremoniellen Leben der Plainsindianer. In Zeremonien war Humor tatsächlich oft ein vorherrschendes Element und einige Organisationen waren vorwiegend der Clownerie gewidmet. Die Erzeugung von Humor ist eine der essentiellen Eigenschaften von Clowns,

[7] Paget (1909: 135–136).
[8] Stands In Timber und Liberty (1967: 103–104n).
[9] Walker (1983: 20).
[10] James (1823: 295–296); Smith (1938: 313).

und sie sind sowohl in ihren Handlungen als auch in ihrem Erscheinungsbild meistens humorvoll. Nicht so aber die *Contraries*.

Die *Contraries* waren Individuen, die sich einem außergewöhnlichen Lebensstil widmeten, bei dem sie das Gegenteil von dem ausführten, was andere gewöhnlich taten. Hierbei kehrten sie alle Konventionen ins Gegenteil. Der Hauptunterschied zwischen den Clowns und *Contraries* der Plainsindianer besteht darin, daß die Clowns zeremonielle Figuren darstellten und nur in Zeremonien auftraten, während die *Contraries* nicht Teil einer Zeremonie waren und Tag für Tag auf eine verkehrte Art und Weise lebten. Während außerdem zeremonielle Clownsfiguren überall auf der Welt zu finden sind, gab es die *Contraries* sonst nirgends.

Das Hauptziel dieser Arbeit besteht darin, eine Übersicht der ethnohistorischen Beschreibungen von *Contraries* und Clowns der Plainsindianer zu geben, und sie ohne jede theoretische Rahmenbedingungen oder Voraussetzungen zu untersuchen. Diese Abhandlung ist eine kulturhistorische Untersuchung und stützt sich auf die ethnographischen Studien, die in der zweiten Hälfte des 19. Jahrhunderts und im frühen 20. Jahrhundert in großer Zahl durchgeführt wurden. Hierbei entsteht ein zwar einigermaßen klares, aber längst nicht vollständiges Porträt der Clowns und *Contraries*.

Teil Eins behandelt die Clowns der Plains-Cree, Plains-Ojibwa, Assiniboin, Crow, Cheyenne, Gros Ventre und Arapaho sowie den Okipa-Narr der Mandan. Teil Zwei beschreibt die »Heyoka« der Sioux. Mit diesem Begriff bezeichnen die Sioux, heute wie damals, ihre Clowns und *Contraries*. Es ist daher passend, es als eine allgemeine Bezeichnung für alle Clowns und *Contraries* der Plainsindianer zu verwenden. Die *Contraries* der Cheyenne, Comanche, Pawnee, Arikara, Hidatsa und Crow sind im dritten Teil beschrieben.

Konträres Verhalten und verkehrte Sprache

Im allgemeinen bedeutet »konträres Verhalten« das Gegenteil von dem zu tun, was »normal« oder konventionell ist. »Konträres Verhalten« zeigten die *Contraries* und viele der Clowngruppen. Obwohl der Humor der Clowns konträres Handeln umfaßte, mußte konträres Handeln nicht unbedingt etwas zum Lachen sein.

»Verkehrte Sprache«, manchmal auch Rückwärtssprache genannt, ist eine Art zu reden, bei der man die eigentliche Bedeutung umgekehrt darstellt. »Nein« bedeutet »ja«, »Hallo!« »Auf Wiedersehen!« usw. Verkehrte Sprache kann bedeuten, daß man das Gegenteil von dem tut, was andere sagen oder verlangen (»verkehrte Auffassung« und entsprechende Ausführung von Befehlen). So kann es zum Beispiel passieren, daß der Großvater fortgeht, wenn man ruft: »Großvater, komm her!« Einer, der sich konträr verhält oder »verkehrter Auffassung« zufolge handelt, bewirkt, daß andere verkehrte Sprache ihm gegenüber anwenden.

Sowohl die verkehrte Sprache als auch die »verkehrte Auffassung« und entsprechende Ausführung von Befehlen sind Formen konträren Verhaltens, oder sie sind alle eng miteinander verbunden. Zumindest kommen sie häufig gemeinsam vor.

Indianische Begriffe, die verwendet werden, um die Clowns und *Contraries* zu beschreiben oder zu identifizieren, werden häufig mit »närrisch« oder »verrückt« übersetzt. Diese Begriffe haben auch in anderem Kontext, wie Liebe und Krieg, weite Verwendung gefunden. Ich habe mich entschlossen, diese Wörter weiter zu verwenden; und ich hoffe sehr, daß die Sensibilität heutiger Indianer hierdurch nicht verletzt wird. Wenn ich die Handlungen von *Contraries,* Clowns und Kriegern als närrisch, absurd oder verrückt bezeichne, so meine ich damit nicht, daß ich sie ablehne, oder daß ich ein Werturteil fällen will. Meine Vermutung, daß die Plainsindianer imstande waren, Konzepte der Narretei und Verrücktheit in ihre Weltanschauung zu integrieren, wird später vorgestellt werden.

Bünde und Kulte der Plainsindianer

»Zeremonialität« stellt ein breites Konzept dar, das bei den Plainsindianern auf die zahlreichen Bünde und Kulte, die verschiedenen Tänze und Zeremonien und die zugrundeliegenden Muster Bezug nimmt. Zermonielle Aktivität war eng mit wichtigen Aspekten der Plainskultur wie Religion und Kriegführung verbunden. Das zeremonielle Schema stand auch an der Basis der wirtschaftlichen und sozialen Organisation.

Die »Kulte« und »Bünde«, die hier diskutiert wurden, werden als

Vereinigungen von Personen mit ihren Glaubensvorstellungen und ihren Bräuchen betrachtet.

Ein »Bund« (society) hatte einen regelmäßigen Anteil an öffentlichen Auftritten und besaß einen höheren Grad an Organisation als ein Kult. Es gab einen Führer und Offiziere mit ihren jeweiligen Aufgaben und Trachten und die gewöhnlichen Mitglieder. Die soziale Funktion der Bünde wurde als bedeutender als die der Kulte gesehen. Häufige Typen von Bünden waren die Kriegerbünde, Polizeibünde, Medizinbünde, Tanzbünde und Altersklassenbünde.

Ein »Kult« (cult) drehte sich um ein übernatürliches oder Tierwesen und enthielt einen Lebensstil dem übernatürlichen Wesen entsprechend. Der Kultführer, und womöglich auch seine Assistenten, begegneten dem Übernatürlichen im Traum oder in der Vision. In den sogenannten »Traumkulten« (dream cults) hatten alle Mitglieder ähnliche übernatürliche Erfahrungen.

Die Clowns und Narren

Die Bezeichnung Clown bezieht sich primär auf einen auftretenden Schauspieler. Da die Clowns der Plainsindianer meist in Riten oder Zeremonien auftraten, sind sie als zeremonielle Clowns beschrieben, im Gegensatz zum Beispiel zu europäischen Bühnenclowns.

Zeremonielle Clownerie kam bei zahlreichen nordamerikanischen Indianern vor, insbesondere bei den Puebloindianern und den nomadischen Stämmen des Südwestens (Navaho und Apache), aber auch in Teilen Mexikos, Kaliforniens und der Plateaus sowie entlang der Nordwestküste[1].

Die am besten bekannten Clowns der Plainsindianer stammen von den nördlichen Stämmen; sie werden in diesem Teil vorgestellt. Unter ihnen sind: die Clowns der Plains-Cree, Plains-Ojibwa und Assiniboin und die Clowns der Crow. Der Okipa-Narr der Mandan wird als zeremonieller Narr betrachtet. Bei ihm handelt es sich um eine mythische Gestalt, die in der Okipa-Zeremonie von einem Schauspieler dargestellt wurde. Die Clowns der Cheyenne waren Mitglieder des Konträren-Bundes. Die Verrückten Tänzer der Gros Ventre und Arapaho könnten ebenfalls als zeremonielle Narren bezeichnet werden, aber bei ihnen ist diese Bezeichnung vielleicht zu einschränkend, und sie sollten auch als Clowns betrachtet werden.

Die Clowns der Plains-Cree, Plains-Ojibwa und Assiniboin

Die sogenannten Kannibalen-Kulte der nördlichen Plains wurden von Organisationen, die sich clowneskem, närrischem und konträrem Verhalten widmeten, durchgeführt. Auch heute noch veranstalten die Plains-Ojibwa solche Vorführungen[2]. Früher fand man diesen Kult jeweils bei den Plains-Cree und den Assiniboin[3]. Die Teilnehmer werden als Clowns bezeichnet. Keiner der Teilnehmer verhielt sich kannibalisch, und die Kulte hatten nichts mit den allgemeinen Vorstellungen über Kannibalismus zu tun.

[1] Steward (1929; 1930); Parsons und Beals (1934); Norbeck (1979).

[2] Hirschfelder und Molin (1992: 326).

[3] Die ethnographischen Quellen über diese Zeremonien und ihre vielfältigen Namen seien im folgenden zusammengestellt. Plains-Cree: Skinner (1914c: 528–529) bezog

Der Anführer einer Kannibalen-Organisation übte eine doppelte Funktion aus. Einerseits war er ein Arzt mit besonderen Heilkräften, und andererseits handelte er, gemeinsam mit seinen Partnern, als zeremonieller Clown. Die Clowns tanzten und verkleideten sich mit absurden Kostümen. Sie durchstreiften auf ungewöhnliche, komische Weise das Lager auf der Suche nach Essensgaben, während eine Zuschauermenge den Spaß genoß. Sie gingen auch gemeinsam auf Büffeljagd und führten untereinander merkwürdige Riten um die erschlagenen Tiere auf. Ihre gemeinsamen Aktivitäten wurden durch die Verwendung verkehrter Sprache, konträren Verhaltens und absurder Pantomime charakterisiert.

Die Traumerfahrung

In den Sommermonaten, als die verstreuten Einzelgruppen für das gemeinsame Stammeslager wieder zusammentrafen, was oft zur Zeit des »Sonnentanzes« geschah, kündigte ein Mann an, daß er im Begriff sei, seine Clownzeremonie zu organisieren. Er hatte das Recht dazu, da er durch einen Traum von einem Geisterwesen Anweisungen erhielt, wie die Zeremonie durchzuführen sei.

Genauso wie Tanz und Zeremonie zum religiösen Fundament der Plainsindianer gehören, so ist auch die Traumerfahrung für sie von besonderer Bedeutung. Der übernatürliche Traum oder die Vision kann unerwartet auftreten oder durch eigene Suche herbeigeführt werden, zum Beispiel durch Fasten, Visionssuche oder Selbst-Kasteiungen. Obwohl die Bräuche auf den Plains unterschiedlich waren, trat der Traum oder die Vision normalerweise während einer Krisensituation, eines Wendepunktes im Leben oder einer speziell darauf ausgerichteten Zeremonie auf.

Die übernatürliche Erfahrung brachte für gewöhnlich ernste Verpflichtung mit sich: den Sinn des Traumes (oder der Vision) zu verste-

sich auf den *wetigokanuk* und den *wetigokan*-Tanz; Mandelbaum (1940: 274–275) auf den »Masked dance«, den *wihtikokancimuwin* und »*wihtiko*-like«-Tanz. Plains-Ojibwa: Skinner (1914b: 500–505) »Cannibal cult«, »Cannibal Dancers« und »Windigokan«. Paget (1909: 52) erwähnte kurz den »Cannibal dance« und bezog sich dabei entweder auf die Plains-Cree oder die Plains-Ojibwa. Assiniboin: Lowie (1909: 62–66) der »Fool-dance«, *wihtgogax watcibi*. (In dieser Arbeit verwende ich oft eine vereinfachte Orthographie indianischer Bezeichnungen.)

hen und entsprechend seinem Inhalt zu leben. Durch die übernatürliche Erfahrung wurde eine Kraft gewonnen, die als heilig galt und sich vor allem auf kriegerische und schamanistische Handlungen, auf die Jagdfähigkeit oder Heilungskraft bezog. Daraus ergab sich, daß alle Menschen durch die übernatürliche Kraft eines Individuums begünstigt wurden.

Über die spezifische Traumerfahrung im Hinblick auf den Ruf zum Clown oder Contrary gibt es bei den verschiedenen Plainsindianern meist nur ungenügend Information. Fest steht, daß es sich bei der Traumerfahrung der Plains-Ojibwa um eine Begegnung mit dem Skelettwesen handelte[4]. Bei den Assiniboin und den Plains-Cree war der Anführer, der eine Traumerfahrung hatte, auch wenn sie sich nicht um das Skelettwesen drehte, ebenfalls verpflichtet, die Clownzeremonie auszuführen[5].

Planung einer Clownzeremonie

Der Clownanführer wählte ungefähr zehn Männer als Teilnehmer für die Clownzeremonien, die im allgemeinen einen bis drei Tage in Anspruch nahmen, aus[6]. Bei den Plains-Cree rekrutierte der Anführer die Teilnehmer auf eine konträre Art und Weise. Er zog ein groteskes, sehr abgerissenes Kostüm an und schlich, in die Tipis schielend, im Lager herum. Hierbei trug er einen Stab, an den ein Bündel aus Rehhufen befestigt war, und wies oder schüttelte mit dem Stock in Richtung der Männer, die er zum Tanz bestimmt hatte. Er wandte sich an die Teilnehmer und sagte in verkehrter Sprache: *»Euch will ich nicht!«*

Die ausgewählten Männer waren verpflichtet, sich ihm anzuschließen. Viele wollten aber nicht gerne mitmachen und flüchteten, während der Anführer weitere Teilnehmer rekrutierte. Schließlich versammelten sich die Männer, die er ausgewählt hatte, in seinem Tipi. Er bot ihnen an, eine Pfeife zu rauchen, wobei die Pfeife, im Unterschied zu anderen Riten, bei denen sie gewöhnlich im Uhrzeigersinn

[4] Skinner (1914c); Mandelbaum (1940). Das Skelettwesen war nach *Windigo,* der gutbekannte Kannibalen-Geist, sondern *pägûk,* ein kleiner Dämon oder ein Monster.
[5] Lowie (1909: 62); Paget (1909: 51–52); Skinner (1914c: 533–534).
[6] Skinner (1914c: 528); Mandelbaum (1940: 274–275).

weitergegeben wurde, gegen den Uhrzeigersinn kreiste[7]. Nachdem Fleisch gekocht worden war, trug der Anführer Gebete vor, die umgekehrt, wie eigentlich beabsichtigt, formuliert wurden: »*Great spirit, don't treat these old people (they were all youths) well. Don't feed them again*[8].«

Im Zentrum des Lagers schlugen die Clowns ein Zelt für sie auf. Masken und Kostüme, die bei der Zeremonie Verwendung fanden, wurden aus einer alten Zeltdecke hergestellt. Es galt, so fürchterlich und zerlumpt wie möglich auszusehen. Einige der Clownmasken der Plains-Cree wurden mit runden Augen- und Mundlöchern sowie mit einer verlängerten, röhrenförmigen Nase versehen. »*The men dressed in odd bits of old clothing, wore their own clothes inside out, and put on non-matching leggings*[9].« Der Anführer der Clowns bei der Plains-Ojibwa trug »*a costume of rags with a hideous mask, having an enormous crooked beaklike nose*[10].«

Der Narrentanz

Die Clowns führten mindestens drei unterschiedliche Tänze oder Riten auf. Der »Fools dance« war eine kurze Vorführung, bei der die Tänzer Clowns oder komische Narren darstellten. Das »Fleischbeschleichen« war eine Jagdparodie, und die »Büffeljagd« umfaßte sowohl privat aufgeführte Riten als auch öffentliche Vorführungen. Im Jahre 1913 war der Völkerkundler Alanson Skinner Zeuge eines Narrentanzes der Plains-Ojibwa. Er beschrieb, daß die Clowns:

danced in a circle, performed ludicrous gyrations, appeared to be terrified at stumps, fled from dogs, and were overcome at faces made by bystanders, so that it took them a long time to cover one hundred yards of prairie between them and the door. Here the sight of child-

[7] Skinner (1914c: 528); Mandelbaum (1940: 274). Der Clownanführer der Assiniboin wählte Tänzer ebenfalls aus, indem er mit einem Rehhufstab auf sie zeigte. Einige Assiniboin-Männer meldeten sich freiwillig zum Tanz, um ihrem, im Laufe des Jahres abgelegten Versprechen, falls sie sich von ihrer ernsten Krankheit erholen würden, nachzukommen (Lowie 1909: 63).

[8] Skinner (1914c: 529).

[9] Mandelbaum (1940: 274–275).

[10] Skinner (1914b: 500).

ren, or rude taps of the drum given by the musicians of the evening threw them into spasms. Invitations to come in caused them to run away[11].

Beim Narrentanz der Plains-Cree befahl der Anführer den Tänzern, das genaue Gegenteil von dem zu tun, was er verlangte. Hielt er sie an, nicht zu tanzen, so begannen sie sofort einen Tanz[12]. In ihrem Tanz kam der »buckelige Clown«, ein sehr ungewöhnlicher Darsteller, vor, der unter seiner Kalbsrobe einen künstlichen Buckel aus einem Stoffbündel trug. Der buckelige Clown hielt sich beim Tanzen in einiger Entfernung zu den anderen auf. Die Menge genoß seine Vorführungen ganz besonders. Die Tänzer

clustered around the leader who sang and kept time by thumping his staff. All of them executed improvised and comic dance steps. The humped dancer stayed a few yards behind the group, doing his own comic routine, continuing after the song had stopped, looking up in apparent confusion upon discovering that he alone was dancing[13].

Am Schluß des Narrentanzes gab es eine Pause, nach der die Clowns erneut auftraten und eine Parodie der Büffeljagd vorführten – das Fleischbeschleichen.

Das Beschleichen von Büffelfleisch

Beim Fleischbeschleichen jagten die Clowns Fleischstreifen, die zum Trocknen an Ständern aufgehängt worden waren, als handle es sich dabei um wilde Büffel. Jene, die zu der Aufführung beitragen wollten, hängten etwas Fleisch vor ihre Tipis[14]. Die folgenden Zitate (die beiden ersten beziehen sich auf die Plains-Cree und das letzte auf die Plains-Ojibwa) nehmen Bezug auf diese humorvolle Vorstellung, wonach die Clowns,

following their leader, would go about camp where the buffalo meat was being dried on racks. The leader would stalk some of the best meat, and calling one of his ragamuffins to him, would point it

[11] *Skinner (1914b: 502–503).*
[12] *Skinner (1914c: 529).*
[13] *Mandelbaum (1940: 275).*
[14] *Skinner (1914b: 501); Mandelbaum (1940: 275).*

out, saying in a stage whisper, »There is a fine fat buffalo.« The clown with absurd pantomime would stalk the meat, and when very close would shoot at it. If he hit it he would fall backwards in surprise and terror. If he missed twice, they passed on and never even attempted to recover the arrows[15].

The dancers stalked the food as though it were an animal, suddenly shot arrows into it, and ran off, yelling, when they hit their mark. All through this performance they talked »backwards«. When they missed their target, they ran to pick up the arrow, saying, »This is a fine lucky arrow. It never misses. I shall keep it forever«, and broke it . . . A crowd of onlookers trailed them, enjoying the fun and teasing the dancers[16].

When the windigokan (clowns) drew near, one of their number, provided with a bow and arrow, would stalk the offering most elaborately. He would lie down and crawl on his belly, get up, peep, crouch, and crawl along till he was very close. Then he would draw his bow at very short range and shoot at the gift. If he missed, the party passed by and it was never claimed. But if he hit it, he would call and beckon frantically to others, who would rush up and smell the point of the arrow amid great palaver and gesticulation[17].

Das Fleischbeschleichen im Verein mit dem absurden Benehmen der Clowns war ein im Lager sehr genossenes Spektakel. Eine große und dichte Menschenmenge folgte den Clowntänzern, um an dem Spaß teilzuhaben. Menschen verließen sogar eine so wichtige Zeremonie wie den Sonnentanz, um die Scherze dieser Raudaumacher zu genießen[18].

Clownärzte und *Contrary*-Ärzte

Die Clowns verwendeten bei ihren Aufführungen konträres und närrisches Verhalten als einen komischen Kunstgriff. Sie führten zusätz-

[15] Skinner (1914c: 528–529).

[16] Mandelbaum (1940: 275) erhielt zwanzig Jahre später weitgehend die gleichen Informationen über diesen zeremoniellen Sketch wie Skinner.

[17] Skinner (1914b: 501).

[18] Skinner (1914b: 501; 1914c: 529).

lich auch Heilungsriten auf. Es ist jedoch nicht genau bekannt, ob die Clownerie ein Bestandteil des Heilungsprozesses war. Sicher ist, daß der Anführer besondere Heilkräfte besaß, die auf einer Traumerfahrung beruhten. Genauso nahmen auch alle anderen Clowns an den Zeremonien teil und trugen zu den Heilungsriten bei.

Die Ärzte des Clownkults der Plains-Ojibwa waren auf jeden Fall Spezialisten für den Exorzismus:

When a sick person's case had been diagnosed by the doctor or seer as one of infection by disease demons, word was sent to the leader of the windigokan (clowns) who brought his troop into the patient's lodge where they danced before the invalid, pounding their rattles on the ground, singing, whistling, and dancing. They approached, looked at the sufferer, started back, ran away, and reapproached with all manner of grotesque and fantastic actions, until the demons of ill health had been frightened away[19].

Die Clowngruppe verarztete die Kranken also durch abwechselndes Sich-Annähern und Sich-Zurückziehen. Wie später gezeigt wird, wurde diese Technik von den Clownärzten der Cheyenne auf humorvolle Weise eingesetzt. Die zur Verfügung stehenden Informationen reichen jedoch nicht aus, zu behaupten, daß der Humor tatsächlich eine wichtige Rolle bei den Exorzismus-Riten der Clownkulte der Plains-Ojibwa spielte.

Man sollte unterscheiden zwischen den zwei Begriffen »Clownarzt« und »*Contrary*-Arzt«. Clownärzte verwendeten Humor als Heilmittel während *Contrary*-Ärzte konträre Heilmethoden einsetzten. Der Anführer des Clownkults der Plains-Cree kann als ein Konträrer Arzt bezeichnet werden, da er konträres Verhalten mit Heilen verband. Er kehrte sowohl die Bedeutung dessen, was er zu den Tänzern sagte, als auch die heiligen Gebete und heilenden Riten um.

When called upon to scare disease devils out of a sick person, friends of the patient would often come to them with presents and beg them to stay away, saying, »Don't let our friend get well, tell him to die at once«. They would come in, dance, and the leader would

[19] Skinner (1914b: 501). Den Kannibalen-Clowns der Assiniboin wurden keine heilenden Funktionen zugeschrieben (Lowie 1909: 62–66), das könnte jedoch an mangelhafter Dokumentation liegen.

harangue as follows: »This sick one will die«, which was a sure means to secure his recovery[20].

Kündigte der *Contrary*-Arzt zum Beispiel an, der Kranke werde sterben, so meinte er in Wirklichkeit, daß er sich am nächsten Tag sicherlich erholen werde. Der Konträre Arzt machte weder Späße, noch führte er sich wie ein Clown auf. Seine Handlungen waren gewiß kein Gegenstand der Unterhaltung.

Die Clowns auf der Jagd

Der Narrentanz, das Fleischbeschleichen und die Heilungsriten waren öffentliche Aufführungen, während die von den Clowns durchgeführte Büffeljagd auch Riten enthielt, die unter Ausschluß der Öffentlichkeit abliefen. Interessant ist, daß diese »privaten« Riten von clowneskem Verhalten geprägt waren, obwohl ein Publikum, das zuschauen und sich hätte amüsieren können, fehlte.

When they needed food (the Clowns) would set off on foot looking for buffalo. If they shot any game they would dance up to it, indicating fear at intervals. When they reached it they would dance about it four times before butchering it[21].

Im Anschluß setzten die Clowns ihre Masken auf und machten sich daran, die getöteten Tiere zu schlachten. Es gab keinen praktischen Grund und keine Notwendigkeit, dies maskiert zu tun. Warum die Clowns dies dennoch taten, ist nicht bekannt. Der private Teil der Jagd endete, nachdem die Clowns das Fleisch zusammengepackt und auf lächerliche Weise in das Lager zurückgebracht hatten.

The meat was divided into parcels and carried back to camp by the dancers. They attached the intestines to their hair as braids, placed the stomach fat on their own abdomens as though they had a paunch, and used the carcass in other comic ways. When they approached the camp, women and children came out to meet and harry them, trying to pilfer their meat[22].

Durch diese Jagd oder durch das Fleischbeschleichen gewonnenes

[20] Skinner (1914c: 529).
[21] Skinner (1914c: 528).
[22] Mandelbaum (1940: 275).

Fleisch wurde für ein Fest zubereitet. Hierbei trugen die Clowns das Fleisch nicht einfach in die Tipis hinein, sondern sie warfen es als Teil ihrer komischen und öffentlichen Vorführung durch die Rauchlöcher.

When they arrived at their own lodge they never dreamed of taking the food in through the door, but instead threw it through the smoke hole. If anything missed the hole and fell outside they never attempted to recover it, and it was the lawful prey of any bystander, the knowledge of which kept the frolicsome crowd always on the qui vive[23].

Die Clowns der Assiniboin führten eine possenhafte Büffeljagd auf, die den Vorführungen der Plains-Cree und Plains-Ojibwa ähnelte. Sie beschlichen einen getöteten Stier, als handle es sich um einen lebenden Büffel, schlachteten ihn und verwendeten untereinander und im Gespräch mit den Zuschauern verkehrte Sprache.

After the fourth dance, (the clowns) proceed to a spot where a steer, representing a buffalo, of course, has been killed and is lying with its face to the south. Stealthily they disperse and sneak up to the steer, the master leading, his bow and arrows ready to shoot, while his followers are tiptoeing behind. The leader draws his bow as if to shoot, and blows his whistle. Then all the Fools fall back, some rolling over as if caught and felled to the ground. These men lie flat on the ground, then they gradually peep up, rise, and again approach the steer on tiptoe. This time they get closer to the animal. The same proceedings are repeated. The third time they creep still closer. The fourth time, when the master of ceremonies actually shoots his arrow, all run up and surround the buffalo . . .

(The) steer is butchered in the customary way, then there is another dance around the animal. Finally, each one packs a part of the meat. Paunches are filled with the bull's blood and suspended from the neck or attached to the belt of each member. Having packed the meat, they once more dance around the remains of the carcass, then they start back towards the dance-lodge. They are followed by a laughing crowd. When the spectators press too close on the performers, the latter scare them away by bespattering them with the blood from their paunches. The people immediately fall back[24].

[23] Skinner (1914b: 501).
[24] Lowie (1909: 64–65).

Die Clowns kehrten daraufhin zur Hütte zurück und warfen das Fleisch durch den Rauchabzug hinein. Da sie Masken mit nur kleinen Augenschlitzen trugen, war es sicher ein schwieriges Unterfangen, das Fleisch durch ein Loch an der Spitze eines großen Tipis zu werfen, was die Zuschauer verblüfft und unterhalten haben muß. Das Fleisch wurde gekocht und bei einem Fest verzehrt.

Warum kannibalisch?

Aus welchem Grund wurden die Clowns der Plains-Cree und der Plains-Ojibwa als »Kannibalen-Tänzer« bezeichnet? Wie Mandelbaum bereits bemerkte, spielte, mit Ausnahme des Namens, Kannibalismus keinerlei Rolle bei diesem Kult[25].

Wie vorhin erwähnt, sind die Bezeichnungen der Plains-Cree und der Plains-Ojibwa für die Clownkulte mit der Bezeichnung der nördlichen Algonkin für das kannibalische Monster verwandt – *Windigo.* Der *Windigo,* der in der Folklore vieler Algonkinstämme der Subarktischen Region weit verbreitet ist, bedeutet verschiedenes: ein menschenfressendes Ungeheuer, ein Kannibalen-Wesen und eine Verhaltensweise[26].

Das *Windigo*-Monster bewohnte die Wälder im Norden, nicht die Ebene der Plains. Im Norden war das Kannibalen-Wesen nicht mit Clowns oder clowneskem Verhalten verbunden. Aber in der Ebene, wo das Kannibalen-Wesen niemals erschienen war und, wenn überhaupt, nur in der Legende, verkleideten sich die Clowns unter seinem Namen. Die Verbindung zwischen dem subarktischen *Windigo*-Komplex und den Kannibalen-Clowns der Plains besteht vermutlich nur in närrischem oder verrücktem Verhalten und hat keine kannibalischen Bezüge. Während die ursprüngliche Bedeutung des Wortes *Windigo* nicht klar ist, es könnte »Narr«, »Kannibale« oder »Eule« gewesen sein, bezeichnet es auf jeden Fall närrisches und wahnsinniges Ver-

[25] Mandelbaum (1940: 274).

[26] Paget (1909: 57); Skinner (1911: 88, 114); Mandelbaum (1940: 274); Kennedy (1972: 70); siehe auch Marano (1982).

halten[27]. Dies erklärt womöglich die Verbindung zwischen dem *Windigo* und den *Windigo*-Clowntänzern[28].

Clownkrieger

Die einzige Anspielung auf kannibalische Praktiken findet sich in der unten zitierten Episode, in der sich eine Gruppe von Clowns der Plains-Cree auf der Jagd befindet und feindlichen Kriegern begegnet. Nachdem sie einen Feind getötet hatten, umtanzten die Clowns den Leichnam mit ihren gewohnt absurden Verrenkungen, schlachteten ihn und brachten ihn zurück zum Lager wie erlegtes Wild.

Once, according to Four-clouds and Spotted-one, a party of wetigokanuk (clowns) were hunting when the enemy surprised them. The enemy rushed up and fired, missing them, but the wetigokanuk kept right on dancing with their weapons concealed. The enemy began to think these strange apparitions were manitu (spirits), and came close to watch, whereupon the leading wetigokan said to his men, »Don't shoot!« So they drew their guns and fired, killing one of their foe. The rest fled precipitately. The clowns then danced up to the body of the foe with their usual exhibition of fear, scalped it, cut it up, and packed it home[29].

Diese Geschichte darf nicht den Eindruck erwecken, daß kannibalische Praktiken vorhanden waren. Sie berichtet vielmehr über das Verhaltensprinzip der Clowns, daß sie, unerwartet, das Offensichtliche ignorierten und auf eine absurde und konträre Art und Weise fortführten. Die Clowns ignorierten die drohende Gefahr und verwendeten ihr clowneskes und konträres Handeln, um den Angriff zurückzuschlagen.

[27] Landes (1937: 56); Marano (1982: 389); und weitere Diskussion von Brightman (1988).

[28] Bezüglich der Frage nach Ursprung und Verbreitung der Clownkulte führten Ray (1945: 105–108) und Skinner (1914b: 504; 1914a: 318) einige Parallelen zu den Irokesen im Osten an. Ihre Bemühungen, einen historischen Einfluß des Irokesen-Falschgesichterbundes (oder von den Huronen) auf die Kannibalen-Clowns der Plains zu zeigen, sind spekulativ und lassen die Existenz des Kannibalen-Wesens – *Windigo* – der nördlichen Algonkin unbeachtet.

[29] Skinner (1914c: 528).

Auch die Clowns der Plains-Ojibwa wandten einmal eine ähnliche Taktik an, um den Feind zu besiegen, nur waren sie absichtlich als Kriegführende aufgebrochen. Bevor sie loszogen, tanzten sie vor dem Tipi des Häuptlings und sagten in verkehrter Sprache:

»I am not going to war. I shall not kill the Sioux. I shall not scalp four and let the rest escape. I shall go in the daytime.«

The next night they all left on foot; they had not gone far before they met a large body of Sioux, who greatly outnumbered them. Instead of fleeing, the Bûngi (Plains-Ojibwa) began to dance on the prairie. The Sioux were astonished and thought they must be manitous (spiritual beings), so they sat down on the grass to watch their crazy antics. Nearer and nearer pranced the windigokan (clowns) . . .

At length they were very close to the watching Sioux. They then turned around towards the Dakota, pulling their guns and bows from their clothes where they had been concealed. At a word from their leader they suddenly whirled about and fired on the Sioux, killing four[30].

Wie oft die Clowns gemeinsam auf die Jagd oder auf den Kriegspfad gingen, ist nicht bekannt. Diese Aktivitäten waren in früheren Zeiten anscheinend wichtiger. Es wurde berichtet, daß die Clowns der Assiniboin früher eine Gruppe angesehener Männer gewesen waren, die aufgrund ihres hohen Ranges im Krieg für die Zeremonie ausgesucht worden waren, und nicht, wie später, durch Rekrutierung[31]. Demnach waren die Clowns passende Rivalen für den Kriegerbund, *Okitcita.*

Die Clownkulte und der Kriegerbund

Anders als die übrigen Plainsindianer hatte jeder Verband der Plains-Cree und Plains-Ojibwa (die ersten mit mehr als zehn, die zweiten mit acht) nur einen Kriegerbund. Diesem Bund, dem *Okitcita,* fielen die Aufgaben zu, die gemeinsamen Bisonjagden zu regeln, die Entscheidungen der Häuptlinge zu verkünden und auszuführen, Lagerplätze festzustellen usw. Jeder Mann, der zum Beispiel einen Feind getötet oder auf andere Weise Mut bewiesen hatte, gehörte zu dem *Okitcita-*

[30] Skinner (1914b: 501–502).
[31] Lowie (1909: 63).

Bund. Eine Kriegsauszeichnung war allerdings nicht notwendig, da diejenigen, die Großzügigkeit zeigten, ebenfalls dem Bund beitreten konnten. Die Häuptlinge waren alle *Okitcita.*

Skinner erhielt den deutlichen Eindruck, daß die Tätigkeit der Clowns eine Parodie dieses Bundes von prominenten Männern, Kriegern und Häuptlingen darstellte. Die Clowns errichteten, wie der *Okitcita,* ein eigenes Tipi im Lagerzentrum und stellten einen Diener zum Fleisch eintragen[32].

Die Aktivitäten der Kannibalen-Tänzer, ob sie bei ihren clownesken Vorführungen, ihren Heilungsriten, auf der Jagd oder im Krieg waren, wurden durch absurdes und konträres Verhalten und Pantomime gekennzeichnet. Diese Männer, die in der Jagd erfahren und im Krieg erprobt waren, nahmen zum Beispiel Tabakgeschenke mit einer Pantomime von panischer Angst an.

Für eine kurze Zeitspanne während des Sommers parodierten die Clowns die wichtigste ökonomische Beschäftigung des Stammes, die Büffeljagd. Über eine der Hauptbestrebungen, den Krieg, machten sie sich lustig. So trieben sie die Narrheiten bis ins Extrem und waren eine Burleske des einzigen Kriegerbundes, der *Okitcita.*

Die Clowns der Crow

Die öffentlichen Vorstellungen der Clowns der Crow widmeten sich, soweit es bekannt ist, ganz dem Vergnügen, dem Gelächter und der Sportlichkeit. Witzigkeit und geschicktes, aber lustiges Handeln gehörten auch zu ihrer Routine. Die Vorführungen stellten keine echte Zeremonie dar.

Bei den Krähenindianern wurde einmal im Jahr, im Frühling, eine Clownvorstellung gegeben[33]. Um eine Vorführung veranstalten zu

[32] Skinner (1914b: 500–501, 509; 1914c: 528) notierte zusätzliche Ähnlichkeiten zwischen den Clowns und den *Okitcita* in Schmuck und Abzeichen, wie dem Stab und der Knochenpfeife.

[33] Die einzige ethnographische Informationsquelle über die traditionellen Clowns der Crow ist eine Studie von Robert Lowie (1913b: 207–211) über die Kriegerbünde der Crow. Er war sich durchaus bewußt, daß die Clowns nichts mit den Kriegerbünden zu tun hatten. In letzter Zeit beobachtete Thomas Lewis (1982a) zwei Clowns der Crow bei ihrer Vorstellung im Rahmen von Zeremonien im Jahre 1970.

können, bedurften die Clowns keiner übernatürlichen Anregung in Form eines Traums oder einer Vision. Sie waren weder als Ärzte noch als Krieger anerkannt. Sie imitierten auch keine mythischen oder folkloristischen Gestalten.

Ihre Vorführung schien einer festen komödiantischen Regel zu folgen. Die Clowns trugen Masken, um sich als Person unkenntlich zu machen und veränderten ihre Stimme, um ihre Identität völlig zu verheimlichen. Die Zuschauermenge versuchte herauszufinden, wer die Schauspieler waren, und stellte Suggestivfragen. Waren die Clowns identifiziert, endete die Vorstellung sofort. Gelegentlich geschah dies bereits, wenn sie gerade erst im Zeltlager erschienen. Robert Lowie beobachtete einmal, wie zwei Clowns auf Pferden, die mit einer passenden Schabracke belegt waren, durch das Lager hetzten, aber die Vorführung wurde nicht fortgesetzt, da die Spieler erkannt wurden[34].

Die Vorbereitung der Clownnummer

Die Clowns gehörten weder einem speziellen Kult, noch einem eigenen Bund an. Die Mitgliedschaft in einem Bund hätte das Ratespiel sicher undurchführbar gemacht. Entschloß sich ein Mann, eine Clownvorstellung zu geben, so ergriff er selbst die Initiative, versammelte seine Freunde, und schließlich verkleideten sie sich im geheimen.

When the clowns have disguised themselves so as to be quite irrecognizable they leave their hiding-place and approach the camp.

As soon as the people catch sight of them, they cry, »The akbiarusacarica are coming!« The clowns walk as if they were lame and act as clumsily as possible, so that the spectators cannot refrain from laughing at them. The people crowd in on the performers to watch their antics[35].

Die Clowns verwendeten für ihre Vorstellung eine möglichst jämmerlich aussehende Ausrüstung, und anstelle der Körperbemalung beschmierten sie sich mit Dreck. Der Musiker und Sänger war mit einer aufgerissenen Trommel, der scheußlichsten, die im Lager aufzutreiben war, ausgerüstet[36].

[34] Lowie (1913b: 207).
[35] Lowie (1913b: 207).
[36] Lowie (1913b: 207).

The clowns have prepared willow bows and arrows, or worthless old firearms, with which to frighten the people while dancing. When starting out on their expedition, they have selected and abducted the ugliest horse, crooked-legged and swollen-kneed, that they could find. Ugly as it is, they have tried hard to enhance its unattractiveness by turning down its ears and tying them with willows, plastering its face with mud or masking it, and putting gunnysack leggings on its legs. Slits are made in the masks for the eyes. The owner of the horse does not know it has been stolen until he sees it in the public performance . . .[37].

Clownerien

Die Clowns der Crow durften sich über jeden lustig machen, unabhängig von seinem sozialen Rang. Aber auch die Zuschauer gaben ihre lustigen Kommentare über die Clowns ab. Kleine Jungen bewarfen die Clowns sogar mit Exkrementen.

Some wags in the audience are in the habit of asking questions and making such remarks as: »These fellows must have come from a great distance.« The clowns answer by means of signs that they have come from very far indeed and are tired out as a result of their journey; sometimes they say they have come from the sky. Then some may ask: »How many nights did it take you to get here?« By way of reply the clown begins to count up to hundreds and hundreds, and would never stop were it not for the drummer, who seizes him by the back, saying: »You are mad, you do not know where we have slept.« Then he throws him down. The clown pretends to fall headlong, but stops after a while, and begins to laugh. In fact he pretends to die laughing and kicks his feet up in the air[38].

Der Tanz wurde auf komische Weise fortgeführt. Ein Clown spielte eine ähnliche Rolle wie der Bucklige Clown der Plains-Cree, insofern, als er noch fortfuhr zu tanzen, nachdem die Musik bereits aufgehört hatte.

The singer takes up his drum as if to beat it, but merely rattles it, at

[37] Lowie (1913b: 208).
[38] Lowie (1913b: 208–210).

the same time heaving a grunt. The impatient onlookers cry out: »Dance, we wish to see you dance!« . . . When the drum is finally beaten, the clowns scatter, each dancing as ludicrously as possible. After a while the drummer gets excited and throws his drum away on one side and his drumstick in the opposite direction. He then begins to dance all alone without any music. When his companions see him acting in this fashion they likewise recommence to dance without drum or chant. Finally all the performers stop except one clown who refuses to cease dancing and thus attracts the attention of the spectators, who cry out: »There's one dancing still[39]!«

Die Vorführung enthielt Elemente einer Slapstick-Komödie, wie Prahlereien oder Reitsport-Possen. Ein berittener Clown

makes preparations to dismount, but purposely falls off and pretends to be badly hurt. After a while he dances with his weapons, then he proceeds to get on horseback again, but intentionally overleaps so as to fall, and again acts as if seriously injured[40].

Humorvoller Sex

Ein wichtiger Teil der Vorführungen der Clowns der Krähenindianer beschäftigte sich mit humorvollen Sexspielen, die in alten Zeiten eine sehr auffällige Rolle spielten[41]. Einer der Informanten Robert Lowies ließ diese Praktiken absichtlich unerwähnt. Ohne Zweifel wußte er, was die Weißen verurteilten. Lowie erhielt jedoch Kenntnis durch einen anderen Informanten und berichtete davon in lateinischer Sprache, um die Indianer nicht in den Augen engstirniger Leser zu diskreditieren, deren Schamgefühl zu groß sein würde, um die Vorführungen als harmlos und unterhaltsam zu betrachten.

Einer der Clowns personifizierte eine Frau. Der Crow-Name für die Clowns, *akbiarusacarica,* bedeutet wahrscheinlich sogar »Frauen-Darsteller«. »Sie« war wie eine Frau gekleidet, trug ein feines Hirschzahnkleid, ging, sprach und saß wie eine Frau. Sie war unter dem Kleid ausgestopft, um eine Schwangerschaft vorzutäuschen. Bei ihrem Auf-

[39] Lowie (1913b: 208).
[40] Lowie (1913b: 208).
[41] Lowie (1913b: 211).

tritt ritt sie mit einem anderen Clown zusammen auf einem Pferd. Dieser Clown war mit einem großen Phallus ausgestattet, der aus Weidenrinde und Dreck geformt worden war und etwa Armeslänge erreichte. Der Reiter wollte, daß seine »weibliche« Begleiterin abstieg und tanzte. Sie weigerte sich jedoch. Daraufhin wurde er wütend und schlug sie. Waren die beiden vom Pferd abgestiegen, legte sich die »Frau« ausgestreckt auf den Boden, und beide simulierten unter dem Gelächter der Zuschauermenge einen Koitus[42].

Clowns ohne konträres Verhalten

Die Clowns der Crow waren primär Komödianten. Tapferkeit im Krieg war keines ihrer notwendigen Kennzeichen. Sie führten weder religiöse noch medizinische Aufgaben durch. Dennoch brauchten sie mehr als nur Sinn für Humor, wenn sie ihre Vorstellung erfolgreich durchführen wollten. Es handelte sich um ambitionierte und komische Nummern, zu denen Eskapaden und sportliche Abenteuer gehörten. Die Clowns mußten ein elend aussehendes Pferd stehlen, ihre Stimmen auf geübte Weise verstellen, Fragen der Zuschauer elegant abwehren und ihre Identität geheimhalten, da sonst das Spiel vorbei gewesen wäre. Die Vorführung hatte keinen konträren Charakter und stellte auch keine Zeremonie dar. Jedermann konnte, gemeinsam mit seinen Freunden, die Späße anstiften, und das ganze Dorf schloß sich dem Spaßmachen an[43].

Der Okipa-Narr der Mandan

Die Kultur der Plainsindiander fand möglicherweise ihren reichsten Ausdruck bei den Mandan, die deshalb »die Pariser der Plains« ge-

[42] Lowie (1913b: 207, 211).

[43] Auf der Suche nach der historischen Verbindung zwischen den verschiedenen Clownzeremonien der nördlichen Plains kam Verne Ray (1945: 87) zu dem Schluß, die Clownerie der Crow sei eine vom Kult der Kannibalen-Clowns, insbesondere der Assiniboin, übernommene Vorführung. Dementsprechend übernahmen die Crow die Zeremonie in einer verkürzten Form, da ihr einige der charakteristischen Elemente der anderen Clownkulte fehlen. Mit Ausnahme des clownesken Verhaltens selbst scheint nur das Kostüm ähnlich zu sein.

nannt wurden[44]. In ihrer bedeutendsten religiösen Zeremonie – der »Okipa« – spielt der »Okipa-Narr« eine wichtige Rolle[45]. Er war eine mythologische Gestalt, die auch in den Träumen der Indianer in Erscheinung trat[46]. Der Okipa-Narr war weder ein Clown, noch war sein Handeln von rein konträrem Verhalten bestimmt. Er war eher ein unkontrollierter Narr, der auf chaotische und ungehemmte Art agierte.

Obwohl der Okipa-Narr von den Menschen viel belacht und auch geachtet wurde, war er in seiner Verrücktheit auch nicht ganz harmlos. Er ging rücksichtslos mit heiligen Dingen um und ignorierte sexuelle Normen. Seine sexuelle Erscheinung und sein Benehmen waren von schamlosem Humor geprägt und sehr aufreizend. Sein potentiell gefährlicher Charakter steigerte seine sexuellen Eskapaden. Sein sexuelles Verhalten mußte durch bestimmte rituelle Handlungen gesteuert werden.

Der Mangel an Sorge im Umgang mit Heiligtümern wird auch in mythologischen Berichten über den Okipa-Narren hervorgehoben. In den Mythen ist der Okipa-Narr, auch schon als Kind, ständig in Be-

[44] Hoebel (1977: 19); Ewers (1967: 33).

[45] Für Information über den Okipa-Narr stütze ich mich vorwiegend auf die Arbeiten von George Catlin, Alfred Bowers und »the prince«. Bowers erhielt 1930 und 1931 von greisen Mandan wertvolle Kenntnis über die Okipa-Zeremonie und den Okipa-Narr. Catlin lieferte eine lebendige Beschreibung und hervorragende Gemälde der Okipa-Zeremonie, die er Ende Juli 1832 beobachtete. Prinz Maximilian zu Wied (»the prince«) reiste im Herbst 1833 an, also zu spät, um Zeuge der Zeremonie, die immer im Sommer abgehalten wurde, zu werden. Er ließ sie sich jedoch von James Kipp beschreiben, der für die Amerikanische Pelzgesellschaft das Fort Clark betrieb, in dem Catlin und Prinz Maximilian während ihrer Besuche zu Gast waren. Kipp (1873: 437, 438) behauptete, daß er nicht nur die volle Bedeutung der Zeremonie Catlin erklärt habe, sondern daß er auch der erste Weiße sei, der die Mandan-Sprache erlernt habe. (Beide Behauptungen sind unwahrscheinlich.) Catlin und Maximilian erhielten jedoch auch aus anderen Quellen Informationen. Im Verlauf seiner Wiederholung von Lewis und Clarks epochaler Reise den Missouri hinauf kam Lewis Henry Morgan (1959: 194–195) im Jahre 1862 in Fort Berthold an, einen Tag, nachdem eine viertägige Zeremonie abgeschlossen worden war. Obwohl er diesen Ritus, von dem er eine Beschreibung erhielt, den Hidatsa zuordnete, paßt seine Beschreibung genau auf die Okipa der Mandan. Dies ist dadurch zu erklären, daß die Mandan, die die Pockenepidemie des Jahres 1837 überlebt hatten und zum Hidatsa-Dorf in der Nähe von Fort Berthold gezogen waren, die Okipa in diesem Dorf aufführten (Ewers 1967: 26, 30–31; Hodge 1907: 798; cf. Lowie 1919: 415).

[46] Bowers (1950: 145, 336).

wegung. Seine Familie weiß nicht, was sie mit ihm tun soll, wenn er zum Beispiel auf den Seitenwänden der Erdhütten herumklettert. Er unterhält die Leute mit seinen Narreteien, doch kennt er keine Rücksicht auf heilige Dinge. Man sagt sogar, er habe einige geheiligte Schlangen und die »Heiligen Frauen« getötet. Dadurch fühlen sich die Götter beleidigt, sie versammeln sich und kommen überein, den Okipa-Narr zu töten[47].

Die Okipa-Zeremonie

Alfred Bowers behauptete von der jährlichen religiösen Zeremonie der Okipa, daß sie ohne Zweifel die komplizierteste und farbenprächtigste Zeremonie der nördlichen Plains wäre[48]. Ein Bestandteil dieser viertägigen Zeremonie war das Nacherzählen und das Tanzen verschiedener religiöser Mythen. Das Symbol des einen Mythos war ein tonnenförmiges Gebilde, das immer in der Mitte eines jeden Dorfplatzes aufgestellt war. Zu diesem Symbol wurden zwei Erzählungen überliefert: In der einen stellt es eine Mauer dar, die von Einsamer Mann (Lone Man), dem mythischen Helden, als Schutz vor einer drohenden Sintflut rund um das Dorf der Mandan errichtet wurde[49]. In der anderen stellt es ein »großes Kanu« oder eine »Arche« aus einer Zeit dar, als die Erde noch ganz von Wasser bedeckt und das Land noch nicht geschaffen war[50]. Während dieses Teiles der Okipa-Zeremonie wurde das Zurückgehen des Wassers bzw. die Entstehung von Land gefeiert.

Ein anderer Mythos handelt vom Streit zwischen Einsamem Mann und Geflecktem Adler um den Besitz eines weißen Bisonfells. Der Streit führte dazu, daß Gefleckter Adler fortging und alle Tiere in die Hundehöhle (Dog Den) mitnahm. Das Volk litt unter Hunger, und Einsamer Mann ging zur Höhle, um die Tiere zu befreien. Dort beobachtete er, wie die Tiere den Stiertanz tanzten. Zurück im Mandan-

[47] Bowers (1950: 142, 352, 365).

[48] Bowers (1950: 337).

[49] Bowers (1950: 113).

[50] Catlin (1842: 158; 1967: 44–45); Maximilian (1841: 118). Es ist nicht untersucht, ob christliche Elemente in diese Version hineininterpretiert sind.

Dorf tanzte er diesen Tanz nach, was Geflecktem Adler so viel Freude bereitete, daß er die Tiere freiließ[51].

Der Stiertanz wurde in der Okipa-Zeremonie am ersten Tag viermal, am zweiten Tag achtmal, am dritten Tag zwölfmal und am vierten Tag sechzehnmal aufgeführt[52]. Während der Okipa-Zeremonie fasteten einige Stammesmitglieder, und an einem bestimmten Tag nahmen einige junge Männer freiwillig Marterungen auf sich[53]. Gegen Ende der Zeremonie wurde ein Tanz aufgeführt, der auch rituelle sexuelle Aktivitäten zuließ.

Aussehen und Auftritt des Okipa-Narren

Die Rolle des Okipa-Narren wurde nicht jeder beliebigen Person zugewiesen, und es gab auch keinen »Bund« von Okipa-Narren. Gewisse Männer verfügten jedoch über ein besonderes Kennzeichen – ein »Bündel«, das ihnen das Recht gab, einen Bündelkollegen oder irgendeinen anderen geeigneten Mann auszuwählen, der sich freiwillig bereit erklärte, den Okipa-Narren bei der Zeremonie darzustellen[54].

Die Besitzer des Narrenbündels kleideten und bemalten den Narren für seinen Auftritt bei der Zeremonie. Sein ganzer Körper wurde eingeschwärzt. Auf seinen Rücken wurde ein roter Halbmond gemalt, der den Mond versinnbildlichte, seine Brust erhielt einen roten Kreis als Zeichen für die Sonne und viele weiße Kreise als Symbol für die Sterne[55]. Der Narr trug in seinen beiden Händen einen acht bis neun Fuß langen Stab, an dessen Ende sich eine rote Kugel befand, welche er vor sich her auf der Erde schleifte[56].

[51] Bowers (1950: 348).
[52] Catlin (1842: 164–165).
[53] Catlin (1842: 169–172); Bowers (1950: 134–135, 147).
[54] Bowers (1950: 132); Maximilian (1841: 176). Ein »Bündel« besteht aus einem oder mehreren eingewickelten Gegenständen, die mit Kräften, Riten oder Tabus assoziiert sind. Möglicherweise befand sich das »Narrenbündel« im Besitz eines Klans wie dem von Einsamer Mann (Bowers 1950: 337–338).
[55] Bowers (1950: 145); Maximilian (1841: 176).
[56] Catlin (1842: 166–167).

Der Okipa-Narr wurde auch »Böser Geist« genannt[57]. Dies beruht vermutlich auf der Tatsache, daß seine Narrheit ernste Missetaten und Bosheiten nicht ausschloß. Trotz dieses Risikos wurde er dennoch ins Dorf eingeladen. Schon während der ersten Teile der Okipa-Zeremonie forderten ihn die Musiker auf zu kommen – doch er erschien erst Tage später[58]. Wie Catlin überschwenglich berichtete:

Aber ach! an dem vierten Tage um Mittag, bei dem letzten Stiertanz, als die Fröhlichkeit den höchsten Grad erreicht hatte, erschallte plötzlich von den Dächern der Hütten ein Schrei; Männer, Frauen, Hunde und alle schienen von Angst und Schrecken ergriffen und richteten ihre Augen westwärts nach dem eine englische Meile entfernten Prärie-Hügel, von welchem ein Mann herabstieg und mit voller Geschwindigkeit, jedoch nicht in gerader Linie, sondern hin und her laufend, wie ein Knabe, der einen Schmetterling verfolgt, auf das Dorf zueilte. Als er die Palisaden erreicht hatte, konnte man erkennen, daß er ganz nackt und mit gestoßener Kohle und Bärenfett schwarz wie ein Neger angestrichen war; an verschiedenen Teilen des Körpers hatte er weiße Ringe von etwa einem Zoll Durchmesser und um den Mund ein furchtbares Gebiß bestehend aus Eckzähnen. Als er durch das Dorf eilte und in die, meist aus Frauen bestehende, erschrockene Gruppe eindrang, welche sich versammelten, um gemeinsam die Belustigungen zu erleben, stieß er ein beängstigend schreckliches Geschrei aus[59].

Die Herkunft des Kostüms des Okipa-Narren wird in einer mythischen Geschichte beschrieben: Die Sonne (oder ein Sonnengeist) bewirkte, daß eine junge, tugendhafte und unverheiratete Frau schwanger wurde. Sie gebar ein vollständig schwarzes Kind mit weißen Flek-

[57] Dem Okipa-Narren wurden folgende Namen zugeschrieben: *Oxinhede,* »Foolish One«, »the evil spirit«, »a monster«, »a devil« (Bowers 1950: 132, 152, 153); *O-ke-hée-de,* »the owl« oder »Evil Spirit« (Catlin 1967: 59); »Evil Spirit«, »clown« (Morgan 1959: 194–195; *Ochkih-Hedde,* »the evil spirit« (Will und Spinden 1906: 133, 143). Prinz Maximilian (1841: 118, 150) beschrieb *Ochkih-Häddä* als einen Teufel oder bösen Geist. Catlins Anspielung auf die Eule bleibt rätselhaft.

[58] Der Auftritt des Okipa-Narren war am dritten Tag (Bowers 1950: 144, Maximilian 1841: 176) oder am vierten Tag (Catlin 1967: 59; 1842: 166, Morgan 1959: 194–195) vorgesehen.

[59] Catlin (1973: 123), leicht abgeänderte Übersetzung aus der deutschen Ausgabe von Berghaus.

ken – den Okipa-Narren. Eines Tages bat der Narr seinen Großvater um einen Stock, an dessen Ende er einen Ball band[60].

In früheren Beschreibungen wurde oft nicht gewagt, das Aussehen des Okipa-Narren vollständig darzustellen, da einige Details für zu anstößig erachtet wurden[61]. Der Okipa-Narr war nämlich mit einem unübersehbaren, großen, künstlichen Phallus ausgestattet – seinem »wesentlichsten Erkennungsmerkmal«, wie Hartland es formulierte[62]. In Catlins dreiseitiger, unbereinigter Beschreibung der Zeremonie, dem *Folium Reservatum,* das 1867 erstmals publiziert wurde und ausschließlich Wissenschaftlern zugänglich war, ist die Darstellung des Okipa-Narren nicht verwässert.

(The Okipa Fool) had attached, by a small thong encircling his waist, a buffalo's tail, behind; and from under a bunch of buffalo hair covering the pelvis, an artificial penis, ingeniously (and naturally) carved in wood, of colossal dimensions, pendulous as he ran, and extending somewhat below his knees. This was, like his body, painted, jet-black, with the exception of the glans, which was of as glaring a red as vermilion could make it[63].

Sexuelle Narreteien

Der Okipa-Narr näherte sich den Frauen auf schamlose und spektakuläre Weise. Der Zeremonienmeister schützte sie vor den Annäherungsversuchen, indem er dem Okipa-Narren die heilige Medizin-

[60] Bowers (1950: 352, 365).

[61] Zum Beispiel, Catlin (1842: 168).

[62] Hartland (1917: 823).

[63] Catlin (1967: 83). Die Berichte von Lewis Henry Morgan und Bowers bestätigen Catlins Aussagen. Morgan (1959: 194–195) wurde von einem Informanten berichtet, daß der Narr mit einem großen männlichen Geschlechtsorgan herumprotzte, das um die Basis mit buschigem Büffelhaar versehen war. Bowers (1950: 145) Informanten teilten mit, daß der Okipa-Narr »wore a rod and two small pumkins representing male genitals«.
In Millichaps (1977: 26–27) Arbeit über Catlin finden wir jedoch, daß der Phallus zu wirklich gewaltigen Ausmaßen gewachsen ist – bis zu einer Länge von 8 oder 9 Fuß, aber dies liegt daran, daß Millichap den Stock des Narren mit seinem Penis verwechselt hat. Julian Steward (1929: 90) maß dem Stock mit einer roten Kugel an dessen Spitze ebenfalls »of obvious phallic import« bei.

pfeife vorhielt. Hierdurch wurden die Bewegungen des Narren aufgehalten, und die Frauen erhielten Gelegenheit zur Flucht. Diese Situation sorgte für Aufregung und Gelächter, da die sexuellen Annäherungen des Narren eingefroren wurden und er bewegungslos verharren mußte, sein Penis in einer ungeheuren Erektion begriffen. Bei Catlin lesen wir:

Alle, mit Ausnahme der Tanzenden, blickten auf (den Okipa-Narren); er stürzte auf die Frauen los, die laut um Hilfe riefen, und, indem sie zu entfliehen suchten, über einander hinstürzten[64].

(A)t his near approach to (the women) he elevated with both hands his delicate wand, and as he raised it over their heads there was a corresponding rising of the penis, probably caused by some small, invisible thong connecting the two together[65].

Dieser allgemeine Schrecken war das Stichwort für den Zeremonienmeister, einzugreifen und die überlegenen Kräfte der Medizinpfeife auf den Narren wirken zu lassen. Plötzlich trat eine allgemeine Totenstille ein.

. . . the singing and dancing stopped, while all looked on attentively at the drama. No person was to utter a sound, and any dog that barked was killed by the Black Mouths (ein Kriegerbund mit polizeilichen Aufgaben). *It was believed the tribe's welfare was dependent on the powers of Lone Man's pipe to overcome the power of the Foolish One's staff*[66].

The old master of ceremonies, who had run from his position at the big canoe, had met this monster of fiends, and having thrust the medicine-pipe before him, held him still and immoveable under its charm! This check gave the females an opportunity to get out of his reach, and when they were free from their danger, though all hearts beat yet with the instant excitement, their alarm soon cooled down into the most exorbitant laughter and shouts of applause at his sudden defeat, and the awkward and ridiculous posture in which he was stopped and held. The old man was braced stiff by his side, with his eye-balls glaring him in the face, whilst the medicine-pipe held in its mystic chains his Satanic Majesty, annulling all the powers of his ma-

[64] Catlin (1973: 123).
[65] Catlin (1967: 83).
[66] Bowers (1950: 145).

gical wand, and also depriving him of the powers of locomotion! Surely no two human beings ever presented a more striking group than these two individuals did for a few moments, with their eyeballs set in direst mutual hatred upon each other; both struggling for the supremacy, relying on the potency of their medicine or mystery[67].

Nach der Bändigung des Narren wurde die Pfeife langsam zurückgenommen, und der Narr senkte seinen Stock, bis er den Boden berührte, worauf er seine Bewegungsfreiheit zurückerhielt[68].

Die Närrische Frau und die Weise Frau

Im Verlauf des Festes wurde ein komischer Sketch aufgeführt, in dem die Tänzer zwei Frauen, die »Närrische Frau« und die »Weise Frau«, darstellten. Der Narr näherte sich der Weisen Frau und gab ihr mit Gesten zu verstehen, daß er sie liebte. Er bot ihr eine Halskette aus Maishülsen an. Da sie aber vernünftig war, weigerte sie sich, etwas mit ihm zu tun zu haben. Der Okipa-Narr wandte nun seine Aufmerksamkeit der Närrischen Frau zu, die seine Angebote mit Freuden annahm. Diese komische Vorstellung rief bei den Zuschauern herzliches Lachen hervor[69].

Die Weise Frau stellte »Maisfasern«, eine freundliche, weibliche Gottheit dar. Sie war eine junge, schöne Frau, die sämtliche Angebote von Männern, sie zu heiraten, ablehnte, da sie nur die Sonne heiraten wollte. Die Sonne war jedoch in diesem Fall eine Menschenfresserin. Da die Mutter der Sonne nicht wollte, daß die schöne »Maisfasern« verschlungen wurde, lenkte sie Maisfasern auf ihrer Reise zur Sonne auf einen anderen Weg, so daß sie anstelle der Sonne den Mond heiratete. Die Gattin der Sonne wurde auf Veranlassung der Mutter die Närrische Frau.[70]. Auf diese Weise wurde Maisfasern vor der menschenfressenden Sonne gerettet.

Ist die Bedeutung der Begegnung zwischen dem Okipa-Narren und den beiden Frauen, daß Frauen vorsichtig sein sollten wegen der se-

[67] Catlin (1842: 167).
[68] Catlin (1967: 85).
[69] Bowers (1950: 131, 146).
[70] Bowers (1950: 146, 272, 299–300, 319).

xuellen Motive der Männer, oder daß Frauen nicht zu überheblich sein sollten und denken, daß kein Mann gut genug für sie sei? Die Mutter des Okipa-Narren zeigt Ähnlichkeiten zu Weise Frau, da sie sich nach der mythischen Erzählung ebenso weigerte, jemanden zu heiraten und von der Sonne (dem ursprünglichen Heiratskandidaten von »Maisfasern«) schwanger wurde[71].

Verkehr mit Büffeln – Teil I

Der Stiertanz wurde während des Sketches mit Weiser Frau und Närrischer Frau fortgesetzt. Nach dem Sketch begab sich der Okipa-Narr gelegentlich in den Kreis der Stiertänzer, wo er, sehr zum Vergnügen der Beobachter, einen der Tänzer bestieg und auf akrobatische Weise den Geschlechtsverkehr simulierte, sich aber weiter im Rhythmus der Musik bewegte. Hier folgt Catlins Beschreibung der Szene: Der Narr stieß

> *against one of the eight buffalo-dancers, he stepped back, and loocking at the animal, placed himself for a moment in the attitude of a buffalo bull in the rutting season; and mounting on to one of the dancing buffaloes, elevated his wand, and consequently the penis, which was inserted under the skin of the animal, whilst the man underneath continued to dance, with his body in a horizontal position.*
>
> *An indescribable excitement was produced by the new position of this strange being, endeavouring to time his steps in the dance in which he was now (apparently) taking part, with the motions of the animal under him. The women and children of the whole tribe, who were lookers-on, were instructed to clap their hands and shout their approbation, as they all wanted buffaloes to supply them with food during the coming year, and which they attributed to this indispensable form.*
>
> *. . . imitating perfectly the motions and noise of the buffalo bulls . . . , (the Okipa Fool) approached and leaped four of the eight in succession, without in the least checking the dance, producing something like a quarter of an hour of the highest excitement and amusement of the crowd*[72].

[71] Bowers (1950: 352, 365).
[72] Catlin (1967: 84).

Der Okipa-Narr abgewiesen und entkräftet

Entweder vor Erschöpfung (nach Catlin) oder wegen seiner eigenen Torheit (nach Bower), wurde der Spieß gegen der Okipa-Narren umgedreht. Den Frauen gelang es, die Oberhand nicht nur über den Narren selbst, sondern auch über seinen kolossalen Penis zu gewinnen, den sie triumphierend ins Dorf zurückbrachten. In Catlins Bericht erscheint der Okipa-Narr

much fatigued and exhausted, which brought the women and children around him, they being no longer afraid of him. The women danced up to him and back, in lascivious attitudes, tempting him with challenges which, with all his gallantry, he was now (apparently) unable to accept. It was in this distressing dilemma that his wand was broken . . . and he was driven into the prairie, where he was again beset by a throng of women and children, and the frightful appendage was wrested from bis body, and brought by its captor triumphantly into the village, wrapped in a bunch of wild sage, and carried in her arms as she would have carried an infant[73].

Nach Bowers hielt der Okipa-Narr seinen Stock quer und zerbrach ihn beim Versuch, die Festhütte zu betreten, an der Tür. Dann vertrieben die Frauen den Okipa-Narren aus dem Dorf.

The women, then losing all fear of him, rushed at him, broke his staff into little pieces, and drove him out of the village, pelting him with rocks, dirt, and pieces of wood. He ran to the river, where he washed off his paint while two men, also having Foolish One (bundle) rights, who had followed him, gathered up the presents and tied up his cap and necklace in a buffalo-calf hide to resemble a doll. This doll was then lashed to a pole before the Okipa lodge to be an offering to the Foolish One who lived in the Sun[74].

Nachdem der Okipa-Narr aus dem Dorf vertrieben worden war, kehrte die »Regierende Frau« mit dem Phallus, den sie wie ein Baby im Arm hielt, ins Dorf zurück. Aus Teilen des Narrenkostüms und einem Fell stellten jene, die das Narrenbündel besaßen, eine Art Puppe her. Als eine Darstellung des Narren war die Holzpuppe an eine hohe

[73] Catlin (1967: 84–85).
[74] Bowers (1950: 144–146).

Stange, die vor der Festhütte im Dorfzentrum aufgestellt war, befestigt[75].

Verkehr mit Büffeln – Teil II

Die Regierende Frau übernahm nun die führende Rolle in der Okipa-Zeremonie[76]. Sie war jene Frau, die den Narren seines Phallus beraubt hatte. Sie beanspruchte die Kräfte der Fruchtbarkeit für sich und leitete Teile der restlichen Zeremonie, wie die freiwilligen Torturen dieses Nachmittags und die abendliche Zeremonie, bei der ritueller Geschlechtsverkehr ausgeübt wurde. Im Triumph zog sie ins Dorf ein, begleitet von zwei Matronen. Sie wurde zur Frontseite der Festhütte hinaufgehoben und wandte sich dem Volk zu,

claiming that »she held the power of creation, *and also the power of life and death over them; that she was the father of all the buffaloes, and that she could make them come or stay, as she pleased«*[77].

Daraufhin befahl die Regierende Frau, daß der Stiertanz beendet werde, daß die Musiker ihre Trommeln in die Okipa-Hütte tragen sollen, daß sich die Tänzer und andere Schauspieler zur Verkleidungs- und Bemalungs-Hütte begeben sollen usw. Sie lud die Häuptlinge in die Okipa-Hütte ein und gebot den Beginn der zeremoniellen Marterungen. Nach Beendigung dieser Riten hatte sie die weitere Ehre, die nun folgende abendliche Zeremonie anzuführen, die entweder als »Büffelfest«, »Gehen mit den Büffel-Bullen« oder »Geschlechtsverkehr mit den Büffel-Bullen« bezeichnet wurde. Als Zeichen ihres großen Ruhms trat sie sehr schön gekleidet auf. Gegen Abend gaben Ausrufer bekannt, daß

the whole government of the Mandans was then in the hands of one woman-she who had disarmed the (Okipa Fool), and to whom they were to look during the coming year for buffaloes to supply them

[75] Maximilian (1841: 118). Joseph Campbell (1984: 226) schrieb, daß der Holzpenis vor der Okipa-Hütte aufgehängt wurde; als Quelle hierzu gab er McCracken (1959: 106) an. Dies ist jedoch eine irrtümliche Interpretation, die auf McCrackens fragmentarischem Zitieren des Catlin-Textes beruht.

[76] Catlin (1967: 69).

[77] Catlin (1967: 61).

with food, and keep them alive; that all must repair to their wigwams and not show themselves outside; that the chiefs on that night were old women; that they had nothing to say; that no one was allowed to be out of their wigwams excepting the favoured ones whom (the Governing Woman) had invited to be at the feast of the buffaloes *around the ›Big Canoe‹, and which was about to commence*[78].

Die Männer, die zu dem zeremoniellen Sexfest eingeladen waren, wurden Büffel genannt. Unter ihnen waren die acht Stiertänzer, die allesamt von guter Statur waren, die alten Medizinmänner des Dorfs, der Zeremonienmeister, die fünf Musiker, einige der älteren Häuptlinge, und acht oder zehn jungverheiratete Frauen des Dorfes[79].

Die Frauen führten vor den Männern laszive Tänze auf, wählten sich einen aus und führten ihn nach draußen. Dort hatten sie Geschlechtsverkehr, dem sich ein Mann jedoch entziehen konnte, indem er der Frau ein Geschenk machte. Die Frauen kehrten von diesen Ausflügen zurück und schlossen sich erneut dem Tanz an. Im Verlauf des Abends luden sie so viele Männer zu einem Spaziergang ein, wie sie wollten[80].

Interpretation des Okipa-Narren

Verschiedene Theoretiker haben den Okipa-Narren als ein Fruchtbarkeitssymbol, einen Töter von Ungeheuern und als einen bösen Geist betrachtet. Ich gebe im folgenden eine kurze Übersicht dieser Gedanken und beschreibe anschließend meine Auffassung, daß der Okipa-Narr eine religiöse Figur darstellt, die eine äußerst wichtige Rolle im spirituellen Leben der Mandan spielt.

Der zentrale Ritus der Okipa-Zeremonie, der Stiertanz, wurde vierzigmal ausgeführt. Wir haben Anlaß zu glauben, daß er dazu diente, die Bisons anzulocken und damit den Nahrungsvorrat für den Winter zu sichern. Der Stiertanz war daneben eine Dramatisierung eines mythologischen Ereignisses, das zur Rückkehr der Tiere aus der Gefan-

[78] Catlin (1967: 69).
[79] Bowers (1950: 131); Catlin (1967: 70).
[80] Catlin (1967: 70–71).

genschaft führte. Der Tanz wurde den Menschen geschenkt, um ihn in Hungerszeiten anwenden zu können. Nach einer der Ursprungsmythen des Bisontanzes brauchte der Tanz einen Mann mit einem langen Penis[81]. Vermutlich bezieht sich dies auf den Okipa-Narren. Sein Verhalten ist daher eine wesentliche Grundlage für die Ausführung des Tanzes. Die jährliche Rückkehr der Bisons wurde der Tatsache zugeschrieben, daß der Okipa-Narr die Bisontänzer bestieg und Kopulation simulierte[82].

Völkerkundler betrachten die Religion meist als einen Versuch, die Natur zu steuern oder zu beeinflussen, um das Überleben zu gewährleisten. Der Bisontanz wurde daher meist als Fruchtbarkeitsritus betrachtet. Der Tanz und das Verhalten des Okipa-Narren umfaßte Phallusismus, Büffel und Sexualität und wurde deshalb als eine Anpassung, die das Überleben ermöglichen sollte, betrachtet[83].

Jedes Mandan-Dorf veranstaltete die Okipa-Zeremonien für den Sommer zweimal im Jahr. Wenn zwei Okipa-Zeremonien für den Sommer vorgesehen waren, fand die erste schon vor der gemeinsamen Büffeljagd und die zweite danach statt. War nur eine Zeremonie geplant, fand sie nach der Jagd statt[84]. Falls jedoch die Okipa-Zeremonie ein Fruchtbarkeitsritus wäre, mit dem eine große Zahl von Bisons herbeigerufen werden sollte, würde die Aufführung nach der Kollektivjagd ihren Sinn verlieren. Nur wenn die Zeremonie vor der Jagd stattfand, kann sie als ein Fruchtbarkeitsritus betrachtet werden.

Außer als Fruchtbarkeitsfigur wurde der Okipa-Narr auch als eine

[81] Bowers (1950: 156–158).

[82] Catlin (1842: 168).

[83] James Frazer (1910: 139–141) betrachtete die Okipa-Zeremonie in seiner Abhandlung über »the early forms of superstition« in Nordamerika als ein Beispiel imitierender Magie, die dazu diente, die Fortpflanzung und Vermehrung der Bisons sicherzustellen. Hierbei verstand er jedoch die Szene des Stiertanzes, bei der der Okipa-Narr den Stiertänzer bestieg, falsch. Bei Frazer stieg einfach ein Bisonstier auf eine Bisonkuh, in Wirklichkeit paarte sich jedoch der Okipa-Narr mit einem Stiertänzer.
E. S. Hartland (1917: 823) analysierte, wie Frazer, die Ereignisse der Okipa-Zeremonie und die Tätigkeiten des Okipa-Narren als Momente pantomimischer Magie, die dazu diente, eine reichliche Versorgung mit Bisonfleisch zu erhalten.
Zuletzt vertritt auch Åke Hultkrantz (1973: 17) eine ähnliche Auslegung; er vermutet, daß der Fortpflanzungsaspekt des Stiertanzes vom Okipa-Narren, den er als einen übernatürlichen Clown bezeichnet, verstärkt wird.

Art Ungeheuertöter betrachtet[85]. In der Tat berichtet eine mythologische Geschichte davon, daß der Okipa-Narr die böse Frau, die in der Erde wohnt und nachts herumschleicht, um Männer von ihren Frauen wegzulocken, tötete. Der Okipa-Narr tötete jedoch nicht nur böse, sondern auch gute Geister und übernatürliche Tiere wie die heilige Schlange und die »Heilige Frau«, die in einem Eschendickicht zu Hause war, also mythische Figuren, die von den Mandan wohlwollend betrachtet und verehrt wurden [86]. Diese Art des Tötens rechtfertigt daher nicht den Status eines Töters von Ungeheuern.

Der Okipa-Narr wurde auch der »Böse Geist« genannt. Er bereitete bei der Zeremonie Unannehmlichkeiten und versetzte mit seinem sexuellen Gebaren die Frauen in Schrecken, vor allem dadurch, daß er mit seiner riesigen Erektion auf sie losging[87]. Diese Ansicht liefert aber ein unvollständiges Bild des Okipa-Narren.

Aus der Sicht der Mandan förderte die Okipa-Zeremonie die allgemeine Wohlfahrt des Stammes[88]. Der Okipa-Narr war eine für die Zeremonie unabdingbare und notwendige Figur. Trotz seiner Torheit respektierten ihn die Leute als einen mächtigen Geist. Die Mythen berichten, daß er den Menschen die Kunst der Tötowierung, die Riten der Visionssuche und wahrscheinlich auch einige Tänze beibrachte[89]. Während der Okipa-Zeit wurde er eigens in das Dorf eingeladen[90]. Um ihn zu ehren, überreichten ihm die Menschen wertvolle Geschenke und stellten lange Stangen auf, an denen Gaben befestigt waren. Während der Zeremonie sorgte er für stärkste Begeisterung und beste Unterhaltung. Crows Heart erzählte Bowers über den Okipa-Narren, daß

Many still worship him as a great spirit, and we put him in the

84 Bowers (1950: 88, 122); Maximilian (1841: 172).

85 Bierhorst (1985: 164).

86 Bowers (1950: 348, 365).

87 Catlin (1967: 59–62). Auch Joseph Millichap (1977: 26) sah im Okipa-Narren eine Teufelsfigur und die Verkörperung unkontrollierter tierischer Leidenschaft. Bei Karl Schlesier (1987: 184) findet sich die Interpretation, daß er ehemalige Feinde der Mandan darstellt.

88 Curtis (1909b: 26).

89 Will und Spinden (1906: 133, 135, 143); Bowers (1950: 145–146); Maximilian (1841: 166).

90 Catlin (1842: 166; 1967: 56).

Okipa on one of the days of dancing because he was here on earth when Lone Man was here[91].

Sexuelle Übertragung von Kräften

Geschlechtsverkehr in zeremoniellem Rahmen wurde nicht nur bei den Mandan in der Okipa-Zeremonie und anderen Riten praktiziert, sondern auch bei vielen anderen nördlichen Plainsindianern[92]. Mandan-Frauen berichteten Bowers, daß beim Geschlechtsverkehr besondere Kräfte übermittelt werden könnten. Ein älterer Mann konnte zum Beispiel geistige Kräfte auf eine junge, verheiratete Frau übertragen, die ihrerseits diese Kräfte an ihren Gatten durch Geschlechtsverkehr oder andere gemeinsame Unternehmungen weitergab. Man glaubte, durch rituelle Formen von Sex die Bisonherden näher zu bringen, den Erfolg im Krieg und auf der Jagd zu sichern und Gesundheit zu verleihen. Sexuelle Treue der Frauen wurde zwar geschätzt, aber das »Gehen mit den Bisons« und andere Formen rituellen Geschlechtsverkehrs bedeuteten nicht Untreue[93].

Was hatte der Okipa-Narr mit der Sexzeremonie des Okipa zu tun? Während des Bisontanzes wurde er Ziel von Beschimpfungen. Frauen und Mädchen neckten und verspotteten ihn in sexueller Hinsicht. Sie beschmierten sein Gesicht mit Dreck. Sie zerbrachen seinen Stock. Sie vertrieben ihn aus dem Dorf und bewarfen ihn mit Stöcken und Steinen. Sie verursachten seine ausweglose Lage und verschafften sich seinen riesigen Penis als Preis[94]. Die Frau, die das Symbol seiner Sexualität erobert hatte, wurde in die Position der Regierenden Frau erhoben. Sie erhielt ein schönes Kleid und erlangte großen Ruhm. Sie hatte die Ehre, den Rest der Okipa-Zeremonie zu leiten und wurde Anführerin der Sexzeremonie des »Büffelfests«.

Angesichts des Mandan-Konzepts, wodurch übernatürliche Kräfte durch Sexualität übermittelt werden können, wird die Rolle des Okipa-Narren klarer. Die Regierende Frau erhielt Kräfte von der über-

[91] Bowers (1950: 365).
[92] Bowers (1950: 284, 317–318, 336–337); Ewers (1967: 5, 7–10); Kehoe (1970).
[93] Bowers (1950: 317, 335–337).
[94] Catlin (1967: 60–61, 85; 1842: 169); Bowers (1950: 146).

natürlichen Welt, bzw. dem Okipa-Narren. Dieser Akt wurde durch die Inbesitznahme seines langen Phallus symbolisiert. Die Regierende Frau gab die ihr verliehenen Kräfte an die Männer und Frauen, die sich an der Sexzeremonie beteiligten, weiter. Auf diese Art wurden alljährlich Kräfte der übernatürlichen Welt auf die Mandan übertragen. Was auch immer die volle Bedeutung dieses Teils der Okipa-Zeremonie ist, so ist sicher, daß wir einer Einstellung zur weiblichen Sexualität gegenüberstehen, die sich grundlegend von der modernen westlichen unterscheidet.

Närrisch, aber nicht konträr

Wenn man den Okipa-Narren mit dem Einsamen Mann vergleicht, werden einige Gegensätze offenbar. Einsamer Mann wurde zum Beispiel weiß, der Okipa-Narr ganz schwarz bemalt; Einsamer Mann lief auf einem geraden Weg in das Dorf, der Okipa-Narr bewegte sich auf einem Zickzackweg[95]. Trotz dieser Unterschiede handelte der Okipa-Narr jedoch nicht in einer konträren Art und Weise[96].

Der Okipa-Narr ist eine komplexe Figur. Die Mandan hielten ihn für einen großen Geist, der Ehre und Verehrung verdient. Er war weder eine konträre Figur noch ein Clown. Ebensowenig ist er lediglich als Unruhestifter oder Übeltäter zu verstehen. Für mich ist er als ein wichtiger mythologischer und zeremonieller Narr aufzufassen, dessen Torheiten nicht nur humorvoll waren, sondern erforderlich und wesentlich für die Okipa-Zeremonie und die Übertragung übernatürlicher Kräfte auf die Menschen. Seine Torheit war von Nutzen für die Mandan, beispielsweise, wenn er sich mit den Bisontänzern paarte. Und gerade wegen seiner Torheit waren die Mandan in der Lage, sich wichtige übernatürliche Kräfte von ihm anzueignen.

[95] Catlin (1842: 159, 166; 1967: 47), Bowers (1950: 125, 144).

[96] Karl Schlesier (1987: 184) betrachtet dem Versuch des Okipa-Narren, mit den Stiertänzern zu kopulieren, sowie sein Stürmen auf die weiblichen Zuschauer, als Beispiele konträren Verhaltens. Er verwendet jedoch »konträres Verhalten«, in einem weiten Sinn, wobei es sich auf alles beziehen kann, was nicht normal ist.

Die *Contrary*-Clowns der Cheyenne

Die »Contrary society« (*Hohnuhka* society) war eine von mehreren Cheyenne-Medizinbünden[97]. Sie nahm an zwei verschiedenen öffentlichen Zeremonien teil: der Massaum-Zeremonie und der Heißwasser-Aufführung. Die Miglieder des *Contrary*-Bundes, die *Contrary*-Clowns, übernahmen die tragende Rolle von den Clownjägern am letzten Tag der Massaum-Zeremonie, die im Sommer, aber nicht regelmäßig jedes Jahr, abgehalten wurde.

Zusätzlich zur Teilnahme an der öffentlichen Massaum-Zeremonie hielt der *Contrary*-Bund seine eigene Zeremonie in unregelmäßigen Abständen ab[98]. In dieser Zeremonie führten die *Contrary*-Clowns eine komische Version der Heißwasser-Aufführung auf, bei der man gekochtes Fleisch mit bloßen Händen aus heißem Wasser herausholte. In allen ihren öffentlichen Vorführungen verhielten sich die Mitglieder clownesk und dem normalen Verhalten entgegengesetzt (d. h. auf konträre Weise). Die Zuschauer genossen den Spaß und zollten den absurden Eskapaden Beifall.

[97] Folgende Namen wurden dem *Contrary*-Bund der Cheyenne und ihren Mitgliedern zugeschrieben: »Contrary society« (Grinnell 1923: 204); *Hóhnuhka* oder »clowns« (Curtis 1930: 129–131, 134n); *Hohnuhka,* »*Hohnuhka* secret or contrary society« (Schlesier 1987: 15, 209); »Crazy Medicine society« (Curtis 1911: 130); »Crazy Dancers« (Mooney 1905–1907: 415; Curtis 1911: 115); und »Contrary« oder »Clown society« (Stands In Timber und Liberty 1967: 58, 101); *Hoxnoka,* Clown Society (Schwartz 1989: 8n).
In der Literatur werden oft die drei verschiedenen und voneinander unabhängigen Cheyenne-Organisationen durcheinandergebracht: der *Contrary*-Bund, der Bogenschnur-Kriegerbund und die Einzelpersonen, die die *Contraries* darstellen. E. Adamson Hoebel verwechselt in seiner populären Arbeit über die Cheyenne alle drei Gruppen, ein Fehler, der auch in der späteren Ausgabe begangen wird (Hoebel 1960: 17; 1978: 23–24). Die Verwirrung in der Literatur über die Identität dieser Gruppen wurde zum großen Teil in Karen Petersens (1964: 146–147) Artikel über die verschiedenen Cheyenne-Kriegerbünde aufgeklärt.
Warren Schwartz (1989) war zwar bewußt, daß der *Contrary*-Bund nicht mit den *Contraries* identisch war, dennoch schrieb er in seinem wertvollen Buch über das Leben von der Cheyenne Wesley Whiteman Eigenschaften der *Contraries* wie Ehelosigkeit, Entbehrung und Einsamkeit den Clowns zu. Er bezeichnete auch Wesley Whiteman als »der letzte Contrary«.

[98] Grinnell (1923: 204).

Die Heißwasser-Aufführung

Die festen Mitglieder des *Contrary*-Bundes waren meist ältere Männer und Frauen, denen eine große Furcht vor Blitz und/oder Donner gemeinsam war. Das Vorhandensein dieser Angst war Voraussetzung für den Beitritt in diesen Bund. Für die Durchführung der öffentlich zugänglichen Teile des Heißwasser-Ritus wurden darüber hinaus Tänzer gebraucht, die keine ständige Mitgliedschaft aufwiesen. Diese zusätzlichen Tänzer verpflichteten sich schon früher im Jahr, an dem Fest teilzunehmen[99].

Zum Zeitpunkt der Aufführung wurde eine Frau, die schon einmal aktiv an der Zeremonie teilgenommen hatte, beauftragt, die zusätzlichen Tänzer aufzufordern, ihrer Verpflichtung nachzukommen. Die Einladung zur Teilnahme wurde in umgekehrter Weise verkündet. Die Frau ging rückwärts in eine Hütte und schrie den Betreffenden zu: »Ich komme nicht wegen dir.« Die angesprochenen Personen mußten der Aufforderung Folge leisten und gingen zu dem für die Zeremonie verantwortlichen Mann, um Anweisungen zu erhalten[100].

Umgekehrtes Handeln beherrschte die weiteren Vorbereitungen für die Zeremonie. Die Pfeife wurde umgekehrt geraucht, daß heißt, der Pfeifenhals wurde in den Pfeifenkopf gesteckt und der Tabak in das Loch gestopft, das für den Hals vorgesehen war. Später wurde ein umgedrehtes Tipi aufgestellt. Es war dadurch gekennzeichnet, daß die Decke innen und die Zeltpfähle außen waren, und daß das Rauchloch in der der Konvention entgegengesetzten Richtung lag[101].

Der religiöse Teil der Heißwasser-Zeremonie drehte sich um das Kochen von Hundefleisch als einer Gabe an das Donnerwesen. Obwohl die Tänzer herumblödelten und in einer umgekehrten Weise sprachen und handelten, war ihr Herumtollen nur als eine Nebenrolle in der Zeremonie gedacht. Ihre Späße und ihr Humor waren dennoch von großer Bedeutung, wenn nicht von größerer als die religiösen und medizinischen Handlungen der Zeremonie.

George Grinnell, der einmal eine Heißwasser-Aufführung beobachtete, sah, wie ein *Contrary*-Clown mit übertriebenen Bewegungen

[99] Grinnell (1923: 204–205); Stands In Timber und Liberty (1967: 101).
[100] Grinnell (1923: 205).
[101] Grinnell (1923: 205–206).

Kraut ausriß. Als er die Wurzel aus dem Boden zog, fiel er rückwärts hin, schlug einen Purzelbaum und sprang dann über einen Zuschauer. Zwei andere *Contrary*-Clowns spielten weitere Pantomimen zum Thema Krautausreißen mit verkehrten Bewegungen. Eine Frau und ein Mann zogen zum Beispiel Kräuter aus dem Boden, indem sie rückwärts zu den Pflanzen gingen und sie – durch ihre Beine hindurch – ausrissen. *»These antics were greeted by the spectators with much laughter*[102]*.«* Ein anderer *Contrary*-Clown:

backed out of the lodge, walked about, and then lying down on the ground close to the lodge, rested his feet and legs against its wall, his back and head resting on the ground, thus reversing the position of one who should sit down on the ground and lean his back against the lodge[103]*.*

Die *Contrary*-Clowns tanzten unrhythmisch und ungeschickt: Ein Clown stieß zum Beispiel gegen die Hüfte einer Tänzerin, sie stieß zurück, und er schlug daraufhin rückwärts aus. Es gab *»byplay of quarreling and kicking among the dancers, which caused the spectators to laugh heartily«*[104]*.*

Hundefleisch, das Opfer für das Donnerwesen, wurde vorbereitet und in einem Kessel mit Wasser gekocht. Als es fertig war, schnappten sich die Tänzer mit bloßen Händen Fleischstücke aus der kochenden Suppe. Sie tauchten ihre Hände hinein und taten so, als würden sie es genießen. Zum Beispiel rieben sie sich die Hände darin wie beim Waschen oder rieben sich auch mit Genuß die Suppe auf die Brust[105]. Das Fleisch wurde anschließend an die Zuschauer auf eigenartige Weise verteilt:

When the dancers ran toward the spectators with pieces of meat, they ran very fast, and in a threatening manner. If the persons they were approaching rose to their feet to run away, or even showed signs of alarm or shrinking, the dancers threw at them the pieces of meat they were carrying. If, however, the person sat still, and reached out his hand to take the meat from a dancer, it was given to him, and he might eat it, and it would bring him good fortune[106]*.*

[102] Grinnell (1923: 207).
[103] Grinnell (1923: 206).
[104] Grinnell (1923: 208).
[105] Grinnell (1923: 208–209).
[106] Grinnell (1923: 210).

Nachdem die *Contrary*-Clowns das Fleisch verschenkt hatten, tunkten sie ein Bündel weißen Salbeis in die Suppe ein und peitschten einander mit den nassen Bündeln. Später, wenn die Menge sich auflöste, kamen einige Frauen, um Segen von den Clowns zu erbeten. Dieser wurde so an die Frauen verteilt, daß die Clowns mit einem kleinen Bündel von eingetunktem Salbei sanft über Kleidung und Hände der Frauen streiften. Zum Schluß versetzten die *Contrary*-Clowns jeder Frau einen leichten Schubs[107].

Die Clowns der Massaum-Zeremonie

Die zweite bedeutende Zeremonie, an der sich der *Contrary*-Bund beteiligte, war die Massaum-Zeremonie. Diese Zeremonie der Cheyenne gehörte zu den pittoreskesten und amüsantesten Tänzen der Plainsindianer[108]. Sie dauerte vier oder fünf Tage und am letzten Tag wurde ein großer dramatischer »Tiertanz«, der zahlreiche Teilnehmer benötigte, vorgeführt. Die meisten Teilnehmer waren Mitglieder der verschiedenen Tier- und Medizinbünde, u. a. zwei verschiedene Bisonbünde, der Otterbund, der Rehbund und der *Contrary*-Bund[109].

Während des Tiertanzes spielten die männlichen Mitglieder des *Contrary*-Bundes Clowns. Zum größten Teil verhielten sie sich wie verrückte Personen und taten alles umgekehrt zum üblichen zeremoniellen Verfahren. In einer Phase des Tanzes jagten die Clowns die Tiertänzer der anderen Bünde. Die Mitwirkung der Clowns wurde für unbedingt erforderlich gehalten, und das Cheyenne-Wort *massaum* ist verwandt mit dem Wort *massa'ne,* das töricht oder närrisch bedeutet[110].

[107] Grinnell (1923: 209–210).

[108] Nach Überzeugung von Mooney (1896: 1033). Die verschiedenen Namen der Massaum-Zeremonie beziehen sich auf die Clowns oder die Tierimitation: »Animal dance«, »Crazy dance«, »Contrary dance«, »Buffalo dance«, »Foolish dance« und »Sacred Animal ceremony« (Grinnell 1923: 285; Curtis 1930: 134; Mooney 1896: 1033; Powell 1969: 11–12, 1317).

[109] Siehe Schlesier (1983: 241–243; 1987: 88–109) für eine Rekonstruktion der Struktur und des Handlungsablaufs der Massaum-Zeremonie.

[110] Grinnell (1923: 285); siehe auch Curtis (1930: 130).

Krankenheilung während der Massaum-Zeremonie

Jeder Tierbund vollführte seinen separaten Auftritt und marschierte um den Lagerkreis: Bisons, Wölfe, Füchse, Hirsche, Antilopen und Rehe traten auf. Manche dieser Gruppen besaßen heilende Kräfte und spezielle Behandlungsmethoden. Sie erteilten Segen an die Alten, Bedürftigen und Kranken, die aus der Menge hervortraten und sich den Gruppen in den Weg stellten.

Richard Throssel beschrieb eine Massaum-Zeremonie der nördlichen Cheyenne, die er 1909 in Montana sah. Bei dieser kreisten die verschiedenen Tiertänzer um die versammelten Bittsteller und segneten sie durch Berührung mit einem Weidenkranz, den sie von Kopf bis Fuß über den Körper des Bittenden streiften[111].

1926 war Edward Sheriff Curtis Augenzeuge einer Massaum-Zeremonie der südlichen Cheyenne in Oklahoma. Alle Kranken, Gelähmten und Blinden versammelten sich, und die verschiedenen Medizinbünde führten ihre Behandlungsriten aus. Der Bisonbund zum Beispiel saugte das Böse aus den Kranken heraus. Curtis gab jedoch keinen Hinweis darauf, daß auch die weißbemalten Clowns Segen erteilten. Die Clowns waren in spärliche Lendenschurze gekleidet. Ihr Haar war weiß bemalt, über der Stirn in einen Knoten gebunden und mit einer einzigen Adlerfeder verziert[112].

George Grinnell machte umfassende Notizen über eine Massaum-Zeremonie, die 1911 bei den nördlichen Cheyenne abgehalten wurde. Er beobachtete, wie zunächst siebzehn Grasbison-Tänzer eine Prozession rund um die kranken Personen vornahmen und Gebete sprachen. Dann umkreisten vier Hirschtänzer die Kranken und behandelten sie, indem sie Gebete sprachen und mit ihren Händen über sie strichen. Vor dem Auftritt der zweiten Bisontänzergruppe rannten sieben weißbemalte Männer in den Lagerkreis hinein. Ihr Haar war nach vorne gekämmt und hing in einem Büschel über dem linken Auge. Sie stellten Clownjäger dar, die über die Leute sprangen, um sie zu behandeln[113].

111 Curtis (1911: 116). Die Aufspaltung der Cheyenne in eine nördliche und eine südliche Gruppe (entlang des oberen Arkansas-Flusses in Colorado) erfolgte erst ab 1832.
112 Curtis (1930: 110, 128–131).
113 Grinnell (1923: 329–331).

John Stands in Timber erinnerte sich daran, daß als Bisons verkleidete Männer in den Lagerkreis kamen und zu den liegenden Kranken gingen, um sie zu behandeln. Auch an andere Tänzer erinnerte er sich: Nach den Bisontänzern betraten die Rehtänzer den Kreis und behandelten die Kranken in derselben Art wie die Bisontänzer. Sie zogen sich zunächst zurück, dann gingen sie von verschiedenen Richtungen auf die Patienten los, um kurz vor ihnen anzuhalten. Dies wurde wiederholt. Zuletzt waren die Clowns des *Contrary*-Bundes an der Reihe. Ihre Behandlungsmethode war das genaue Gegenteil der anderen Tanzgruppen: Sobald sie die Patienten bemerkten, liefen sie weg, als ob sie sich fürchteten. Ganz langsam und so leise wie möglich kehrten sie dann auf Zehenspitzen zurück. Stands in Timber sah, wie die Clowns die Behandlung mit einem Sprung hoch in die Luft über den Patienten beendeten[114].

Der Tiertanz in der Massaum-Zeremonie

Nach der Prozession und Krankenheilung kamen alle verstreuten Tiergruppen mit den anderen Schauspielern, wie den Fuchsmännern und den Kojoten, zusammen, um gemeinsam zu tanzen. Jede Gruppe ahmte die Handlungsweise der Tiere nach, die sie darstellte. Die Rehtänzer imitierten die Bewegungen von Rehen, die Füchse flitzten hin und her, die Wölfe strichen herum, und die Bisonbullen beschützten ihre Herde[115].

Die *Contrary*-Clowns waren fröhlich, und ihre ständigen Aktivitäten und ihre Sprungfreudigkeit wurden von den Zusehern belacht. Sie taten das Gegenteil der anderen Tänzer und spielten die Jäger. Mit Miniaturpfeifen und -bögen jagten die Clownjäger die Tiertänzer der anderen Bünde[116].

They carried red-painted bows and arrows, which they held and used in a reversed way, and wore breechclouts of gunny-sacking. They acted in an eccentric way, and darted hither and thither, unexpectedly. Their antics were highly enjoyed by the people. They were

[114] Stands In Timber und Liberty (1967: 101).
[115] Grinnell (1923: 330–331); Curtis (1911: 116).
[116] Curtis (1930: 129–131); Grinnell (1923: 330–331).

said to act like ligthning in a storm. The Thunder in a storm is believed to have with him people like these, acting in the same way[117].

Around the outside of the herd, and at a distance, the white-painted men were constantly in motion, pretending to approach the animals and to shoot at them. Sometimes a buffalo-bull would charge toward them[118].

Der Tiertanz wurde in vier Akten wiederholt. In den Pausen zogen sich die Tänzer in die Umkleidehütte zurück. Am Ende des letzten Tanzes begann der Umzug zum Fluß. Singend eilten alle Teilnehmer zum Wasser, und die Zuschauermenge folgte ihnen[119].

Ursprungsmythen der Massaum

In den verschiedenen Mythen und Legenden über den Ursprung der Massaum-Zeremonie gibt es nur wenig Hinweise auf das Verhalten der *Contrary*-Clowns. In einigen Versionen kehrt der Kulturheld, Süße Medizin (Sweet Medicine), nach langer Abwesenheit zu seinem hungernden Volk zurück. Mit Hilfe von Gesängen und Riten gelingt es ihm, die Bisons direkt ins Lager zu locken, wo sie getötet werden können. Dann reist er mit seiner Braut zurück zum heiligen Berg, wo er weitere Anweisungen erhält. Später bringt er seinen Leuten die Heiligen Pfeile und führt die Institutionen der (ursprünglich) vier Kriegerbünde, die Koalition der 44 Häuptlinge und einige Tänze, darunter den Massaum, ein[120].

In einer anderen Fassung lehren die Donnervögel den Menschen die Massaum-Zeremonie, die dazu dient, Tiere zu erschaffen[121]. Nur in dieser Version werden die Jäger überhaupt erwähnt.

Diesem Mythos zufolge wurde vier jungen Männern der Tiertanz beigebracht. Als die Tiere, wie Bisons, Rehe, Antilopen und andere,

[117] Grinnell (1923: 329).
[118] Grinnell (1923: 330).
[119] Curtis (1911: 116); Grinnell (1923: 333). Nach Stands In Timber und Liberty (1967: 102) sowie nach Curtis (1930: 131) schossen die Clowns erst nach dem Lauf zum Wasser verschiedene Tiere.
[120] Grinnell (1908); Dorsey (1905: 41–49).
[121] Curtis (1930: 133–135). Siehe Schlesier (1983: 241–243) für eine Rekonstruktion des Ursprungsmythos der Massaum.

aus der Quelle des heiligen Bergs herauskamen, begannen zwei dieser Männer, bewaffnet mit winzigen Pfeilen und Bögen, ihr Haar über der Stirn geknotet, auf die Tiere zu schießen. Die beiden anderen Männer waren mit schwarzen Streifen auf Arm und Bein bemalt, um Blitze zu symbolisieren.

Die Art der Bewaffnung und die Frisur der Jäger entspricht genau den Kostümen der *Contrary*-Clowns. Doch das typische Clownspiel der *Contrary*-Clowns fehlt in den überlieferten Mythen.

Clownärzte des *Contrary*-Bundes

Die *Contrary*-Clowns waren auch Clownärzte, da sie ihre Krankenbehandlungsmethoden auf eine komische und umgekehrte Weise durchführten. Humor war das Heilmittel, und ihre Medizin war das Lachen, was auch für die Clowns der Plains-Ojibwa gilt.

Die Clownärzte der Cheyenne behandelten und segneten wie die anderen Medizingruppen in der Massaum-Zeremonie. Während die Rehtänzer und die Bisontänzer auf die Patienten losgingen, taten die Clownärzte das Gegenteil und ergriffen vor den Patienten die Flucht. Ihr Verhalten war umgekehrt und wurde sowohl von den Zuschauern als auch von den Kranken als komisch empfunden.

Der Clownarzt unterscheidet sich vom *Contrary*-Arzt. Beide verhielten sich zwar auf eine umgekehrte Art, doch während Clownärzte umgekehrtes Verhalten als einen komischen Kunstgriff benutzten, war die Heilkunde der *Contrary*-Ärzte, zum Beispiel bei den Plains-Cree, absolut nicht humorvoll. Die Plains-Cree lachten nicht darüber, wenn sie zum Arzt gingen und ihn baten, doch von ihrem kranken Freund fernzubleiben. Der Patient und seine Freunde hofften sehr, daß der Arzt den Tod des Kranken vorhersagen würde. Für einen Außenstehenden mögen solche Taten komisch oder absurd erscheinen, doch es war alles andere als humorvoll gemeint – es war ganz einfach umgekehrt.

Eine sexuelle Bedeutung der *Contrary*-Clowns?

Curtis deutete an, daß in der Massaum-Zeremonie manche der Faxen der Clowns einen sexuellen Zusammenhang hatten, aber er erklärt seine Bemerkung nicht näher: *»In their fun-making there is a tendency to perform antics such as this basically propagation ceremony would suggest*[122]*.«*

Es ist daher nicht bekannt, ob die *Contrary*-Clowns und ihre sexuellen Späße eine tiefere Bedeutung für das allgemeine Wohlergehen der Menschen hatten, wie es zum Beispiel der Okipa-Narr der Mandan sehr wohl hatte.

Die Clowns der Gros Ventre und Arapaho

Die Clowns der Gros Ventre und Arapaho, die sogenannten »Crazy Dancers« (Verrückten-Tänzer), durften sich während der letzten paar Tage der Zeremonie in närrischer Weise verhalten und praktisch tun, was sie wollten[123]. Diese beiden algonkinsprechenden Indianerstämme organisierten ihre wichtigsten Zeremonien durch den entsprechenden Jahrgangs-Bund. Im Prinzip begann jeder Mann mit Gleichaltrigen in der niedrigsten Altersklasse und wurde mit zunehmendem Alter der Reihe nach in die höheren Altersstufen aufgenommen.

[122] Curtis (1930: 130).

[123] Die Arapaho und Gros Ventre bezeichneten ihre Zeremonien als »Hütten« (lodges) nach der Behausung, in denen die Tänze abgehalten wurden. Folgende Benennungen gibt es für die Clownzeremonie der Arapaho: »Crazy-lodge«, »fool-lodge« oder *Hahankanwu* (Kroeber 1902–1907: 154, 156, 188, 227, 229; Dorsey und Kroeber 1903: 18); *Hahankanwu* oder »Crazy Lodge« (Curtis 1911: 159); *Ahakanena* oder »Crazy men«, wobei *ahakanithi* bedeutet »they are crazy« (Mooney 1896: 988, 1013); »Lime-Crazy lodge/society« und *Ahakanena* (Dorsey 1903: 32, 209; 1904: 339n; Dorsey und Kroeber 1903: 20, 34); »Foolish People« oder *Ahakainin* (Hayden 1863: 325–326, 331); »Crazy Lodge society« oder *Hahakanenna* (Muntsch 1932: 50). Für die Gros Ventre: »Crazy Lodge« oder *Hahantyanwu* (Kroeber 1908b: 229, 241–250).

Die dritte Altersklasse der Arapaho war der »Verrückten-Tanz«[124]. Der Tanz und die damit verbundenen Rechte und Privilegien (Abzeichen, Embleme usw.) mußten von den neuen Mitgliedern der Altersklasse den zeremoniellen »Großvätern« oder »älteren Brüdern«, das heißt ihren Vorgängern, die auch als Lehrer und Leiter während der Zeremonie fungierten, abgekauft werden[125].

Das Feuertrampeln

Während der ersten Hälfte des Verrückten-Tanzes wurde kein närrisches oder extravagantes Verhalten gezeigt. Die Tage wurden für die Herstellung der Kostüme und die Durchführung der anfänglichen Tänze verwendet. Bis auf das spektakuläre Feuertrampeln war in der Arapaho-Zeremonie nichts verrückt. In diesem Tanz, der auch bei den Gros Ventre abgehalten wurde, löschten die Tänzer ein tobendes Feuer, indem sie es mit nackten Füßen austrampelten[126]. Die Verrückten-Tänzer der Gros Ventre waren so begierig, sich ins Feuer zu stürzen, daß sie mit Gewalt zurückgehalten werden mußten.

(They) stood like horses trying to break loose . . . Each tried to be the first to rush into the fire . . . (At) a signal, they were released, and rushed into the fire, dancing and stamping it with their bare feet until they had put it out. Medicine was put on the skin, and no one is said to have been burned; but men have fainted in the fire[127].

[124] Die ersten zwei Tänze, die Knabentänze, wurden oft als Voraussetzung für die Altersklassen der Arapaho betrachtet und daher nicht immer mitgerechnet. Je nachdem, ob die Knabenbünde mitgezählt wurden oder nicht, war der Verrückten-Tanz der Arapaho entweder die dritte (Kroeber 1902–1907: 154) oder fünfte (Mooney 1896: 988; Muntsch 1932: 50) Altersklasse. Einer von Hilgers (1952: 118–122) Beratern meinte, der Verrückten-Tanz sei der dritte in der Reihe, ein anderer dagegen meinte, es sei der fünfte. Bei den Gros Ventre war der Verrückten-Tanz der zweite in der erwachsenen Reihe (Kroeber 1908b: 229–230).
Diskrepanz besteht bei den Berichten über das Alter der Männer der Verrückten-Tänzer der Arapaho: ungefähr vierzig Jahre alt (Kroeber 1902–1907: 188); mehr als fünfzig (Mooney 1896: 988); mehr als vierzig (Muntsch 1932: 50); zwischen dreißig und fünfundvierzig (Hilger 1952: 118).

[125] Kroeber (1908b: 227–228; 1902–1907: 156).

[126] Kroeber (1902–1907: 190; 1908b: 245).

[127] Kroeber (1908b: 245).

Nach dem Feuertrampeln und während der nächsten drei Tage sollten sich die Arapaho-Tänzer verrückt verhalten[128]. »Verrückt« nannten die Arapaho auch eine bestimmte Motte wegen ihrer Gewohnheit, zuerst rings um ein Feuer und dann direkt hineinzufliegen[129]. Im Feuertrampel-Tanz imitierten die Verrückten-Tänzer das Verhalten dieser Motte, indem sie anfangs das Feuer umtanzten und sich dann hineinstürzten.

Extravagantes Verhalten

Während der zweiten Hälfte der Zeremonie verhielten sich die Verrückten-Tänzer nicht nur närrisch, sondern auch in umgekehrter Weise.

The crazy-dancers do whatever they can in reverse fashion. They »talk backward«, as the Indians say; that is, they say the direct opposite of what they mean. When their elder brothers summon them to a feast, they say: »Do not come!« If they should say »Come!«, the dancers would not come[130].

When they enter a tent for a feast, they take off (their) head-bands and give them to a man, presumably one of the servants of the company, standing at the door. As they go out, the circlets are returned to them. If they should not take off the circlets, they would act as foolishly in the tent as out of doors[131].

Es ist nicht leicht zu entscheiden, ob die Verrückten-Tänzer eher als Clowns oder als Narren zu bezeichnen sind. Zweifellos war ihr närrisches Verhalten für die Zuschauer – falls es sie gab – unterhaltsam, und ihr närrisches und umgekehrtes Verhalten konnte außerordentliche Extreme erreichen.

Sometimes one of them will act like a bird. He will climb up a tent-pole and sit on top of the tent, like a bird. The rest, coming up, shoot at him, aiming their arrows backward over their shoulders. The dancer on the tent-pole then falls down, rolls over, and lies dead. After this he may impersonate a buffalo or some other animal, and his companions shoot him again . . .

[128] Kroeber (1902–1907: 190).
[129] Mooney (1896: 1013, 1033).
[130] Kroeber (1902–1907: 192).
[131] Kroeber (1902–1907: 192–193).

When one of the dancers is carrying a comparatively heavy load, such as a dog, he acts as if it weighed almost nothing; while, if he is carrying a puppy, he pretends that it is exceedingly heavy[132].

The dancers, to look at a person, put their head to the ground, and pretend to look with their rump . . . Going out on the prairie, they say: »Let us not shoot into the air«, and shoot up. When the arrows fall in plain sight, they cannot find them; if they fall into brush or tall grass, they find them at once. They imitate, often with obscene renderings, anything that they hear, such as a person's speech, or a dog's bark[133].

Sexuelle Zurückhaltung und Freizügigkeit

Die Verrückten-Tänzer der Arapaho und Gros Ventre benutzten während ihrer Zeremonie drei Kräuterpräparate. Eines davon wurde auf die Haut aufgetragen, um Verbrennungen aufgrund des Feuertrampelns zu vermeiden.

Das zweite verhinderte, daß die Tänzer müde wurden. Diese Kräuter gaben die zeremoniellen »Großväter« den Frauen der Tänzer. Die Frauen boten sich entweder einzeln oder mehrere gleichzeitig einem »Großvater« sexuell dar, der allerdings äußerste Zurückhaltung üben mußte. Die Einzelheiten dieses Vorgangs waren unterschiedlich, doch das Prinzip dieses Ritus war, daß ein »Großvater« nachts mit einer oder mehreren Frauen wegging. Die Frauen legten sich nackt oder nur wenig bekleidet hin. Der alte Mann überreichte ihnen ein Stück Kräutermedizin, und es war absolut erforderlich, daß er sogar widerstand, die Frauen anzusehen. Die Frauen überreichten dann die Medizin ihren Männern[134].

Während also den alten Männern Zurückhaltung auferlegt war, durften die Verrückten-Tänzer das Leben in vollen Zügen genießen. Um ihren Wünschen und ihrer Lust freien Lauf geben zu können, benutzten die Verrückten-Tänzer das dritte Kräuterpräparat – die Wurzel des giftigen wilden Pastinaks. Sie befestigten je eine Wurzel an

[132] Kroeber (1902–1907: 192).
[133] Kroeber (1908b: 246n).
[134] Kroeber (1908b: 226, 243–244n; 1902–1907: 193), Curtis (1909b: 115).

dem Eulenfeder-Stirnband, an ihren Pfeilen und an ihren Caps, was sie mächtig, außerordentlich tatkräftig und gefürchtet werden ließ. Sie konnten damit sowohl Menschen als auch Tiere lähmen. Wenn ein Nichtmitglied durch den Kontakt mit dieser Medizin gelähmt wurde, wurde er durch die Berührung mit einem der Stirnbänder wieder bewegungsfähig gemacht. Die Verrückten-Tänzer lähmten Hunde, die sie dann töteten und den »Großvätern« zum Essen schenkten. Die Wurzelmedizin ermöglichte es den Tänzern einmal, einen streunenden Bison zu umstellen und zu töten. Sie lähmten auch giftige Schlangen, die sie anschließend anfaßten[135]. Es war einmal ein Jäger, der:

(drove) a buffalo-bull toward the camp during a crazy-dance. The hunter, on seeing the dancers, dismounted and walked off to his tent, afraid of being paralyzed together with the buffalo. The dancers brushed their medicine over the buffalo's tracks. The bull was only able to walk. The dancers came up to him, sat on his back and on his head, pulled his beard, and dragged him into the camp-circle, where he was killed. Before paralyzing the bull, the dancers were playing with a large rattlesnake[136].

Begehrte ein Verrückten-Tänzer eine bestimmte Frau, nahm er die Wurzel des giftigen Pastinaks in den Mund und spuckte sie rund um ihren Tipi aus. Dies bewirkte, daß die Insassen so tief einschliefen, daß niemand seinen Eintritt bemerkte und sich ihm so die Gelegenheit bot, seine sexuellen Wünsche zu erfüllen[136a].

Die Erlaubnis zu ärgern

Die Verrückten-Tänzer der Arapaho wurden in zwei Stufen eingeteilt. Nur der Anführer (es konnte auch zwei geben) gehörte zur ersten Stufe. Alle anderen Mitglieder waren Tänzer der zweiten Stufe.

Der Anführer hieß der »weißverrückte Mann« oder »weißer Narr« (White Crazy Man, White-Fool) und unterschied sich von den anderen dadurch, daß er ganz weiß bemalt war, starke Medizin besaß und eine Bogenlanze trug. Obwohl es aus den Literaturquellen nicht klar hervorgeht, hatte der Weiße-Narr wahrscheinlich zusammen mit al-

[135] Kroeber (1902–1907: 190); Mooney (1896: 1033).
[136] Kroeber (1902–1907: 191).
[136a] Kroeber (1902–1907: 191).

len anderen Verrückten-Tänzern die Erlaubnis, Leute zu belästigen und zu tun, was er wollte[137].

Fest steht, daß der Verrückten-Tanz seinen Namen zu Recht verdient. Die Tänzer handelten jedoch nicht nur in einer verrückten oder närrischen Weise, sondern taten einfach, was sie wollten. Einer der bedeutendsten Aspekte des Verrückten-Tanzes war sogar die Freiheit der Tänzer, aus all den Nichtmitgliedern jene auszuwählen, welche sie ärgern wollten.

They act in as extravagant and foolish a manner as possible, and are allowed full license to do whatever they please anywhere through the camp except within the tents[138].

The crazy-dancers act as ridiculously as possible, and annoy every one in camp . . . The dancers pursue every one who ventures out of his tent, and do all the mischief they are capable of . . . Of all the people in the camp-circle, only the crazy-dancers' grandfathers are exempt from annoyance[139].

Während das Feuertrampeln den Anfang der verrückten Phase in der Arapaho-Zeremonie markierte, war dies für die Gros Ventre nicht der Fall. Der Übergang vom normalen zum verrückten Handeln erfolgte bei ihnen nach dem »Flug-der-Pfeile«-Ritus, bei dem jeder Tänzer einen Pfeil so hoch wie möglich in die Luft schoß. Dabei versuchten sie nicht, den herunterfallenden Pfeilen auszuweichen. Trotzdem wurde niemals jemand getroffen.

Anschließend hatten die Verrückten-Tänzer der Gros Ventre die absolute Freiheit, jeden zu ärgern, der sich nicht innerhalb seines Zeltes in Sicherheit befand. Da den Leuten bekannt war, was sie erwartete, hatten sie bereits ihre Vorbereitungen getroffen, um die Verrückten-Tänzer für die restlichen paar Tage der Zeremonie so gut wie möglich zu meiden. Wenn die Verrückten-Tänzer jemanden erwischten, konnte er um eine milde Behandlung bitten, indem er die Bitte umgedreht stellte und um eine besonders harte Behandlung bat. Falls ein

[137] Dorsey und Kroeber (1903: 30n); Kroeber (1902–1907: 189, 193, 227–229; 1908b: 246n); Mooney (1896: 988, 1033). Nach Kroebers erster Information hatten die Arapaho nur einen Weißverrückten. In einem späteren Bericht wurde ihm mitgeteilt, daß es zwei gab, und somit Mooneys Aussage bestätigt. Kein Anführer wurde für die Zeremonien der Gros Ventre erwähnt.

[138] Kroeber (1902–1907: 190).

[139] Kroeber (1902–1907: 192).

Gefangener Ärger zeigte oder versuchte, den Verrückten-Tänzern Widerstand zu leisten, wurde sehr hart mit ihm umgegangen[140].

By this time the people had watered their horses and done whatever outdoor work was necessary, and retired to their tents, for, immediately after shooting into the air, the dancers rushed in all directions; and from this moment they had full liberty about the camp, except indoors, for four days. Anyone seen outside of a tent was shot with the soft blunt arrows. He was pursued amid shots and blowing of whistles. If a man was caught, he was made to sit down, and all the dancers, seeing what was happening, gathered. If he rode, he was pursued on horseback until he was overtaken, whereupon he would say: »Do not wait: I will not give you a dance«, meaning Wait: »I will give you a dance.« Then they stood about him, and he sang and they danced. At the end of his song, every one shouted »Yaa!« and kicked him until he was knocked over. Perhaps he would say: »Kick me hard.« Then they would barely touch him. Sometimes he said: »Now you must kill me.« If, however, he said: »Do not hurt me«, he would be hurt severely[141].

Auch wenn sich die Leute im Schutz ihrer Zelte aufhielten, konnten sie von den Verrückten-Tänzern belästigt werden. Aus Spaß warfen die Arapaho-Tänzer Dung in die Tipis und nannten es »Essen«. Auch das Hinausschauen aus einem Tipi konnte gefährlich sein. Schaute man den komischen Spielen der Tänzer durch ein Guckloch im Zelt zu, beschossen die Tänzer sofort diese Stelle[142].

Julian Steward betrachtete die Verrückten-Tänzer der Arapaho als Clownfiguren. Dies ist jedoch ein strittiger Punkt, denn inwieweit konnten sie Clowns sein, wenn sie Leute belästigten und bedrohten? Für die Menschen im Zeltlager war diese Zeit gewiß nicht komisch, obwohl die Eskapaden der Tänzer humorvolle Aspekte hatten, die ihre Zuschauer fanden. Doch die Furcht der Arapaho vor den Verrückten-Tänzern war so groß, daß sie sich freiwillig einige Tage lang in ihren Tipis einsperrten. Außerdem erscheint bei den Verrückten-Tänzern der Gros Ventre nichts sehr komisch oder typisch für Clowns.

[140] Kroeber (1908b: 247–248); Curtis (1909b: 116).
[141] Kroeber (1908b: 247).
[142] Kroeber (1908b: 246n).

Stechmücken- und Bienenbünde

Wenn das Handeln der Verrückten-Tänzer nicht sosehr vom Clownesken geprägt war, was waren sie dann, wenn nicht Clowns? Dazu werfen wir einen Blick auf die in der Reihenfolge vorhergehende Zeremonie, den Stechmückentanz der Gros Ventre[143]. Die Tänzer waren junge, unverheiratete Männer. Sie imitierten die Stechmücken, flatterten mit ihren Kleidern wie mit Flügeln, und ahmten auch die Geräusche von Stechmücken nach. Nach Beendigung ihres Tanzes, wenn sich die meisten Leute schon zu ihren Tipis zurückgezogen hatten, kamen die »Stechmücken« heraus und durchsuchten das Lager nach Menschen. Entdeckten sie jemanden, dann verfolgten sie ihn und stachen ihn mit Kaktusstacheln und scharfen Krallen. Gelang es ihm aber, ein Tipi zu erreichen, dann bewarfen die Stechmücken das Tipi mit Steinchen. Fächelte sich die belästigte Person (wie um Mükken zu verscheuchen), dann wurde sie von den Tänzern verschont.

Die Schwarzfußindiander hatten ebenfalls einen Stechmückenbund ähnlich dem der Gros Ventre. Seine Mitglieder waren Buben, die gegen Ende ihrer Zeremonie die Erlaubnis hatten, im Lager herumzurennen und jeden anderen zu zwicken oder zu kratzen. Zeigte man bei einem solchen Angriff Verärgerung und beleidigte den Tänzer, dann begannen alle Stechmücken um ihn herum zu schwärmen und ihn zu plagen[144].

Neben dem Stechmückenbund hatten die Nord-Blackfoot einen Bienenbund. Nach dem Bienentanz gingen die jungen männlichen Tänzer herum, um mit ihren Adlerkrallen Leute zu stechen[145].

Es ist nicht klar, ob die Verrückten-, die Stechmücken- und die Bienentänze wenigstens zum Teil als Spiel und Spaß verstanden wurden (und wenn so, für wen?), oder ob sie von den Indianern insgesamt als eine Belästigung, die zu tolerieren war, empfunden wurden. Sie haben alle gemeinsam, daß die Tänzer die Charakteristika eines Tieres oder eine Figur imitierten, wonach dann der Bund seinen Na-

[143] Kroeber (1908b: 239–241).

[144] Maximilian (1839: 577); Wissler (1913: 369, 376–377); McClintock (1923: 222–223).

[145] Obwohl die Sarsi ihren Bund die Stechmücken nannten, werden im Ursprungsmythos Hummeln erwähnt (Goddard 1914: 466–467). Die Nord-Blackfoot behaupteten, daß sie den Bienenbund von den Sarsi übernommen hätten (Wissler 1913: 420–421).

men erhielt. Zusätzlich war es allen Bünden erlaubt, die Dorfgemeinschaft zu ärgern: die Stechmücken und Bienen stachen mit Kaktusstacheln oder Krallen; die Verrückten belästigten jeden, der sich außerhalb eines Tipis befand. Gnade fand man nur dann, wenn man die Stechmücken wegfächelte, oder wenn man die Verrückten-Tänzer um harte Tritte bat. Eine besonders harte Strafe wurde einem zuteil, wenn man Ärger zeigte oder darum bat, nicht verletzt zu werden.

Das Motiv des faulen Mannes

Verrücktheit und Narrheit waren offenbar tolerierte Charaktereigenschaften, Faulheit jedoch bei den Plainsindianern nicht. Ihre Einstellung zur Faulheit ist bekannt, und sie beschäftigten sich mit dem Thema in Legenden und Geschichten. Eine Lektion der Weisen der Assiniboin warnte vor Faulheit und vor der Gewohnheit, morgens zu lange zu schlafen:

Don't hug the earth; he who hugs the earth will soon be hugged by the earth. Be an early riser, the game do not snuggle their heads on feather pillows, they are out grazing at the break of dawn. Greet the newborn day[146].

Die Pawnee verachteten faule Menschen[147]. Die Älteren der Omaha warnten die Jugend vor Wohlleben, Faulheit und Verschwendungssucht[148]. Bei den Kiowa waren die, die im Lager blieben, anstatt auf Kriegspfad zu ziehen, »faule junge Leute«. Zu denjenigen, die bei den Sioux zu lange warteten, bevor sie zum erstenmal auf Kriegspfad gingen, sagte man, daß sie »zu lange geschlafen hätten«[149]. Junge Frauen bevorzugten, trotz Sehnsucht und Einsamkeit, die abwesenden Krieger vor den anwesenden Faulenzern. Sie sangen:

The lazy youths idling at home in camp may see their loved ones whenever they choose. But him whom I love is far away on the warpath, lonely and weary[150].

[146] Kennedy (1972: 99).
[147] Dorsey und Murie (1940: 108).
[148] Fletcher (1901).
[149] Curtis (1908: 189).
[150] Curtis (1987: 546).

Die Älteren erzählten zahlreiche Geschichten, um die Jugend zu ermutigen und ihnen ihre Moralbegriffe zu vermitteln. »Der schläfrige junge Mann und die Kannibalen« ist eine Arapaho-Geschichte über einen gebesserten Faulenzer. Ein junger Mann, der ein ausgeprägter Langschläfer war, wurde, um endlich einmal etwas Sinnvolles zu tun, von seinem Vater gebeten, die menschenfressenden Monster, die eine Gefahr für das Dorf waren, zu erschlagen. Der junge Mann übernahm die Aufgabe und erreichte einen glorreichen Sieg über die Kannibalen[151].

Nicht alle Faulenzer lassen sich so leicht und erfolgreich bessern wie »Schläfriger Junger Mann«. In der Crow-Geschichte der »Gebesserte Faulenzer« wird ein fauler junger Mann von seinem Vater ermahnt, gute Taten zu vollbringen, also etwa auf die Jagd zu gehen oder bei Kriegsgruppen mitzuziehen. Der junge Mann änderte daraufhin seine Lebensweise so drastisch und jagte und führte Krieg in einem solchen Ausmaß, daß sein Vater ihn bitten mußte, damit wieder aufzuhören[152].

Die Rede von Faulenzern und Langschläfern bzw. gebesserten Faulenzern bringt uns schließlich zu »Lime Crazy«. Sein Hauptinteresse, nachdem er sich besserte, waren Frauen, nicht Kannibalen, Jagd oder Krieg. Ebenso wie der gebesserte Crow-Faulenzer ging er ins Extrem und was die Geschichte darüber hinaus zeigt: so bald er gebeten wird, etwas zu tun, betreibt er es bis zum Exzeß.

Lime Crazy

Obwohl Faulheit keine tolerierte Eigenschaft auf den Plains war, wurde sie ertragen, sobald sie in Zusammenhang mit Verrücktheit auftrat wie bei »Lime Crazy«, einer mythologischen Figur der Arapaho, die in enger Verbindung mit den Verrückten-Tänzern stand[153].

[151] Dorsey und Kroeber (1903: 126–133)

[152] Lowie (1918: 136–140).

[153] Der Verrückten-Tänzerbund der Arapaho zeigt Ähnlichkeiten zu Lime Crazy, und der Bund wird auch der »Lime Crazy society« genannt. Genauso wird Lime Crazy auch als »Weiß-Bemalter-Narr« (White-Painted Fool) bezeichnet, also ähnlich wie der Anführer der Verrückten-Tänzer, der »Weißverrückte« (Dorsey 1904: 339n; Dorsey und Kroeber 1903: 20, 34). Dorsey und Kroeber (1903: 23–31) zeichneten je einen Mythos über Lime Crazy auf, der bei den Gros Ventre Mythen nicht erwähnt wird (Kroeber 1908a).

Lime Crazy war ein nichtsnutziger Faulenzer, und als er sich endlich gebessert hatte, wurde er zur Belästigung für seine Familie und Mitmenschen. Er stand sehr spät auf, saß zu Hause herum, war unordentlich, und die Leute verspotteten ihn wegen seiner Dummheit. Der ältere Bruder von Lime Crazy, der ein großer Häuptling war (oder nach einer anderen Version des Mythos die Häuptlingsstelle anstrebte), fühlte sich wegen des Benehmens von Lime Crazy beleidigt und befahl ihm, sich zu bessern. Am nächsten Morgen erfüllte Lime Crazy diesen Wunsch: Er wusch sich, bürstete und richtete sein Haar, bemalte sein Gesicht, parfümierte sich mit süßem Duft und ging hinunter zum Fluß, um sich mit den Frauen, die dort Wasser holten, bekannt zu machen.

Lime Crazy entdeckte, daß ihn die Frauen als attraktiv und reizend empfanden, und mit wenig Aufwand gelang es ihm, die Frauen zu verführen. Egal wie viele Frauen beisammen waren, er war immer schlau genug, die Hübscheste unter ihnen dazu zu bringen, mit ihm mitzugehen; er verführte sogar verheiratete Frauen. Die Leute wollten das natürlich nicht tolerieren, doch aufgrund der Stellung seines älteren Bruders unternahmen sie nichts gegen ihn. Trotzdem mußte sein Bruder einige Pferde und andere Wertsachen für die Vergehen von Lime Crazy zahlen. Schließlich beschloß der Bruder, daß es besser für seine Autorität und seinen Respekt sei, wenn er dem Plan, Lime Crazy während einer Jagdexpedition zu verlassen, zustimmte.

Nachdem ein Bison erlegt worden war, wurde Lime Crazy von seinem Bruder gebeten, mit einer Gerte die Fliegen vom Bison zu vertreiben, während er ins Dorf zurückkehren wollte, um Hilfe zu holen. So wurde Lime Crazy zurückgelassen und damit ausgesetzt. Er fächelte die Fliegen weg und ging dabei endlos um den getöteten Bison herum, bis er einen tiefen Graben um das Tier ausgehöhlt hatte.

Viele Jahre später verlor der Bruder seine Stellung als Häuptling, und arm und verachtet suchte er seinen Bruder auf, der – verrückterweise – immer noch Fliegen verscheuchte und in seinem selbst ausgetretenen Graben kreiste. Nach einigem Zureden war Lime Crazy bereit, mit ihm zurückzukehren. Zurück im Lager gelang es ihm, den Status seines Bruders zu verbessern, die Familie wurde reich und von neuem mit Respekt behandelt. Ein Rest von Eifersucht bei der Bevölkerung bewog jedoch einige junge Männer (in einer anderen Version der Geschichte, wiederum den älteren Bruder), nochmals den Versuch zu unternehmen, Lime Crazy loszuwerden. Diesmal wurde er auf einer Reise zum Zweck des Sammelns von Adlerfedern verlassen. Ein heiliges Wasser-Ungeheuer half ihm diesmal zurückzukehren. Letzten Endes fand Lime Crazy jedoch den Tod in einem Schneesturm oder durch einen Blitzschlag[154].

Die Verrückten-Tänzer ähnelten der mythologischen Figur Lime Crazy nicht nur durch den Namen, sondern auch, weil sie auf gesellschaftliche Normen keine Rücksicht nahmen. In der Tat war die Imitation des Verhaltens und Handelns von Tieren oder mythischen Figuren ein unerläßlicher Teil des zeremoniellen Lebens auf den Plains. Das Verhalten der Verrückten-Tänzer fand möglicherweise seine Berechtigung in der Nachahmung von Lime Crazy.

Humor und Narrheit

Clowns, im allgemeinen, setzen eine Vielzahl komödiantischer Kunstgriffe ein, um ihr Publikum oder ihre Gemeinde zu herzhaftem Lachen zu bringen: Übertreibung, Imitation, Improvisation, Absurdität, Widersprüchlichkeit, Narretei, Unangebrachtheit, Mißerfolg, Belustigung, Klugheit und Witzigkeit[155]. Die Clowns der Plainsindianer waren insofern einzigartig, da ihre Vorstellungen zum großen Teil durch die Verwendung verkehrter Sprache und konträren Handelns bereichert waren[156].

Komödianten wie Clowns wissen, wie man Menschen zum Lachen bringt: es ist ihr Beruf, für humorvolle Unterhaltung zu sorgen. Sie wissen aber nicht notwendigerweise, warum die Menschen lachen. Erklärungen zur sozialen Bedeutung und Funktion des Clowns, die von Ethnologen und vielen anderen Theoretikern angeführt werden,

[154] Von den Cheyenne sind Geschichten bekannt, die den Abenteuern Lime Crazys stark ähneln, wo einem boshaften oder problematischen Menschen die Aufgabe zugeteilt wird, die Fliegen von einem gefallenen Bison wegzutreiben, und er dadurch vom Stamm ausgesetzt wird (Grinnell 1908: 271–313; Moore 1987: 109–113). Der Cheyenne-Held war aber nie verrückt wie Lime Crazy.

[155] Ein »Kunstgriff« ist kein Trick, sondern etwas, was benutzt wird, um einen künstlerischen Effekt zu erzeugen.

[156] Konträres Verhalten wird auch den Clowns der Pueblo- und Plateau-Indianer zugeschrieben (Titiev 1972; Ray 1945).

sind stark von der Wirkung abhängig, die man dem Humor und dem Lachen zuschreibt[157]. Für unsere Zwecke werden zwei Haupttypen des Humors unterschieden, der Humor der sozialen Verurteilung und der Humor des Gleichgewichts.

Humor als soziales Urteil

Unter der Theorie rituellen Humors als eine Art sozialen Urteils fasse ich die Meinungen zahlreicher Theoretiker über die soziale Funktion von Clowns im allgemeinen zusammen[158].

Lachen kann ganz allgemein Mißbilligung ausdrücken, und es kann hart und sozial ausgerichtet sein. Clowns erhalten dementsprechend die vorherrschenden sozialen Einrichtungen und Muster aufrecht, indem sie auf humorvolle Weise Regeln und Normen durchbrechen. Kleidung und Verhalten von Clowns gehen über das Gewöhnliche hinaus und stellen so einen Verstoß gegen die vorherrschende soziale Ordnung dar. Wenn das Publikum und die Gemeinschaft lachen, ist ihr soziales Gewissen wach und vorhanden. Ritueller Nonkonformismus verstärkt letztlich soziale Konformität.

Die Theorie des Humors als soziales Urteil schreibt den Clowns eine sozial erhaltende Funktion zu, sie kann jedoch die Clownerie der Plains nicht adäquat erklären. Sie zeigt allerdings, daß Lachen eine soziale Zielrichtung hat und eine ethische Beurteilung widerspiegeln kann.

Können wir annehmen, daß die Parodie der Clowns über die Büffeljagd tatsächlich eine Art Einführung in die Jagd oder auf irgendeine Weise für die Büffelwirtschaft förderlich gewesen ist? Nein. In ähnlicher Weise dürfte es kaum gegen irgendein Cheyenne-Tabu versto-

[157] Das Studium des Humors und des Lachens ist ein weites und vielfältiges Thema. Es wurde in der Psychologie, Philosophie, Literaturanalyse, Soziologie und anderen Disziplinen behandelt. Im Rahmen dieser Untersuchung wurde jedoch nicht der Versuch unternommen, eine vergleichende Übersicht der Theorien zu Humor und Lachen zu geben. Für eine Abhandlung über Humor aus ethnologischer Sicht, siehe Apte (1986).

[158] Diese Theorie des Humors (einschließlich ihrer vielen Varianten) wurde von Norbeck (1961: 207), Levine (1969: 10), Makarius (1970), Hieb (1972, 1979), King (1979), Riggan (1981: 79–108), Boyd (1988: 104) und anderen vertreten.

ßen haben, Kräuter durch die Beine zu ziehen. Und niemand brauchte daran erinnert zu werden, heißes Wasser nicht kalt zu nennen, oder zu denken, schwere Objekte seien leicht.

Genausowenig kann ich den sexuellen Humor der Plainsindianer so interpretieren, als diene er nur dazu, sexuelle Normen aufrechtzuerhalten. Wird sexuelles Verhalten in einer öffentlichen Zeremonie humorvoll dargestellt, so muß das nicht bedeuten, daß solches Verhalten tatsächlich verurteilt wird. Sexuelle Scherze in der westlichen Gesellschaft können zwar lustig wirken, weil diese Themen tabu sind, dies muß jedoch nicht heißen, daß aller sexuell inspirierte Humor auf der Durchbrechung von Normen beruht.

Die sexuellen Handlungen des Okipa-Narren stehen in Einklang mit dem Mandan-Konzept des Geschlechtsverkehrs als einem Weg, übernatürliche Macht zu übertragen. Möglicherweise muß auch die Rolle der Clowns der Cheyenne bei der Massaum-Zeremonie in diesem Licht gesehen werden. Die Bedeutung sexuellen Humors bei den Clownvorführungen der Crow ist noch unklar. Es ist jedoch klar, daß viele Forscher und Gelehrte des 19. und frühen 20. Jahrhunderts das Thema Sex als Tabu betrachteten und vielleicht deshalb dem Humor der Indianer keine Wertschätzung entgegenbrachten.

Es muß ebenfalls betont werden, daß die sexuellen Anspielungen der Verrückten-Tänzer keineswegs komisch waren. Rituelle Sexualpraktiken waren unter vielen anderen Plainsbewohnern ebenfalls verbreitet, ohne daß sie mit Humor oder Clownerien verbunden waren[159].

Humor und Gleichgewicht

Eine andere Auffassung nimmt an, ritueller Humor schaffe ein emotionales Gleichgewicht oder fördere geistige Harmonie. Er läßt unterdrückten Impulsen freie Bahn, baut sexuelle Spannungen ab, erleichtert materielle Ängste und geistige Bedrohungen. Kurz gesagt, er soll ein gesundes Gleichgewicht schaffen[160].

[159] Siehe Kehoe (1970).

[160] Zum Beispiel: Jacob Levine (1969: 177–178) schloß, daß rituelle Clownerie dazu beitrug, sexuelle und aggressive Impulse zu regulieren, indem sie auf angemessene Weise ausgelebt werden können. Nach Lucile Charles (1945: 32) besteht die Funk-

Julian Steward argumentierte, daß rituelle Clownerien bei den nordamerikanischen Indianern für *Erleichterung* von ernsten und emotionalen Interessen wie Krankheit, Unglück, Armut, Sex und Nahrungsmangel sorgten. Er befaßte sich beispielsweise mit den Clowns der Plainsindianer, und er glaubte, daß das Konzept der Fruchtbarkeit mit ihrer Clownerie, die inverse Sprache, Gotteslästerung, Obszönität und Parodie enthielt, verbunden war. Also, Humor wird gebraucht um Ängste abzubauen und in diesem Fall materielle Ängste wie Regenmangel oder Sorge um das Wachstum des Getreides[161].

Auch Vera Laski nimmt an, daß die Pueblo-Clowns mit Fruchtbarkeit in engem Zusammenhang stehen. Sie nahmen an Zeremonien teil, bei denen um Regen gefleht wurde, und standen daher für das Gute, das die Fruchtbarkeit bringt: das Wachstum von Getreide, Bohnen, Kürbis und Melonen; eine Vielzahl von Rehen und Kaninchen; Kindersegen und Bevölkerungswachstum. Ohne die Erfüllung natürlicher und vitaler Funktionen kann es keinen Reichtum geben. Den Clowns fiel die Aufgabe zu, den schöpferischen Geschlechtstrieb zu vertreten[162].

Welche ernsthaften und emotionalen Probleme hinter dem konträ-

tion der Clowns darin, einem zu helfen, unbewußte psychologische Probleme offenzulegen. Mit diesem Bewußtsein ist eine Selbstintregration ermöglicht. John Honigman (1942) führte an, daß rituelle Clownerie Spannung und Angst abbaute, die zum Teil durch religiöse Phänomene (wie dem Nichtverstehen von Tabus) hervorgerufen wurden, indem sie diese der gemeinsamen Erfahrung zugänglich machten. Entsprechend argumentiert Arben King (1979), daß Clowns, neben anderen Funktionen, Mut und Kraft geben, die Angst zu überwinden, daß das Chaos das menschliche Befinden beherrscht. Er schreibt, Clowns entlocken Nichtordnung. Sie schaffen Unordnung, und ihr Verhalten schwächt die menschliche Gesellschaft auf das Chaos hin: Wenn der Clown mit Nichtordnung erfolgreich umgeht, so können dies auch andere. Tom Boyd (1988: 106) fügt hinzu, daß das Chaos, das Clowns hervorbringen, ein notwendiges Korrelat zur sozialen Ordnung bildet.

161 Steward (1930: 204). Seine Verwendung des Begriffes »Erleichterung« (relief) unterscheidet sich von der »komischen Erleichterung« (comic relief) der griechischen Antike, die sich auf eine ausgelassene Komödie bezieht, die im Theater gebraucht wird, um die ernste Stimmung der Tragödie aufzulockern. Die letztgenannte Funktion wurde den traditionellen Pueblo-Clowns von Underhill (1965: 113) und Hultkrantz (1987: 124) zugeschrieben; Sie nehmen an, die Clowns würden die langen, nüchternen Zeremonien unterbrechen, um sie ertragbarer werden zu lassen.

162 Laski (1959: 89).

ren Verhalten auf den Plains stehen, blieb von Laski und Steward unerforscht.

Thomas Lewis nimmt jedoch an, daß die Funktionen der Heyoka-Clowns der Lakota (Sioux) solche Aspekte des gegenwärtigen Lebens symbolisieren, die sonst nicht berücksichtigt werden wie Entfremdung, Armut, Gewalt, Sexualität, Verrücktheit, Tod und Unehrlichkeit. Indem sie das Gegenteil sozial gebilligter Werte und Verhaltensweisen vorspielen, können Clowns auf die wirklichen sozialen Ziele hinweisen[163].

Clowns und das kulturelle Streben nach Verrücktheit

Zwei theoretische Ansätze zur Funktion der Clowns in den Zeremonien der nordamerikanischen Indianer sind diskutiert worden – die einander nicht ausschließen. Nach der Theorie »Humor als soziales Urteil« bestätigen Clowns die bestehenden sozialen Muster. Die Gleichgewichtstheorie besagt, daß unausgesprochene oder unbewußte Beschwerden über ernste Interessen im Rahmen der Komik ausgedrückt werden.

Insofern die Clowns wie Clowns handelten, finden diese Erklärungen ihre Rechtfertigung. Fest steht aber, daß die Clowns der Plainsindianer mehr als Clowns waren. Was die Clowns, konträres Handeln und den Okipa-Narr verbindet, ist nicht nur der Humor, sondern ein Sinn für Narrheit. Der Okipa-Narr zeigt uns zum Beispiel, daß Verrücktheit ein grundlegendes und notwendiges Element in der Weltanschauung war, von dem man übernatürliche Kräfte gewinnen konnte.

Konträres Verhalten fand nicht nur unter komödiantischen Prämissen statt, sondern auch in Bereichen, die nicht humorvoll und sehr ernsthaft waren. Hier schließt sich der Gedanke an, daß Konträr-Sein und Narr-Sein verwandte Ausdrucksformen sind. Verbindendes Element der Clowns und Narren der Plainsindianer ist die Betonung in ihrer Handlung von Verrücktheit und Närrisch-Sein.

Wie gezeigt worden ist, war die Plainsgesellschaft von Humor jeder Sorte durchtränkt. Humor und Torheit waren auf keinen Fall nur auf die nicht-zeremonielle Ebene beschränkt. Vielmehr waren sie hoch geschätzt und fanden zu immer wieder neuen Ausdrucksweisen.

[163] Lewis (1982a: 892) vertritt ebenfalls den Standpunkt, daß Clowns auf diese Art sozialen Wandel herbeiführen können.

Kulturareale Nordamerikas. Das Gebiet der Plains erfaßt das Kernland Nordamerikas. Es erstreckt sich ungefähr vom Mississippi im Osten zu den Rocky Mountains (Felsengebirge) im Westen, und vom Saskatchewan-Fluß im Norden zum Rio Grande in Zentraltexas im Süden. Die punktierte Linie innerhalb des Plainsgebietes bezeichnet die Grenze zwischen den östlichen Hochgrassteppen und den westlichen Kurzgrassteppen.

Die Plainsindianer der Kurzgrassteppen lebten im Winter in kleinen, beweglichen Gruppen, während sie im Sommer ein gemeinsames Lager errichteten. Im Sommer fand die kollektive Bisonjagd statt, und die sozialen Zeremonien wurden im vollen Umfang wiederaufgenommen. Typische Behausung war das lederbedeckte, kegelförmige Stangenzelt, das Tipi.

Die Plainsindianer der Hochgrassteppen (Prärieindianer) waren Dorfbewohner, die Ackerbau betrieben (Mais, Kürbis und Bohnen). Sie lebten in Erd-, Gras- oder Birkenhäusern, während der sommerlichen Gemeinschaftsjagd verwendeten sie jedoch auch Tipis.

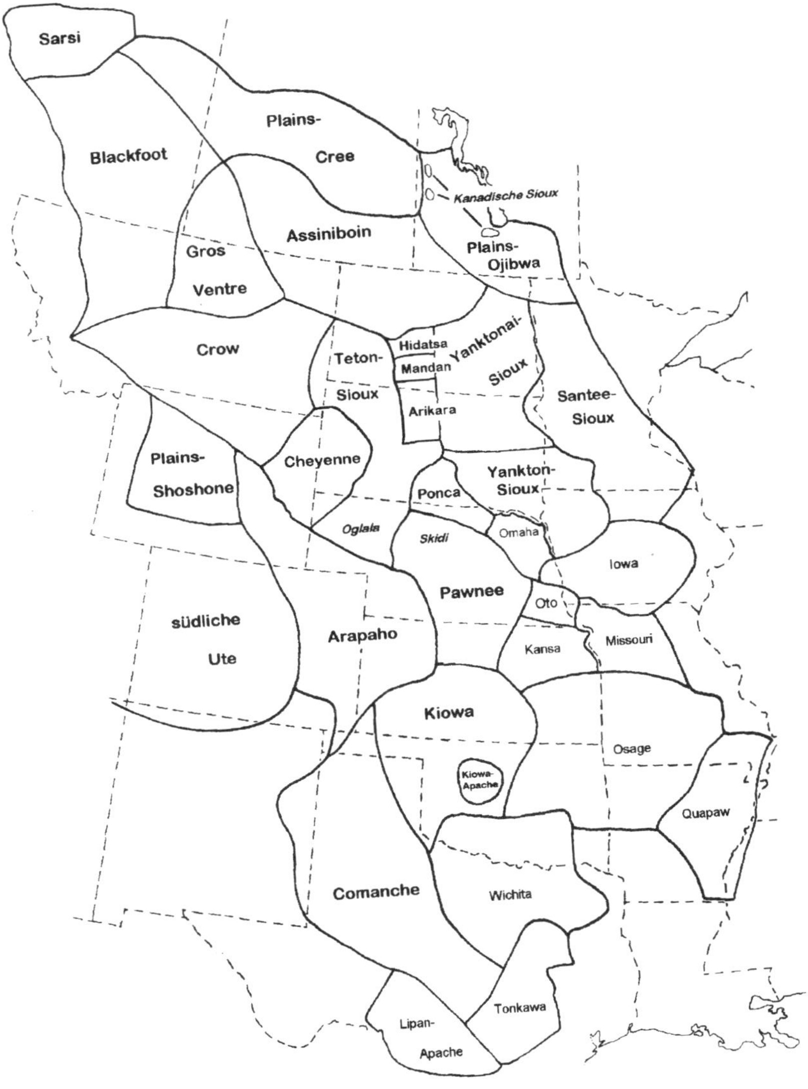

Ungefähre Stammesgrenzen im Gebiet der Plains um 1850. Die Bezeichnung »Plains« faßt in diesem Aufsatz den gesamten Lebensraum der großen Ebenen, zu dem die westlichen Kurzgrassteppen und die östlichen Hochgrassteppen gehören, zusammen. Kanadische Sioux erst ab ca. 1870 (Elias 1988). Heutige Provinzgrenzen in Kanada und Staatsgrenzen in den USA sind als gestrichelte Linien dargestellt. Die Rechtschreibung der Namen der Indianerstämme erfolgt überwiegend aus Parks, Liberty und Ferenci (1980). Karte aus dem National Geographic Society Magazine (Dezember, 1972) übernommen.

Clowns der Assiniboin posieren für ein Foto. Der Anführer namens Two Boys trägt einen Rasselstab an den Rehhufe angebunden sind. Sowohl er, als auch sein Clownassistent, blasen auf Knochenpfeifen. Fotografiert von Sumner W. Matteson, Fort Belknap-Reservat in Montana 1906 (aus Scherer und Walker 1975).

Clown der Assiniboin. Seine Ledermaske ist seitlich ausgefranst und mit schwarzen Streifen bemalt. Augen und Mund sind kreisförmig, und der Rüssel ist auffällig. Nach einer Zeichnung von Thomas E. Mails (1972).

Ein Assiniboin-Clown raucht Tonpfeife während einer Pause. Seine Maske ist nach oben geschoben. Fotografiert von Sumner W. Matteson am Fort Belknap-Reservat, Montana 1906 (aus Scherer und Walker 1975).

Zwei doppelgesichtige Masken von Assiniboin-Clowns (aus Lowie 1909), von denen jeweils Vorder- (oben) und Rückseite (unten) dargestellt sind. Die Masken wurden aus Leinenstreifen hergestellt, die zusammengenäht und seitlich und oben ausgefranst wurden. Die Augen- und Mundschlitze sind sehr klein. Auf der Vorderseite hängen Blechschieben, die Ohrringe darstellen. Eine lächerliche gekrümmte Nase aus Stoff, mit Gras ausgestopft, ist auf die Vorderseite der rechten Maske genäht.

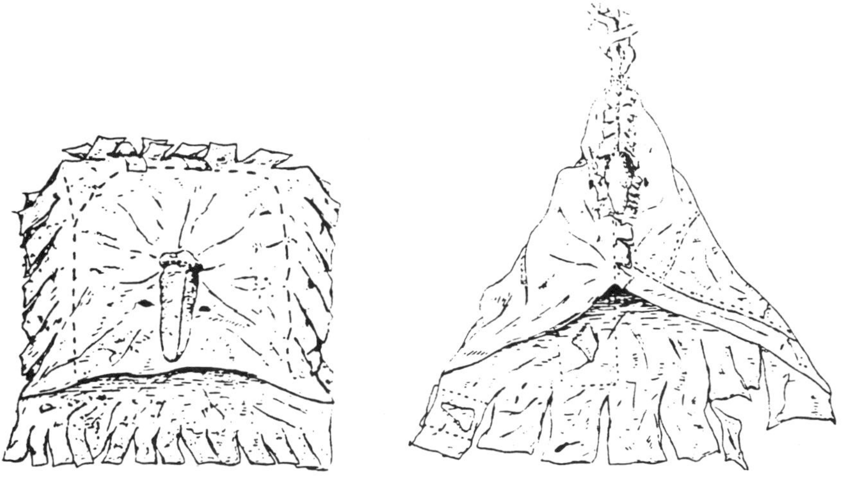

Clownmasken der Plains-Ojibwa (aus Skinner 1914c). Die kleinen Augenschlitze liegen kurz unterhalb der sehr hervorragenden Nase.

Clowns der Plains-Ojibwa in voller Kostümierung, von Thomas E. Mails (1973) gezeichnet. Die drei maskierten Tänzer halten »Stäbe« mit Laubwerk an der Spitze und an denen ein Kleidungsstück festgebunden ist. Möglicherweise machen sie sich über den Kriegerbund lustig.

Ein Clown der Krähenindianer in vollem Kostüm mit Schild (aus Lowie 1913b).

Ein junger Krähen-Clown (und Pferd) in Verkleidung (aus Lowie 1913b).

Der Okipa-Narr, von George Catlin gemalt (British Museum). Der Narr flitzt herum und treibt den Ball am Ende einer langen Stange auf dem Boden vor sich her.

Der Okipa-Narr (aus Catlin 1967). Von George Catlins zahlreichen Darstellungen des Okipa-Narren wurde keine einzige publiziert, die den Phallus des Narren zeigt. Daher erschien der Okipa-Narr bis 1975 in der Literatur in der oben abgebildeten Form. Zu diesem Jahr wurde die vorherige Abbildung veröffentlicht.

Der Stiertanz der Okipa-Zeremonie, von George Catlin gemalt (Smithsonian Institution). Der Okipa-Narr (unten links) geht zur Mitte des Dorfplatzes vor. Die Menschenmenge weicht vor ihm zurück. Der Zeremonienmeister lehnt sich an das tonnenförmige Gebilde im Zentrum des Platzes. Links vom Gebilde schlagen vier alte Männer auf Schildkröten-Trommeln, während ein fünfter vor ihnen steht und rasselt. Zwei Grizzly-Tänzer hocken auf der rechten Seite des Gebildes. Vor ihnen laufen zwei weißköpfige Seeadlertänzer (schwarzbemalt) mit Fleischschalen davon, die den Grizzlybären angeboten worden waren. Einige Jungen, die Antilopen darstellen, laufen mit den Seeadlern zur Prärie.
Die Hauptdarsteller dieser Szene sind jedoch die Büffeltänzer, die in vier Paaren jeweils auf einer Seite des tonnenförmigen Gebildes tanzen. Jeder von ihnen trägt einen Büffelkopf und ein Büffelfell und hat ein Weidenbündel auf den Rücken gebunden. Zwischen jedem Büffelpaar befindet sich ein Tänzer: Der »Tag« (rot angemalt) oder »Nacht« (schwarz) repräsentiert.

Das Treffen zwischen dem Okipa-Narren und dem Zeremonienmeister, von George Catlin gemalt (British Museum). Die Macht der Medizinpfeife in der Hand des Zeremonienmeisters läßt den Okipa-Narren erstarren. Catlin glaubte, daß der Okipa-Narr den Phallus erigieren lassen konnte, indem er an einem feinen Faden zog, der von seiner Hand zum hölzernen Phallus führte.

Die Regierende Frau hält den Phallus des Okipa-Narren wie ein Baby in ihren Armen (nach George Catlins Gemälde im Museum of Mankind, London).

»Bisontanz der Mandan-Indianer vor der Medizinhütte«, Aquatinta nach Karl Bodmer. Der Schweizer Zeichner brachte viel Zeit auf, für sein Meisterwerk, das er in Paris nach Rückkehr der 1832–1834 Nordamerika-Expedition (die von Prinz Maximilian von Wied-Neuwied geführt wurde) fertigstellte.
Die Holzfigur (links oben), gebunden an eine Stange und aufgestellt im Dorfzentrum, stellt den Okipa-Narren dar. Dieser ist vermutlich aus künstlerischer Überlegung eingefügt worden, stand aber in keiner Beziehung zu dem Mandan Kriegerbund, den Bisons. (Joslyn Art Museum, Omaha, Nebraska)

Eine Heißwasser-Vorführung des *Contrary*-Bundes der Cheyenne, von Edward Sheriff Curtis (1911) fotografiert. Die Clowns handeln selbst dann noch komisch und konträr, wenn sie sich um das Feuer kümmern und aus dem Kessel mit heißer Suppe mit bloßen Händen Fleischstücke herausnehmen.

Clowns des *Contrary*-Bundes der Cheyenne während einer Massaum-Zeremonie, fotografiert von J. E. Tuell (aus Grinnell 1923). Die Clowns sind weiß bemalt und tragen Miniaturbogen und -pfeile, die sie auf verkehrte Weise benutzen.

Zwei Clowns des *Contrary*-Bundes der Cheyenne tanzen während einer Massaum-Zeremonie in die zu den anderen entgegengesetzte Richtung, fotografiert von Edward Sheriff Curtis (1930). Ihre Körper sind weiß bemalt, sie tragen winzige Pfeile und Bögen, und einer bläst auf einer Pfeife.

Verrückten-Tänzer der Gros Ventre singen, fotografiert von Edward Sheriff Curtis (1909b).

Heyoka: Die Clowns und Contraries der Sioux

Überall in Nordamerika, nicht nur auf den Plains, gab es Organisationen, die teilweise oder ganz der Clownerie gewidmet waren. Jedoch stellen konträres Verhalten und die *Contraries* selbst eine Besonderheit dar. Die *Contraries* waren sozial anerkannte Gruppierungen von Männern, die sich sowohl im Ernst als auch bei Narreteien in verkehrter Weise verhielten. Bei den Sioux gehörten diejenigen, die sich konträr verhielten, zum sogenannten Heyoka-Kult. Nicht alle Heyoka-Personen sind jedoch als *Contrary* zu betrachten. Wesentliche Züge der (konträren) Heyoka faßte Gideon Pond in folgendem Zitat zusammen:

Die Eigenschaften der Heyoka sind das Gegenteil des Natürlichen. Zum Beispiel drücken sie Freude durch Seufzen und Stöhnen aus und Sorge durch Gelächter. Sie zittern in der Wärme und hecheln und schwitzen in der Kälte. Sie fühlen sich absolut sicher in Gefahr und schrecklich ängstlich in Sicherheit. Falschheit ist für sie Wahrheit und Wahrheit Falschheit. Das Gute ist ihr Übel und das Übel ihr Gutes[1].

Oft wird behauptet, daß die Sioux in körperlicher, geistiger und auch moralischer Hinsicht als der Prototyp der nordamerikanischen Indianer gesehen wurden. Zusammen waren sie zahlreicher als die meisten anderen Plainsindianer. Jede Menge Bücher sind über sie geschrieben worden, über ihren Charakter, ihre Philosophie, ihre religiösen Vorstellungen, ihre Zeremonien, ihre politischen und militärische Geschichte, über ihre großen Häuptlinge wie Sitting Bull, Crazy Horse und Red Cloud sowie über ihren Mut und ihre Entschlossenheit, die vordringenden Amerikaner abzuwehren.

Die deskriptive ethnographische Literatur über die Heyoka ist ebenfalls sehr umfangreich. Die Information ist reichlich mit widersprüchlichen Aussagen versehen. Der Grund dafür, glaube ich, liegt darin, daß die einzelnen Bräuche und das Verständnis der Heyoka auch unter den Sioux-Indianern sehr unterschiedlich waren. Darüber hinaus war die Bereitschaft, über die Praktiken Auskunft zu geben,

[1] Pond (1854: 645). Diese Passage wurde in Band VI von Schoolcrafts (1857: 651–652) monumentaler Abhandlung über die Indianer nochmals wörtlich wiedergegeben. Später publizierte Pond (1867) eine geringfügig geänderte Version dieser Arbeit, die als Nachdruck (1889) heute zugänglicher ist.

sehr unterschiedlich. Diese Mannigfaltigkeit der Ideen und Bräuche spiegelt eine starke Tendenz zur Individualität sowie die möglichen Unterschiede zwischen den Sioux-Gruppen wider.

Das Dilemma, daß sich Diskrepanzen zwischen den verschiedenen Berichten nicht immer eindeutig erklären lassen, ist nichts Neues für die ethnohistorische Forschung. Die volle Wahrheit über das zeremonielle Leben der Plainsindianer wurde niemals erzählt und erst recht nicht protokolliert und bleibt daher ein ewiger Dorn im Auge all jener, die sich mit der Ethnogeschichte der Plains beschäftigen. Diese Mannigfaltigkeit der Erscheinungsformen, die keine einfache Ordnung zuläßt, sollte uns jedoch nicht bestürzen. Sie muß als ein substantieller Teil des Heyoka-Komplexes und der Sioux-Kultur im allgemeinen betrachtet werden.

In diesem Kapitel versuche ich, anhand der relevanten historischen Quellen, eine Rekonstruktion der traditionellen Heyoka der Sioux zu geben. Den Heyoka-Kult und die Heyoka-Personen gibt es noch heute. Es ist aber hier nicht die Aufgabe, moderne Aspekte des Heyoka-Komplexes umfassend zu behandeln[2]. Bedeutung und Funktion der Heyoka-Institution mögen heute anders sein als in der Vergangenheit. Ich versuche daher auch nicht, die Heyoka als ein Beispiel sozialen Wandelns, oder gar als ein Beispiel für die Kontinuität sozialer Werte darzustellen.

Die Heyoka-Tradition bei den Sioux

Obwohl die Tradition der Heyoka bei den Sioux sehr alt ist, gehört der Heyoka-Kult jedoch nicht zu den ursprünglichen sieben heiligen Riten, die den Kern des zeremoniellen Lebens der Sioux bildeten. Alle oder zumindest die meisten Verbände der Sioux übten den Heyoka-

[2] Der moderne Heyoka-Kult wird in Howard (1954), Laubin (1977: 359–360), Mirsky (1937), Lame Deer und Erdoes (1972: 236–246), Bucko (1988) u. a. behandelt. Vor allem hat sich Thomas Lewis (1970, 1974, 1982b, 1990) mit den gegenwärtigen Heyoka der Lakota (Sioux) auseinandergesetzt.

Kult aus. Während des neunzehnten Jahrhunderts existierte er möglicherweise auch bei den benachbarten Ponca[3].

Die Sioux werden im folgenden als eine kollektive Gruppe, die sich aus drei oder vier Hauptgruppen (Stämmen) und zahlreichen Untergruppen und Verbänden (subtribes & bands) zusammensetzt, aufgefaßt.

Die *Santee* waren die östliche Gruppe der Prärie-Sioux, und sie bestanden aus vier Verbänden[4]. Meist werden sie »Dakota« genannt; gelegentlich werden aber auch alle Sioux-Hauptgruppen als »Dakota« bezeichnet.

Die *kanadischen Sioux* oder *kanadischen Dakota* sind vorwiegend Nachkommen der Santee und werden als eine Untergruppe der Santee betrachtet. Sie stammen nur zu einem kleinen Teil aus anderen Sioux-Gruppen, den Yanktonai und den Teton. Die meisten kanadischen Sioux flüchteten nach dem Krieg von Little Crow (dem sogenannten Sioux-Ausbruch), 1862, aus den Vereinigten Staaten, um Zuflucht in Kanada (Manitoba und Saskatchewan) zu suchen[5]. Die Santee und die kanadischen Sioux werden hier getrennt betrachtet, um Unterschiede bezüglich der Heyoka besser darstellen zu können[6].

[3] Der Ponca-Kult hieß auch Heyoka und zeigt weitere Ähnlichkeit zur Heyoka der Sioux, wie kollektive Traumerfahrungen, verkehrte Sprache, Herausholen von Fleisch aus kochendem Wasser und Spritzen mit heißem Wasser. Skinner vermutete, daß die Ponca diese Gewohnheiten von den Teton-Sioux übernommen hatten (Skinner 1915b: 789; siehe auch Howard 1954: 254; 1965: 124). Die Möglichkeit, daß sie die Heyoka von einer der anderen Sioux-Gruppen übernahmen, ist aber genauso groß.

[4] Unter denjenigen, die wertvolle Beschreibungen über die Heyoka der Santee geliefert haben, sind folgende besonders hervorzuheben: Pfarrer Gideon Pond und sein Bruder Pfarrer Samuel William Pond, die zuerst als freiwillige und später als geweihte Missionare der Kongregationskirche bei den Santee in Minnesota gearbeitet haben, der presbyterianische Missionar und Linguist Pfarrer Stephen Return Riggs, James W. Lynd, ein Pelzhändler, und Mary Eastman sowie ihr Vater Seth Eastman, die beide für einige Jahre in der Gegend von Fort Snelling in Minnesota lebten. Auch Robert Lowie legte Informationen über die Heyoka der Santee vor, die er bei zwei kurzen Besuchen 1911 und 1912 sammelte.

[5] Howard (1984: 25–35); Wallis (1919: 323–325); Elias (1988).

[6] In seiner 1947 veröffentlichten Monographie über die kanadischen Sioux widmete der Ethnologe Wilson Wallis über 100 zweispaltige Seiten der Berichterstattung über die Heyoka. Alle Informationen erhielt er 1914 vom Wahpeton-Verband der Santee, dessen Angehörige in und um Portage La Prairie (Manitoba) wohnten. Im Jahre 1972 führte James Howard seine wichtigsten Feldarbeiten bei den kanadischen Sioux durch. Er besuchte alle acht kanadischen Sioux-Reservate.

Die *Yankton* und *Yanktonai* bildeten die mittlere Sioux-Gruppe. Sie sind die am wenigsten erforschte Gruppe. Es ist zum Beispiel nicht bekannt, ob sie einen gemeinsamen Dialekt (Nakota) sprachen, oder ob sie sprachlich voneinander getrennt waren[7]. Wie die Santee sind die Yankton und Yanktonai als Prärieindianer zu bezeichnen.

Die *Teton* waren die westliche oder Plainsgruppe der Sioux. Sieben Verbände (manchmal als Stämme betrachtet) sind bekannt, von denen die Brulé und die Oglala zwei der berühmtesten sind[8]. Gegenwärtig sind die Teton besser bekannt als die »Lakota«, ein Ausdruck, der in dieser Arbeit für die heute lebenden (modernen) Stammesangehörigen verwendet wird, während »Teton« sich auf historische Zeiten bezieht.

Der Heyoka-Traumkult

Das Wort »Heyoka« hat verschiedene Bedeutungen. Es bezieht sich auf die Organisation, den Heyoka-Kult selbst, auf die Mitglieder dieser Organisation (Heyoka-Personen, Donnerträumer oder Clowns) und auf die damit assoziierten übernatürlichen Wesen (übernatürlich oder *wakan*-Heyoka). »Heyoka« bezieht sich auch auf die beeindrukkende Zeremonie, in der man mit bloßen Händen Fleisch aus Kesseln, voll mit kochendem Wasser, herauszog.

Das Wort »Heyoka« wurde auch auf verkehrtes und närrisches Verhalten angewendet. In einigen Fällen bedeutet das Wort albern, clowneskes oder scherzhaftes Benehmen. Alle diese Bedeutungen waren bei den Sioux in Gebrauch[9].

Das Sioux-Wort *heyo'ka* ist im Englischen zumeist als »Narr« oder »Clown« wiedergegeben. Nach langen Besprechungen mit einigen

[7] Hollow und Parks (1980: 69, 84n).

[8] James Walker führte von 1896 bis 1914 ethnologische Untersuchungen durch, während er als Arzt bei den Oglala-Sioux in Pine Ridge (Süd-Dakota) praktizierte. Er lieferte hervorragende Diskussionen über die Heyoka. Auch Clark Wissler, der zwei Sommer in Pine Ridge verbrachte, und Frances Densmore, die berühmte Musikethnologin, sammelten wertvolle Informationen über die Heyoka. Im Jahre 1908 war Edward Sheriff Curtis bei den Teton und Yanktonai. James Owen Dorsey (1894) und Howard (1954) berichteten über die Heyoka aller Sioux-Gruppen.

[9] Densmore (1918: 157–158); Howard (1954); Lowie (1913a: 115); Lame Deer und Erdoes (1972: 238).

Teton-Sioux erklärte Densmore, daß das Wort als »Narr« übersetzt wird, weil nur ein närrischer oder schwachsinniger Mensch sich so verhalten würde, oder als »Clown« wegen der Heiterkeit, die ein Heyoka erregt[10].

Der Heyoka als übernatürliches Wesen

Gab es eine Heyoka-Gottheit? Zu dieser Frage kann man drei allgemeine Antworten geben: Ja, nein und »jein«.

Die frühere Literatur über die nordamerikanischen Religionen berichtete oft von »Göttern« oder setzte das Wort »Gott« mit »Geisterwesen« gleich. Der Begriff »übernatürliches Wesen und Kraft« ist umfassender und findet häufig Verwendung in den modernen Arbeiten, da er näher an das Indianerkonzept herankommt.

Frühe Beobachter der Santee betrachteten Heyoka als eine Gottheit, und einige tauften ihn als den »anti-natürlichen Gott«[11]. Seth Eastman, der auch mit den Santee bekannt war, meinte, daß die übernatürlichen Kräfte der Heyoka nur hinter denen des Großen Geistes zurückständen[12].

Bei den kanadischen Sioux stellte James Howard Heyoka nicht zu den hochrangigen Gottheiten wie den Häuptling der Oberen Kräfte (Donner) und den Häuptling der Unteren Kräfte (Wasser-Ungeheuer)[13]. In den Studien von Wilson Wallis wird allerdings gezeigt, daß das übernatürliche Heyoka-Wesen eine erstaunlich dominierende Rolle im Leben vieler kanadischer Sioux spielte. Er sprach vom Heyoka-Wesen als dem »Clown«, »*wakan* Clown« oder dem »übernatürlichen Clown«[14].

Egal, welchen Status oder welche Wichtigkeit das übernatürliche Heyoka-Wesen hatte, das »Donnerwesen« hatte jedenfalls etwas mit

[10] Densmore (1918: 158).

[11] Eastman (1849: xxxi); Riggs (1872: 149n; 1880: 269; 1883: 148; 1890: 144–145); Lynd (1865: 70); Pond (1854: 645); Prescott (1853: 233); Neill (1872: 268; 1873: 56).

[12] Eastman (1853b: 487).

[13] Howard (1954: 254).

[14] Wallis (1947: 78, 111–223). Das Wort *wakan* deutet auf übernatürliche Kräfte hin, und wird »heilig, mysteriös oder übernatürlich« übersetzt. Menschen zum Beispiel, die für *wakan* gehalten werden, besitzen übernatürliche Kräfte.

dem Heyoka-Sein zu tun[15]. Wie James Dorsey für die Teton schon bemerkte, gab es eine unklare Verbindung zwischen Heyoka und Donner[16].

Bei den Teton war es das Donnerwesen, das den Heyoka-Menschen empfahl, Heyoka-Dinge zu tun. Nach dem Bericht von Thomas Tyon waren Heyoka Menschen, die vom Donnerwesen geträumt hatten. Heyoka war kein übernatürliches Wesen, und das Wort »Heyoka« bezog sich nur auf die Donnerträumer und ihr Verhalten[17].

Das Problem mit dieser Deutung ist, daß das Donnerwesen auch über andere Bereiche verfügt und nicht nur als verantwortlich für die Heyoka gesehen werden kann. In der Religion der Teton nahm der Donnervogel eine hohe Position ein[18]. Gebete ehrten den Donner als ein uraltes Wesen: *»Geflügelter Flatterer, Dich hat es von Anfang an gegeben.«* Bei den Kosmologien der Irokesen, Algonkin und Sioux war das Donnerwesen als ein kraftvolles und uraltes übernatürliches Wesen weitverbreitet[19].

Eine andere Ansicht der Teton war, daß Heyoka ein Bote oder eine bestimmte Erscheinung des Donners war. Das Donnerwesen konnte verschiedene Formen annehmen, und eine davon war Heyoka.

Ohne daß wir uns in widersprechende Ansichten verzetteln, können wir zusammenfassen, daß Heyoka bei den Teton in geringerem

15 Das Donnerwesen ist auch als der Donnervogel, Donnergott, Beflügelter Gott, *Wakinyan* usw. bekannt. Für eine Diskussion über die Übersetzung des Wortes *Wakinyan* siehe Walker (1980: 37, 39; 1982: 104). Das Donnerwesen wurde oft in der Mehrzahl gedacht, wahrscheinlich weil die Donnervögel als eine »Nation von enormen Vögeln«, deren feurige Augen Blitze schleudern und deren flatternde Flügel Donner verursachen, vorgestellt wurden (Curtis 1908: 61).

16 Dorsey (1894: 443).

17 Walker (1980: 147, 155–157, 187; 1983: 81–82). Auch Teton-Konsultanten von Densmore (1918: 158) erklärten, daß Heyoka keine Götter waren, und sie hatten nie gehört, daß man über sie so redete. Außerdem deutete Werner Müller (1956: 191; 1970: 230) mehrfach darauf hin, daß eine unabhängige Heyoka-Gottheit in den aufgeschriebenen Mythen fehlt.

18 Schilderungen über die Donnervögel, wie die von Bushotter (Dorsey 1889: 135–136) und Shotter (Densmore 1918: 157–158), schrieben dem Donnervogel allerdings keine Heyoka-Eigenschaften zu.

19 Curtis (1908: 72); Michelson (1930: 51–55). Auch in der Religion der kanadischen Sioux war Donner eine bedeutende Figur. Er erteilte verschiedene Kräfte, half zahlreichen Menschen und diente als der Hauptbote für den Großen Geist (Wallis 1919: 324–326; 1947: 81).

Ausmaß ein unabhängiges und bestimmtes übernatürliches Wesen war als bei den Santee und kanadischen Sioux. Bei den Teton hatte das Donnerwesen entweder direkt oder durch die Vermittlung eines Boten Einfluß auf die Heyoka-Menschen. Wobei in der Religion der Santee und ihrer Verwandten in Kanada Heyoka das übernatürliche Wesen war, welches bewirkte, daß Heyoka-Menschen Heyoka-Dinge taten[20].

Die übernatürlichen Wesen sind in ihrer Vielfalt sehr schwierig klar zu beschreiben. Vermutlich waren die fast endlosen einheimischen Vorstellungen über die übernatürlichen Wesen für den Eindruck auf Mary Eastman verantwortlich, welche meinte, die Sioux hätten »sehr verwirrte Ideen« über einige ihrer Götter[21]. Auch Gideon Pond beschwerte sich über die »fast endlosen Beschreibungen der Santee-Gottheiten«[22].

Wenn der Heyoka bei einigen Sioux-Gruppen ein übernatürliches Wesen war, wie sah er aus? Edward Duffield Neill, Gideon Pond und Stephen Return Riggs zählten jeweils vier Formen des Heyoka-Geistes bei den Santee auf. Zum Teil stimmen diese Berichte miteinander überein. Die meisten dieser Formen trugen die Gestalt eines Mannes, der einen Gegenstand trägt – einen Bogen, eine Rehhufrassel, eine Flöte, eine Trommel oder einen Hut[23]. Viele dieser Formen werden nirgendwo sonst in der Literatur erwähnt. Es ist möglich, daß manche dieser Schilderungen Traumbilder und nicht mythologische Figuren darstellen.

Ein ungelöstes Problem ist, daß Eigenschaften, die eigentlich konträr oder typisch Heyoka sind, auch anderen übernatürlichen Wesen, und nicht nur dem Heyoka-Wesen oder dem Donner, zugeschrieben werden: nämlich dem »Gott der Gräser« und dem »Wettergott«[24].

[20] Ausnahmen gibt es, zum Beispiel Good Seat, ein Teton-Heiliger, notierte Heyoka als ein ganz eindeutig übernatürliches Wesen (Walker 1980: 72), und Wallis (1947: 174–175) bezeichnete gelegentlich die übernatürlichen Heyoka bei den kanadischen Sioux als »Donner«.

[21] Eastman (1849: 71).

[22] Pond (1854: 645).

[23] Riggs (1880: 269); Neill (1872: 268; 1873: 56); Pond (1854: 645). Nach Neill und Pond konnte der Heyoka auch eine andere Form annehmen, nämlich als die des geheimnisvollen und sanften Windes, der die Gräser bewegt und kleine Wellen auf dem Wasser verursacht.

[24] Seth Eastman (1853a: 486) beschreibt ein Wesen, das typische Heyoka-Eigenschaften

Möglicherweise ist der eine oder andere mit Heyoka zu identifizieren. Jedenfalls war ein bestimmtes Erscheinungsbild des Heyoka als ein übernatürliches Wesen für das Heyoka-Sein nicht unbedingt erforderlich.

Wie wurde man Heyoka?

Ein bestimmtes Traum- oder Visionserlebnis führte dazu, daß man Heyoka wurde. Offensichtlich genügte nicht jede Art von Traum, sondern er mußte von übernatürlicher Art sein. Es machte keinen Unterschied, ob das Erlebnis traum- oder visionsartig war[25]. Dieses Erlebnis konnte etwa durch die »Visionssuche« entstehen. Die Visionssuche war ein religiöses Sichzurückziehen, bei dem man für einige Tage an einer einsamen Stelle fastete und um eine Vision betete. Der Traum oder die Vision konnten sich aber auch ungebeten einstellen, besonders wenn man krank, verletzt oder bewußtlos lag, wenn man weg vom Lager auf der Jagd oder dem Kriegspfad war.

Begegnete man dem Heyoka-Wesen (oder einer mit ihm assoziierten Figur), oder beobachtete man den Heißwasser-Ritus im Traum oder in einer Vision, wurde bestimmt, daß man sich dem Heyoka-Kult anschließen müsse[26]. Andere Arten von Träumen bewirkten, daß man anderen (Traum-)Kulten beitreten mußte, oder daß man ein Medizinmann (bzw. Medizinfrau) oder ein großer Krieger sein werde, oder daß man sich einen bestimmten Lebensstil aneignen mußte.

besitzt, der »Gott der Gräser« oder »Gott der Kräuter« (Weeds). Dorsey (1894: 468), ausgehend vermutlich von den Bushotter-Schriften, erwähnte, daß Heyoka nicht völlig von dem Wetter-Geist, *Waziya,* differenziert sei. Der Wetter-Geist war ein Riese, der sich auf eine unnatürliche Weise verhielt, zumindest wenn es ums Wetter ging. Er trug bei warmem Wetter eine dicke Robe, und in der Kälte ging er nackt herum. Ein Synonym für *Waziya* ist »Nordwind« (Walker 1980: 72, 103, 125).

25 Das Lakota-Wort *hanble* bezieht sich auf beide Formen der übernatürlichen Erfahrungen (Powers 1977: 91). Es wird kein genauer Versuch gemacht, die Erfahrung als einen Traum oder eine Vision zu bezeichnen. Bei der Diskussion der verschiedenen Fälle benutze ich das Wort der jeweiligen Quelle.

26 Nach einer Analyse von Walker (1917: 68, 83–84; 1983: 319–321) wurde man Heyoka, wenn man eine der gefährlicheren Formen des »Donners« gesehen hatte (oder wenn man von einem seiner Vertreter wie einem Hund, einer Uferlerche, einer Schwalbe, einem Ziegenmelker, einem Frosch, einer Eidechse, einer Libelle oder ei-

Traumkulte

Menschen, die ähnliche übernatürliche Träume oder Visionen hatten, verbündeten sich in einem »Traumkult«[27]. Der Heyoka war einer von vielen Traumkulten bei den Sioux[28].

Zahlreiche Personen suchten und empfingen Kraft durch einen Traum oder eine Vision, wobei der Trauminhalt im allgemeinen bestimmte, was für eine Kraft man erhalten würde. Obwohl viele den Besitz von übernatürlicher Kraft begehrten, wollte niemand Heyoka sein, da es viele Schwierigkeiten mit sich brachte. Selbst wenn die Bedeutung des Traumes eindeutig war, mußte man alle Einzelheiten der Offenbarung einer älteren und heiligen Person getreu erzählen. Die Interpretation, die sie gab, war für den Träumer entscheidend und für sein Leben oft von großer Wichtigkeit.

Es war unbedingt erforderlich, nicht nur die Bedeutung des Traumes zu entdecken und zu verstehen, sondern auch die Bedingungen des Traumes je nach ihrer Dringlichkeit zu erfüllen. Ein Heyoka-Traum verpflichtete den Träumer, eine Darbietung der Heyoka-Zeremonie zu liefern. Kam er dieser Verpflichtung nicht nach, dann wurde der »Donner« beleidigt. Die Bestrafungsgefahr war groß, man war in ständiger Furcht und lebte in Schrecken vor Sommergewittern oder dem Tod durch Blitzschlag. Zumeist war die Verpflichtung, die Heyoka-Zeremonie vorzuführen, die einzige. Für manche Personen stellte die Heyoka-Verpflichtung jedoch eine längere oder sogar lebenslange Einstellung dar.

In der Regel, sagt man, entsprach die Offenbarung dem Charakter der Person. Die Träume von genialen Menschen oder zukünftigen Häuptlingen waren anders als die gewöhnlicher Personen[29].

nem Schneevogel angesprochen wurde). Sieht man den »Donner« aber in seiner freundlichen menschlichen Gestalt, wurde man nicht Heyoka. Obwohl Walker ausdrücklich betonte, daß man im letzteren Fall nicht Heyoka wurde, findet man keine Anhaltspunkte für diese Annahme in anderen Quellen. Die Heyoka-Form, der man am meisten im Traum oder in einer Vision begegnete, war ein Riese, zumindest bei den Teton und Santee (Eastman 1849: 209; Walker 1983: 319–321; Schoolcraft 1852: 224–225; Eastman 1853b: 487). Sehr oft kam in Heyoka-Träumen auch ein Reiter vor (Beckwith 1930: 416; DeMallie 1984: 114; Densmore 1918: 159, 170; Lame Deer und Erdoes 1972: 241).

[27] Wissler (1912: 81).

[28] Siehe zum Beispiel Densmore (1918), Wissler (1912) und Lowie (1913a).

[29] Densmore (1918: 157).

Der Heyoka-Traum von Einsamer Mann

Einsamer Mann (Lone Man) träumte vom Donnerwesen, während er sich auf dem Kriegspfad befand. Er hielt, um zu rasten, und als er zum Himmel aufschaute und die ziehenden Wolken sah, fiel er in Schlaf und träumte. Vom Westen näherte sich ihm eine Wolke mit neun Reitern, alle auf verschiedenfarbigen Pferden. Vom Norden kamen neun Reiter, jeder auf einem weißen Pferd. Im Traum befahlen die Reiter Einsamer Mann, die Feinde anzugreifen, was er auch tat. Weil er ihnen gehorcht hatte, versprachen sie ihm, immer bei Gefahr zu helfen. Er erhielt ein Amulett und ein Lied, die er in Notzeiten benutzen sollte. Außerdem empfahlen die Reiter in der Wolke Einsamer Mann, auf alle Dinge dieser Welt zu achten und alles als das Seinige zu betrachten.

Die Ausführung der Heyoka-Zeremonie war für Einsamer Mann anscheinend die einzige Heyoka-Verpflichtung, die er erfüllen mußte. Nachdem er sie ausgeführt hatte, konnte er aber an Heyoka-Zeremonien von anderen teilnehmen[30].

Der Heyoka-Traum von Donnerangreifer

Donnerangreifer (Charging Thunder), auch ein Teton-Sioux, hatte drei bedeutende Träume in seinem Leben. Der erste war ein Heyoka-Traum, den er während der Jagd ungebeten hatte. Er wartete auf einen sich nähernden Hirsch, doch das Tier näherte sich nur langsam, und Donnerangreifer schlief ein und träumte. Im Traum rückte der Hirsch immer näher. Hinter dem Hirsch waren einige Männer auf bemalten Pferden, die ein Objekt verfolgten. Donnerangreifer wurde auch zu einem der Reiter gemacht, und sie erteilten ihm die Anweisung, das Objekt, das ein Wolf war, anzugreifen und er tötete den Wolf.

Wegen dieses Traumes, in dem er den Angriff auf den Wolf ausübte, erhielt er den Namen »Angreifer der Donnervögel«. Die Reiter waren Donnervögel in menschlicher Gestalt, die in Zukunft Donnerangreifer schützen würden. In einem anderen Teil des Traumes sah er

[30] Densmore (1918: 159–170).

Pferde und einen Mann tot am Boden liegen. Dieser Teil bedeutete, daß er eines Tages einen Feind besiegen und dessen Pferde fangen würde.

Den zweiten Traum hatte Donnerangreifer mit 22 Jahren. In diesem Traum unterhielt er sich mit Wölfen und empfing eine Kriegsmedizin. Danach war er bekannt als ein Wolfträumer. Sein dritter Traum war ein Bisontraum. Von diesem Traum erhielt er eine übernatürliche Kraft, die ihn befähigte, Bisontiere aufzuspüren. Darin war er dann so gut, daß er oft allein ausgeschickt wurde, um Bisons zu finden[31].

Die Heyoka-Vision von Iron Members

Iron Members war auf der Jagd, als eine ungebetene Vision über ihn kam. Er stand auf einem Hügel nahe einer tiefen Schlucht, als plötzlich sein Blick auf einen »Riesen« fiel, dessen Kopf über die Baumspitzen am Rand der Schlucht ragte. Der Riese trug einen drei-spitzigen Hut und ein gekrümmtes Etwas auf der Schulter. Er ging nach Norden und sah Iron Members nicht.

Aufgrund dieser Vision genoß Iron Members viel Glück während der Saison, und sein Jagderfolg war enorm. Mary Eastman beschrieb Iron Members, der ein Santee-Sioux war, als einen der weisesten Männer und großen Krieger, der wußte, wie er seine Feinde tötete[32].

Der Heyoka-Traum von Schwarzes Pferd

Einer von Royal Hassricks Hauptinformanten bei den Lakota war sein langjähriger Freund Schwarzes Pferd (James Black Horse). Schwarzes Pferd träumte vom Donnerwesen und veranstaltete deswegen die Heyoka-Zeremonie. Er wollte jedoch Medizinmann werden, um seinem Volk zu dienen, und nicht Heyoka sein. Unter der Führung eines älteren Heyoka, Horn Chips, unternahm Schwarzes Pferd eine Visionssuche, um die Lage zu klären. Horn Chips interpretierte die Vi-

[31] Densmore (1918: 170–171, 181, 183).
[32] Eastman (1849: 209).

sion, die Schwarzes Pferd hatte und erteilte ihm Anweisungen, welche Kräuter er für die Heilung verwenden könne und welche Kriegstracht er tragen dürfe. Schwarzes Pferd wurde ein Medizinmann, und wir haben keinen Hinweis darauf, daß er je etwas Konträres tat[33].

Die Heyoka-Vision von Weißer Stier

Weißer Stier (White Bull), ein Teton-Sioux, war nur neun Jahre alt, als er seine erste übernatürliche Erfahrung hatte. Er war auf der Vogeljagd und wurde plötzlich ohnmächtig. In seinem Traum sah er einen Mann, der von Westen heranritt. Er war mit roten Blitzstreifen bemalt und saß auf einem schwarzen Pferd. Die Szene verwandelte sich in eine große Gruppe von Männern und Frauen, die um einen Kessel herum die Heyoka-Zeremonie vorführten. Ein Reiter unternahm einen Angriff auf den Kessel, spießte die Rinderzunge auf und wurde in ein auf dem Boden liegendes Skelett verwandelt. Eine Stimme ermahnte Weißen Stier, daß er, wenn er bis zur Zeit, sobald die Kirschen reif seien, noch kein Heyoka wäre, so tot sein würde wie das Skelett.

In einem anderen Teil des Traumes führte Weißer Stier einen Angriff aus, was bedeutete, daß er im Krieg siegreich sein würde. Die Bedeutung seines Traumes war relativ einfach zu verstehen: Veranstaltete er die Heyoka-Zeremonie, dann würden ihm Tapferkeit und Kampffähigkeit verliehen werden[34].

Der Heyoka-Traum von Kaliko

Kaliko, ein Oglala-Teton, war ungefähr 13 Jahre alt, als er träumte, daß er zu den Heyoka gehören müßte. Dies geschah wahrscheinlich im Jahre 1857. Es ist nicht klar, ob ein Blitz in seiner Nähe einschlug und er daraufhin bewußtlos wurde und träumte, oder ob dies schon ein Teil des Traumes war. Auf jeden Fall sah er einen Mann mit sehr langen Haaren und rotbemalt, mit Blitzzeichnungen auf den Armen

[33] Hassrick (1964: xiv, 272–277).
[34] DeMallie (1984: 84–85).

und Beinen. Auf seinem Gesicht waren Libellen und sich schlängelnde Kaulquappen. Viele Vögel flogen herum. Wegen seines Traumes wußte Kaliko, daß er ein Heyoka sein mußte, und er erzählte über seine Erfahrung folgendes:

I knew I was destined to go through the heyoka. I cried some to myself. I told my father I had seen the thunder: »Well, son«, he said, »you must go through with it.« I was told that I must be a heyoka, if so I would entirely recover. If I did not got through the ceremony, I would be killed by lightning[35].

Kaliko leitete die Heyoka-Zeremonie, führte den Heißwasser-Ritus aus, tanzte und sang Heyoka-Lieder. Er richtete sich nach den Einzelheiten des Traumes und malte sich Kaulquappen und Libellen auf sein Gesicht und seinen Körper. Dadurch war er nicht mehr beunruhigt, wenn Gewitter drohten. Er ging auf seinen ersten Kriegseinsatz im nächsten Jahr[36]. Abgesehen von seiner Einweihungszeremonie zeigte er offensichtlich nie entgegengesetztes oder närrisches Verhalten.

Wie viele waren Heyoka?

Es ist nicht genau bekannt, wie viele Menschen Heyoka waren. Ihre Zahl lag aber normalerweise zwischen zwei und zehn[37]. Diese Schätzung bezieht sich vermutlich auf die Verbandsebene. Nur wenige Frauen waren Heyoka.

An einer besonders großen Heyoka-Zeremonie bei den kanadischen Sioux nahmen etwa 40 bis 50 Mitglieder teil[38]. Es mag sein, daß der kanadische Heyoka-Kult eine stärkere Vertretung hatte als der von anderen Sioux-Gruppen.

[35] Wissler (1912: 83).
[36] Wissler (1912: 83); Curtis (1908: 183).
[37] Lowie (1913a: 114); Wissler (1912: 88).
[38] Wallis (1947: 133).

Die Heyoka-Zeremonie

Ein übernatürlicher Ruf war notwendig, um Heyoka zu werden. Der formale Schritt, um als Heyoka anerkannt zu sein, war die Veranstaltung und aktive Teilnahme an einer Heyoka-Zeremonie.

Im allgemeinen veranstalteten viele Mitglieder die Zeremonie nur einmal und danach nie wieder. Wenn sie wollten, konnten sie jedoch bei den Zeremonien anderer anwesend sein und an dem Singen und den Clownerien teilnehmen. Von manchen Mitgliedern wurde dies sogar erwartet[39].

Die beiden Besonderheiten der Heyoka-Zeremonie waren der Fleisch-Herausholen-Ritus und die Clownimitation[40]. Der Ablauf der Veranstaltung, die Ereignisse und die Einzelheiten waren auf keinen Fall überall gleich. Es soll daher nicht vergessen werden, daß die folgende kurze Beschreibung über Organisation, Kostüme, clowneskes Verhalten, Fleischkochen, Musik, Singen, Tanzen und den Heißwasser-Ritus eine typische Heyoka-Zeremonie darstellt[41].

Wenn sich der Heyoka-Träumer entschloß, eine Zeremonie zu veranstalten, wurden Einladungen ausgeschickt. Normalerweise nahmen nur Heyoka-Menschen daran teil, aber auch Nicht-Heyoka konnten eingeladen werden[42].

Die Kostüme für die Zeremonien waren entweder angefertigt, um arm, zerlumpt und absurd auszusehen, oder sie entsprachen den

[39] Densmore (1918: 160); Wallis (1947: 118, 125).

[40] Beide Besonderheiten werden in Sioux-Namen für die Zeremonie widergespiegelt. Der Ausdruck – *Heyoka kaga* – bezieht sich auf das clowneske Verhalten und wird ins Englische wie folgt wiedergegeben: »to make *heyoka*« (DeMallie 1984: 105n), »Heyoka imitators« (Howard 1984: 173), »fool impersonation« (Densmore 1918: 157) und »clown making« (Powers 1977: 57, 93). Der andere Ausdruck – *Heyoka woze* oder *Heyoka wozepi* – spielt auf das rituelle Herausnehmen von Fleisch aus einem Kessel kochenden Wassers an und wird wie folgt wiedergegeben: »to dip out« (Wissler 1912: 84), »*heyoka* ladle out« (Walker 1980: 156; Powers 1986: 193) oder »*heyoka* ladling« (DeMallie 1984: 105n). Ferner auch: *heyoka wazapi* als »Clown feast« (Wallis 1947: 117) und *Haokah Ozapi* als »Dance to the Giant« (Eastman 1849: 243).

[41] Verweis auf die Verkleidung und die rituelle Handlung der Zeremonie findet man in Lowie (1913a: 115–116); Howard (1984: 173); Wallis (1947: 111–113, 137); DeMallie (1984: 232–235); Eastman (1849: 255–256); Densmore (1918: 166–167); Lewis (1990: 141–149); Lynd (1865: 70–71); Pond (1908: 417); Neill (1873: 57), unter anderen.

[42] Wissler (1912: 84, 85); Lowie (1913a: 114).

Traumereignissen. Die Einzelheiten des Traumes wurden sorgfältig notiert und dann in Kostüm und Körperbemalung nachgestaltet. In einigen Heyoka-Veranstaltungen bei den Teton trugen die Tänzer aus einer Tierblase oder aus Stoff hergestellte Masken mit kleinen, ausgeschnittenen Augenschlitzen[43].

Die Zeremonie war nicht nur eine Wiederholung der Traumereignisse, sondern auch eine humorvolle und fröhliche Angelegenheit. Die Heyoka-Tänzer trugen absurd aussehende Pfeile und Bogen, wie etwa einen gekrümmten Zweig als Bogen und Strohhalme als Pfeile, und sie errichteten ein altes, abgetragenes Tipi, so schäbig, daß es fast unbenutzbar war[44].

Im Zelt wurde Feuer entzündet und in einem Kessel Wasser gekocht. Ein oder mehrere Hunde wurden getötet und zum Kochen vorbereitet[45]. Erstaunlicherweise wurde das Hundefleisch, ohne hinzuschauen, rückwärts ins Wasser geworfen, ohne dabei Wasser zu verspritzen[46]. Die Tänzer bei den kanadischen Sioux gaben Kräutermedizin in die Suppe[47].

Manche Mitglieder waren bekannt für ihre Witzigkeit. Ihnen wurde die Aufgabe zugeteilt, das Kochen des Fleisches zu überwachen, wobei ihre clownesken Talente mehr zum Tragen kommen konnten[48]. Andere Mitglieder wurden gebraucht, um für die Trommelmusik zu sorgen. Ein älterer und angesehener Heyoka fungierte als Führer oder Berater für die Anfänger. Diese älteren Heyoka wußten auch die Medizingeheimnisse.

[43] Nach der Auffassung von Lewis (1974) waren die Masken notwendig, damit die Mitglieder die Anonymität behielten, da der Heyoka-Kult ein Geheimbund sein sollte. Lewis betrachtet die Anonymität als ein traditionelles Element der Heyoka, was aber nicht in der Literatur bestätigt werden kann und auch für das kleine, traditionelle Lagerleben nicht vorstellbar ist. Reginald und Gladys Laubin zum Beispiel beobachteten einmal einen maskierten Heyoka-Tänzer beim Tanz in einer zeitgenössischen Veranstaltung, dessen Identität nicht geheim war (Laubin 1977: 360). Einsamer Mann, der eine Heyoka-Zeremonie ausführte, bot eine andere Interpretation für die Masken an. Er sagte, daß manche Heyoka so bescheiden waren, daß sie deshalb ihre Gesichter verdeckten (Densmore 1918: 167).

[44] Wissler (1912: 84); Densmore (1918: 166); Beckwith (1930: 416).

[45] Wissler (1912: 84–85); Lame Deer und Erdoes (1972: 243–244).

[46] Wallis (1947: 133, 134, 138, 140); Densmore (1918: 167).

[47] Wallis (1947: 115, 133, 138).

[48] Wissler (1912: 85).

Die Musik für die Zeremonie war entweder dumpf oder unharmonisch. Man konnte sie als »verkehrte Musik« bezeichnen. Nicht fest angezogene Trommelfelle zum Beispiel sorgten für einen gedämpften Klang. Eine gedämpfte Trommelmusik wurde auch erreicht, indem man mit Stöcken auf ein am Boden aufgespanntes Fell schlug. Während der Zeremonie sangen die Mitglieder ihre Heyoka-Lieder und erzählten ihre Heyoka-Träume nach. Jeder hatte seine eigenen Lieder, und wenn die Gruppe zusammen sang – jeder mit seinem eigenen Lied und in eigenem Rhythmus –, hörte es sich an wie eine »Stimmenorgie«[49].

Die Heyoka-Zeremonie war für die Zuschauer erstaunlich und amüsant. Die Tänzer tauchten ihre Hände in brühheißes Wasser und zogen Fleischstücke heraus. Der Veranstalter der Zeremonie war der erste, der dies tat, die anderen Tänzer folgten nach. Mit Ausrufen beklagten sie sich, wie kalt das Wasser sei. Einige warfen Fleischstücke den Zuschauern zu, die sie immer als zu heiß zum Auffangen empfanden.

Hatte man wirklich Heyoka-Fähigkeiten, dann fühlte sich das kochende Wasser nicht heiß, sondern kalt an. Der Heißwasser-Ritus ähnelte in manchem einer Einweihungsprüfung. Verbrühte das Wasser den neuen Träumer oder hatte er sonst irgendwie die Zeremonie nicht korrekt ausgeführt, mußte er zu einem späteren Zeitpunkt die Zeremonie wiederholen. Täuschte ein Mann jedoch nur vor, einen Heyoka-Traum erhalten zu haben, was ab und zu geschah, war er deshalb nicht eigentlich berechtigt, die Zeremonie abzuhalten. In solchen Fällen verbrühte ihn das heiße Wasser[50].

Heyoka-Feste

Die Heyoka-Zeremonie war die öffentliche Hauptaufführung des Heyoka-Kults. Zusätzlich wurden kleine Feste für und von Heyoka-Personen gegeben. Auch Nicht-Heyoka-Personen konnten ein Fest

[49] Wissler (1912: 83–84); Lowie (1913a: 115, 117); Wallis (1947: 132–133, 138, 153); Densmore (1918: 167).
[50] Wissler (1912: 85); Wallis (1947: 140).

den Heyoka-Träumern widmen. Solche Feste waren aber keine Vorführungen von übernatürlichen Kräften wie der Heißwasser-Ritus.

Zumindest bei den kanadischen Sioux geschah die Einladung zu einem Fest auf eine verkehrte Weise. Der Gastgeber ging zu einem Tipi, öffnete die Klappe und statt sein Gesicht zu zeigen, zeigte er seinen Hintern und rannte dann weg. Der Heyoka verstand, was das bedeutete, eilte zum Tipi der Gastgeber und ging mit dem Rücken voran hinein. Bei so einem Fest wurde das Fleisch gekocht und normal serviert. Der Zweck eines Festes konnte Anlaß für eine Ankündigung oder Bitte sein[51].

Da manche Heyoka-Personen auf konträre Weise handelten, war es durchaus möglich, sie zu einem Fest einzuladen und nur schlichtes heißes Wasser, in dem vielleicht ein Blatt oder zwei gekocht waren, zu servieren. Die eingeladenen Heyoka verhielten sich so, als ob die Suppe zu kräftig und zu fett sei. Sie beschwerten sich, daß sie zuviel gegessen hätten und ihre Bäuche überfüllt seien. Von vorgetäuschtem Überessen mußte einer sich sogar erbrechen. Viele schauten zu, aber die Heyoka-Clowns achteten nicht auf ihr Gelächter[52].

Ein Heyoka gab einmal ein Fest, bei dem er ausschließlich nicht eßbare Stücke, wie alte Hirschhaut oder Elchhufe, servierte. Die eingeladenen Heyoka aßen mit großem Genuß, als enthielte die Suppe nur die auserlesensten Teile dieser Tiere. Sie bemerkten zueinander, daß es fraglos das Beste sei, was sie je gegessen hätten. Der Gastgeber dieses Heyoka-Festes wollte dem Donnerwesen dadurch bekannt geben, daß er in der nächsten Zeit eine Heyoka-Zeremonie veranstalten wolle[53].

Spektrum des Heyoka-Verhaltens

Zu welchem Grad man Heyoka war, variierte stark. Im Heyoka-Kult gab es keine formale Stellung, keinen Titel oder Leistungsrang. Dennoch können die folgenden Heyoka-Typen unterschieden werden: Heyoka-Jäger, Heyoka-Krieger, Heyoka-Medizinmann (bzw. -frau),

[51] Wallis (1947: 116, 118, 165).
[52] Wallis (1947: 117).
[53] Wallis (1947: 174).

Heyoka-Clown und *Contrary*-Heyoka. Diese Gruppierung entspricht den besonderen Fähigkeiten, die Heyoka-Personen auszeichneten. Sie stellten kein von den Sioux aufgestelltes Konzept dar. Es handelt sich lediglich um Aspekte der Heyoka-Personen, und es sollte erwähnt werden, daß mehrere Typen in derselben Person verwirklicht sein konnten. In diesem und im folgenden Kapitel sind diese Typen dargestellt.

Der Heyoka-Jäger

Daß man bei der Jagd Hilfe aus der übernatürlichen Welt erhielt, war nichts Außergewöhnliches. Die Art und Weise, wie dem Heyoka-Jäger solcher Beistand gewährt wurde, war aber sehr ungewöhnlich. Er log, wenn er die Wahrheit sagen wollte. Kehrte er mit leeren Händen von der Jagd zurück, behauptete er, sehr erfolgreich gewesen zu sein. Wie bei einer Vorsehung erfüllte sich seine Behauptung am nächsten Tag in seltsamer Weise[54].

Wie gezeigt werden wird, glaubten manche Heyoka-Jäger nie daran, daß sich ihre Behauptungen als wahr herausstellen würden. Für sie war das Heyoka-Dasein besonders schwierig und erniedrigend. Andere Heyoka-Jäger vertrauten darauf, daß ihre Weissagungen nicht leer waren. Die Gemeinschaft jedoch glaubte an die Wahrheit ihrer Behauptungen und hatte daher Gelegenheit, sich entsprechend darauf vorzubereiten. Manche Heyoka-Jäger mußten sich einem schmerzhaften Lernprozeß unterziehen, bis sie mit ihren ungewöhnlichen Kräften zurechtkamen.

Es passierte dem Heyoka-Jäger oft, daß er während der Jagd oder auf dem Heimweg dem Heyoka-Wesen begegnete[55]. Das Heyoka-We-

[54] Alle Berichte über den Heyoka-Jäger stammen aus der Studie von Wallis über die kanadischen Sioux.

[55] Für das Heyoka-Wesen benutzte Wallis die Begriffe »*wakan* Clown«, »supernatural Clown« und »Clown«. Die Begegnungen der Jäger fanden nicht mit einem einzigen, »dem« übernatürlichen Heyoka statt, sondern mit einem übernatürlichen Heyoka von mehreren oder vielen. Die Begegnung war eine visuelle und/oder akustische Erfahrung. Nur die Heyoka-Personen konnten Heyoka-Wesen sehen oder hören. Im täglichen Leben und in Träumen begegnete ein Heyoka-Jäger meist ein und demselben Heyoka-Wesen.

sen zwang ihn, über das Ergebnis der Jagd die Unwahrheit zu verbreiten. Der allein umherstreifende Jäger wurde unter Androhung gravierender Strafen (Blindheit, Krankheit, Pech, Tod durch Blitzschlag usw.) gezwungen, seine Familie und Gemeinde zu belügen[56].

Ein junger Mann ging allein auf die Jagd. Das Heyoka-Wesen befahl ihm mehrfach, zu berichten, daß er zwei Hirsche getötet habe. Er weigerte sich zunächst, dies seiner Frau zu erzählen, tat es aber schließlich doch, und die Frau berichtete es ihren Eltern. Er fühlte sich schlecht dabei, da er wußte, daß er nichts geschossen hatte. Am nächsten Morgen zog er mit seinen Schwiegereltern los, um das Fleisch zu holen. Bei der Suche nach den Hirschen, schoß und tötete er zwei[57].

Auf diese Art und Weise war der Heyoka-Jäger gezwungen, seinen Jagderfolg falsch darzustellen. Er wollte die anderen nicht hereinlegen und fühlte sich oft unglücklich dabei. Einige gestanden ihren Freunden und Familien, daß der *Wakan*-Heyoka ihnen befohlen hätte, sie zu täuschen. Andere Heyoka-Jäger erwähnten das Heyoka-Wesen überhaupt nicht. Noch andere versuchten sich zum Beispiel mit einer Ausrede zu entschuldigen, daß sie zwar einen Elch oder einen Bären getötet hätten, daß sie aber zu müde gewesen seien oder die Beute zu groß, um sie allein zurückzutragen. Eine weitere, oft gehörte Ausrede war, daß der Jäger zwar einen Bären getötet hätte, ihn

[56] In manchen Fällen bot das Heyoka-Wesen den Heyoka Beratung und Schutz an oder heilte durch Wunder eine Kriegsverletzung (Wallis 1947: 116, 120, 123). In dieser Hinsicht bezeichnete Wallis das Heyoka-Wesen als Schutz-Clown (guardian Clown). Das Heyoka-Wesen sollte aber nicht als ein allgemeiner Schutzgeist betrachtet werden, obwohl die Beziehung zwischen dem Heyoka-Wesen und der Heyoka-Person, zumindest bei den kanadischen Sioux, sehr eng und persönlich war.
Im Schutzgeistkomplex, der sich bei vielen autochthonen Ethnien Nordamerikas findet, suchte man einen Geisthelfer, normalerweise durch Träume oder Visionen, zum Schutz im Krieg, für Glück in der Jagd usw. Benedict (1922: 12–15; 1923: 29) wies darauf hin, daß die Schutzgeistformel nichts oder sehr wenig mit der Visionssuche bei den Sioux und anderen Plainsindianern zu tun hatte. Der Sioux-Träumer oder -Visionär suchte weder eine übernatürliche Erfahrung mit dem Heyoka-Wesen, noch wurde das Heyoka-Wesen explizit als Schutzgeist angerufen. Darüber hinaus kann das Heyoka-Wesen schon deshalb kein Schutzgeist gewesen sein, weil es sich oft alles andere als hilfreich verhielt. In dieser Hinsicht nannte Deloria (1944: 54–55) den Heyoka-Kult die »traurigste Unterjochung« der übernatürlichen Welt, und Mirsky (1937: 416) bezeichnete die Heyoka-Person als »prisoner of the master Heyoka«.

[57] Wallis (1947: 127).

aber nicht aus seiner Höhle heraustragen konnte. All das waren glaubhafte Ausreden und verdeckten die enttäuschende Tatsache, daß der Jäger nichts erlegt hatte. Am nächsten Tag, bevor die anderen erschienen, versuchte der Jäger, um sein Wort zu halten, das Wild zu beschaffen. Erstaunlicherweise war er immer erfolgreich[58].

Einige Heyoka-Jäger mußten andere fast ihr ganzes Leben lang über ihren Jagderfolg täuschen und betrügen[59]. Es scheint, daß viele zwischen den Heyoka-Episoden jagten, jedoch auf normale Art und Weise. Ihr Jagderfolg war daher nicht immer mit Lügen verbunden. Auch wenn alles gutging und die Jagd ergiebig war, konnte sich das Heyoka-Wesen einmischen und den Heyoka-Jäger wie einen absoluten Narren aussehen lassen, zum Beispiel, indem es die erbeuteten Tiere in viel kleinere und weniger begehrte umwandelte.

Heyoka-Jäger: Saode und sein Enkelsohn

Saode war Heyoka. Er wurde einmal gezwungen zu behaupten, daß er vier Elche getötet hätte, obwohl er eigentlich bei der Jagd leer ausgegangen war. Unfreiwillig erzählte er dies seiner Familie. Man ging gemeinsam los, um die Elche zu suchen und fand statt dessen vier Kaninchen. Jeder lachte Saode aus. Es war ein peinlicher Augenblick für ihn. Er konnte sogar den *Wakan*-Heyoka sehen, wie er sich kaputt lachte. Alles, was er sagen konnte, war: Wie seltsam, daß die Elche in Kaninchen verwandelt worden sind[60].

Auch der Enkelsohn von Saode war Heyoka. Eines Tages ging er allein auf die Jagd. Der *Wakan*-Heyoka seines Großvaters kam zu ihm und zwang ihn, zu behaupten, daß er einen großen Bison erbeutet hätte. Der Junge weigerte sich, er wollte seiner Familie und seinen Freunden keine Lüge auftischen. Der *Wakan*-Heyoka bestand darauf, aber der Junge war fest entschlossen, nicht zu lügen.

Bei der Heimkehr sah und tötete der Junge einen großen Bison. Er war erleichtert und verkündete den Erfolg seinem Vater, der sich darüber freute. Am nächsten Morgen gingen beide zu der Stelle, wo der

[58] Wallis (1947: 136, 143).
[59] Wallis (1947: 144).
[60] Wallis (1947: 116).

Bison sein sollte, fanden aber nur eine kleine Maus vor. Der Junge konnte seinen *Wakan*-Heyoka lachen sehen und fühlte sich sehr schlecht. Sein Vater wußte, was los war, und erklärte ihm, daß sein Großvater genau die gleichen Erlebnisse gehabt hätte, und daß er nicht entmutigt sein solle. Sein Vater erzählte ihm, daß er am nächsten Tag das Wild erbeuten würde, und bat ihn, auf Pirsch nach einem Bison zu gehen. Der Junge tat dies und spürte tatsächlich einen Bison auf, den er erlegte[61].

Bei einer anderen Gelegenheit tötete der Enkelsohn einen Hirsch. Er trug ihn auf seinen Schultern zurück. Plötzlich wurde die Last leichter, da der *Wakan*-Heyoka den Hirsch in ein Kaninchen verwandelte. Der Enkelsohn wollte das Kaninchen wegwerfen, aber der *Wakan*-Heyoka verlangte von ihm, es weiter zu tragen, und drohte ihm mit Unglück, wenn er das nicht täte.

Als der Enkelsohn ins Lager kam, lachten ihn die Leute aus, weil er heftig schwitzte, so als sei das Kaninchen auf seinem Rücken tatsächlich eine schwere Last. Als er das Kaninchen neben seinem Tipi hinlegte, verwandelte es sich in den Hirsch zurück. Später ist ihm das gleiche nochmals passiert, wobei der Hirsch in ein Backenhörnchen verwandelt wurde. Wieder wurde er gezwungen, das Tier auf seinem Rücken zurück ins Lager zu tragen, wo er von den anderen ausgelacht wurde, bis er das Backenhörnchen auf den Boden legte und es wieder in einen Hirsch verwandelt wurde[62].

Inwieweit diese Geschichten fiktiv sind oder über tatsächliche Ereignisse berichten, ist schwer zu sagen. Manche Heyoka-Geschichten haben offensichtlich Sagencharakter. Magische Umwandlungen sind Saode, seinem Enkelsohn und anderen Heyoka-Jägern wiederholt passiert. Wichtiger als die Feststellung, ob die Geschichten fiktiv oder wahr sind, ist hier der emotionale Konflikt und wie die Jäger damit umgehen. Keiner wollte ein Lügner sein, und dennoch wurden viele Heyoka gezwungen, zu lügen und zu täuschen. Ihre Aussagen waren zwar zunächst falsch, aber die Heyoka wurden dadurch nicht diskreditiert, denn ihre Behauptungen erfüllten sich ja später. Trotzdem gewannen manche Heyoka-Jäger nie die Anerkennung oder das volle Verständnis ihrer Gemeinschaft. Der Grund hierfür ist nicht bekannt. Einige Heyoka-Jäger hatten auch nie in sich selbst Vertrauen.

[61] Wallis (1947: 118).
[62] Wallis (1947: 122–123).

Der Heyoka-Jäger Totiwakanda

Der Name des Heyoka Totiwakanda bedeutet, daß nur manche glaubten, daß er ein wirklicher *Wakan*-Mensch war. Seine Laufbahn als Heyoka-Jäger und -Krieger ist nicht untypisch.

Totiwakanda zeigte Heyoka-Fähigkeiten im Krieg und bei der Jagd. Er verabsäumte es einmal, ein bestimmtes Heyoka-Fest zu veranstalten. Daraufhin ergriffen ihn eines Tages die *Wakan*-Clowns und beklagten sich, daß er zu lange mit dem Fest gewartet hätte, und sie drohten, ihn zu blenden. Nur unter diesem Druck entschloß sich Totiwakanda, das Fest nachzuholen. Nach dem Fest tat er alles, was ihm die *Wakan*-Clowns befahlen, und für eine Weile hatte er die Macht, jedes gewünschte Wild zu töten. Bei vielen Gelegenheiten wurde er gegen seinen Willen gezwungen, andere zu täuschen: in solchen Fällen behauptete er, ein bestimmtes Wild erbeutet zu haben, obwohl dies nicht stimmte[63].

Was immer Totiwakanda behauptete, es wurde Wirklichkeit. Doch das Volk verstand ihn nie oder vertraute ihm nicht. Er hat sogar offen zugegeben, daß der *Wakan*-Clown ihn angewiesen hätte, die Menschen zu täuschen, bevor er etwas leistete. Noch schlimmer für Totiwakanda war die Tatsache, daß ihn der *Wakan*-Clown ausdrücklich anwies, sein ganzes Leben lang Lügengeschichten über seine Jagderfolge zu erzählen.

Totiwakanda verkündete dem Lager einmal, daß sich eine Bisonherde nähere. Die Männer eilten zu ihren Waffen und rannten schnell in die angewiesene Richtung, aber nicht ein einziger Bison wurde gefunden. Er bestand darauf, daß die Bisons da waren. Diejenigen, die ihm nicht glaubten, kehrten zurück und sagten: *»Es gefällt diesem Mann, uns immer zu täuschen. Zweifellos will er uns auch diesmal hereinlegen.«* Die Männer, die bei ihm blieben, fanden jedoch die Bisonherde und töteten viele davon[64].

Einmal gab Totiwakanda falschen Alarm: Feinde sollten in der Nähe sein. Eine große Zahl von Kriegern zog zu der Stelle aus, wo die Feinde sein sollten, und suchten vergeblich nach ihnen. Am nächsten Tag beschwor er nochmals, daß sich feindliche Krieger näherten. Die

[63] Wallis (1947: 127–130).
[64] Wallis (1947: 129).

meisten seiner Stammesgenossen glaubten ihm wieder nicht, aber dennoch wurden einige Krieger zur Aufklärung ausgeschickt. Es wurde als großes Unglück betrachtet, daß sie alle umgebracht wurden.

Egal, wie oft sich solche und ähnliche Begebenheiten zutrugen, die meisten im Lager schenkten seinen Worten niemals Glauben. Wie sein Name andeutet, dachten nur wenige, daß er *wakan* war[65]. Seine Karriere als Heyoka muß sehr frustrierend gewesen sein.

Verkehrte Jagdmethoden

Der Heyoka-Jäger war gezwungen, als Lügner, Betrüger und Narr zu erscheinen. Dies sind eigenartige und sehr indirekte Methoden, übernatürliche Kräfte einzusetzen, soweit man hier überhaupt von Kraft sprechen darf. Das Dasein als Lügner, Betrüger und Narr ist insofern konträr, als es den eigenen Wünschen der Jäger widersprach. Es ist merkwürdig, daß eigentliches konträres Jagdverhalten meist fehlte. Einige Ausnahmen gab es jedoch.

Ein Heyoka saß einmal rückwärts auf seinem Pferd, während er Büffel verfolgte. Als er sich dem Bison näherte, stieg er ab, rannte zu Fuß weiter und führte sein Pferd hinterher. Die anderen dachten, er sei vom Pferd gestürzt und würde getötet werden. Zu allem Erstaunen kehrte er unversehrt zurück und hatte sogar mehrere Bisons erbeutet[66].

Ein Problem der Plainsindianer war die gelegentliche Knappheit der Jagdtiere. Einige Heyoka entwickelten eine geschickte Lösung dieses Problems. Sie behaupteten, daß der Lagergeruch die Bisons fernhielte. Sie stellten die Windrichtung fest und fingen in großen Tierblasen Luft auf. Dann liefen sie zu der anderen Seite des Dorfs und öffneten die Blasen, damit die Luft entweichen konnte. Hiernach kehrten die Bisons zurück, weil der Wind nicht mehr den Lagergeruch zu ihnen trieb[67].

[65] Wallis (1947: 129) übersetzte seinen Namen als »Others (him)-*wakan*-think«.
[66] Wallis (1947: 142).
[67] Wallis (1947: 143).

Der Heyoka-Krieger

Der Heyoka-Krieger war ein Mitglied des Heyoka-Kults, dessen Verhalten im Kampf von den übernatürlichen Heyoka beeinflußt wurde. Er sollte nicht mit den zahlreichen Sioux-Kriegern verwechselt werden, die Kriegsmedizin, Schutz und Hilfe im Krieg von den sogenannten Donnerwesen erhielten. Die Donnerwesen, unabhängig vom Heyoka-Phänomen, wurden häufig mit Kriegskräften assoziiert und als Kriegsgeister betrachtet[68]. Der Heyoka-Kult war kein Kriegerbund[69].

Falscher Feindalarm

Das Heyoka-Verhalten in Kriegssituationen ähnelte dem des Heyoka-Jägers. Der *Wakan*-Heyoka befahl zum Beispiel, die Krieger zu warnen, daß Feinde sich näherten, obwohl es in Wirklichkeit keine Feinde gab. Einmal zwang der *Wakan*-Heyoka einen Heyoka, ins Lager zu laufen und zu verkünden, daß Krieger der Chippewa-Indianer die Frauen, die gerade beim Wurzelsammeln waren, verfolgten. Hastig gingen Männer zu der Stelle, an der sich die Frauen aufhielten, und fanden sie völlig unbehelligt beim Ausgraben von Wurzeln. Viele Männer ärgerten sich sehr über das Täuschungsmanöver des Heyoka. Am nächsten Tag jedoch wurden die Frauen tatsächlich angegriffen. Einige Sioux ahnten aber, was passieren würde. Sie bereiteten sich auf den Angriff vor und konnten die Feinde in die Flucht schlagen[70].

Derselbe Heyoka-Mann kam ein anderes Mal ins Lager und behauptete, daß er einen großen Kriegszug von Chippewa gesehen habe. Die Männer wußten, daß er immer log, wollten aber dennoch nachschauen. Obwohl sie keine Chippewa fanden, übersahen sie die

[68] Wissler (1907: 46–48, 50–51); Walker (1980: 276); Dorsey (1894: 443); Taylor (1975: 38–42).

[69] Lewis (1990: 183) behauptet, daß der Heyoka-Kult einmal ein Kriegerbund gewesen war und erst später ein Clownbund wurde. Gute Anhaltspunkte dafür fehlen jedoch. Auch in den frühesten Berichten über den Heyoka-Kult, die in den später ausführlicher erwähnten, um 1780 entstandenen Stammeschroniken (winter counts), auftauchten, war Heyoka hauptsächlich mit konträrem Verhalten assoziiert.

[70] Wallis (1947: 143).

mögliche Gefahr nicht. Am nächsten Morgen warteten sie auf einen Angriff und waren in der Lage, alle angreifenden Chippewa zu töten. Das Lager bejubelte den Heyoka für seine Leistung; zukünftig glaubte man ihm immer[71].

Verkehrtes Verhalten im Krieg

Die Plainsindianer waren äußerst kriegerisch. Die Liebe zu militärischer Ehre und die öffentliche Anerkennung, die heroisches Verhalten verlieh, ging oft bis ins Extreme. Obwohl sich viele der Kriegstaten, die Heyoka-Krieger vollbrachten, nicht von denen anderer Krieger unterschieden, gab es auch einige höchst merkwürdige Taten, die auf eine konträre Art und Weise durchgeführt wurden.

Der Heyoka-Krieger trug nur wenige und sehr außergewöhnliche Waffen. Ein Heyoka-Krieger kämpfte nur mit einem Messer, während ein anderer nur mit einem Stock bewaffnet auf den Kriegspfad ging. Dieser Stock wurde normalerweise dazu verwendet, den Kessel während des Heißwasser-Ritus zu halten[72]. Wir wissen aber nicht, ob diese Leistungen tatsächlich als konträr, heldenhaft oder *wakan* betrachtet wurden.

In einem Winter befahl der *Wakan*-Heyoka einem Heyoka, unbekleidet auf den Kriegspfad zu ziehen. Man sagte ihm, daß er frieren werde. Er antwortete, daß es zu warm sei, um Kleidung zu tragen. Im Kampf lief er den anderen voraus und erschlug mühelos zwei feindliche Krieger, ohne schießen zu müssen. Später gab er zu, daß er Kleider getragen hätte, der *Wakan*-Heyoka aber befohlen hätte, er solle nackt gehen[73].

Ein paar Heyoka-Krieger wollten einmal an einer Kriegsexpedition teilnehmen. Sie kündigten ihre Absicht an, sich anzuschließen, warteten jedoch noch einen ganzen Tag im Lager, nachdem die anderen bereits losgezogen waren. Trotz ihres verzögerten Starts, hatten sie die Krieger schon am nächsten Abend überholt[74].

[71] Wallis (1947: 144).
[72] Walker (1980: 277–278, 279–280); Wallis (1947: 135).
[73] Wallis (1947: 171).
[74] Wallis (1947: 166).

Beim Angriff lief einmal ein Heyoka-Krieger in die entgegengesetzte Richtung seiner Stammesgenossen. Auf unerklärliche Weise und zur Verblüffung aller anderen gelangte er als erster zum Feind[75].

Heyoka-Treffsicherheit

Manche Heyoka zeigten eine außerordentliche Treffsicherheit. Im Kampf oder auf der Jagd konnten sie auf enorme Entfernung genau treffen, eine Leistung, die kein anderer vollbringen konnte[76].

Bei einem schweren Kampf lief ein Kriegsgegner (man vermutete, daß er ein mächtiger Medizinmann war) höhnisch vor den Sioux-Kriegern hin und her, die ihn trotz großer Bemühungen nicht zu treffen vermochten. Plötzlich fiel der Mann. Er wurde von einem Heyoka-Krieger erschossen, der so weit vom Kriegsgeschehen entfernt war, daß man das Abfeuern seines Gewehrs kaum hören konnte[77].

Ein Heyoka-Pferdediebstahl

Ein Heyoka entschloß sich, einen Pferde-Raubzug zu organisieren. Er ließ die elf Krieger, die mitgingen, in lustiger Weise verkleiden, so daß sie alle wie Clowns aussahen. Sie gingen singend und tanzend in das feindliche Lager. Alle Dorfbewohner versammelten sich um die Clowns, da sie dachten, sie wären ihre eigenen. In der Geschichte wird berichtet, daß die Clowns dann Blitze schleuderten und das gesamte Dorf das Bewußtsein verlor. Die Heyoka-Krieger stahlen alle Pferde, und die Feinde erholten sich zu spät, um ihrer Spur folgen zu können[78].

[75] Wallis (1947: 115).
[76] Wallis (1947: 119, 141–142, 169).
[77] Wallis (1947: 141).
[78] Wallis (1947: 140, 142).

Heyoka-Medizinmänner

Nach meiner Analyse umfaßte der Heyoka-Kult verschiedene Laufbahnen, eine davon war die des Medizinmannes. Die Zahl der Heyoka, die Medizinmänner waren, ist nicht bekannt. Vor allem bei den kanadischen Sioux wurden die Heyoka-Medizinmänner als sehr mächtig angesehen[79]. Ihre Kräfte und Talente waren verschieden und weitgehend individuell[80]. Der Heyoka-Kult kann deshalb nicht als ein typischer Medizinbund, der einer bestimmten medizinischen Lehre gewidmet ist, betrachtet werden[81].

Heyoka Medizinmänner benutzten ihre übernatürlichen Kräfte in einer geraden und offenen Art und Weise. Weil ihr Verhalten keine der typischen Heyoka-Eigenschaften wie vortäuschendes, clowneskes und konträres Verhalten enthielt, werden sie hier nicht weiter behandelt.

[79] Wallis (1919: 325; 1947: 111,140).

[80] Folgende Fähigkeiten werden den Heyoka-Medizinmännern zugeschrieben: Krankheiten heilen und verhängen, Schneeblindheit heilen, verlorene Gegenstände finden, anderen helfen, ihre sexuellen Wünsche zu erfüllen, andere vor Blitz und Stürmen schützen und ihren eigenen Tod voraussagen (Howard 1984: 172–173; Hassrick 1964: 277; Dorsey 1894: 469; Lame Deer und Erdoes 1972: 237; Pond 1854: 645; Standing Bear 1933: 206–208). Thomas Tyon sagte über die Heyoka »they doctor people« (Walker 1980: 156). Auch konnten sie Kriegsereignisse prophezeien (Wallis 1947: 118, 120, 148, 166, 169, 171 usw.).

[81] Lewis (1974: 18; 1990: 140–141) legte nahe, daß die Heyoka Medizinmänner waren, die sich darauf spezialisiert hatten, Menschen vor Blitzen zu schützen. Die Gewitter auf den Plains waren in der Tat gefährlich und furchterregend, aber die Indizien sprechen nicht dafür, daß die Heyoka primär ein Medizinbund mit dieser Aufgabe war. Selbst wenn dem so wäre, waren die Sioux nicht allein auf die Heyoka angewiesen, um sich vor der Gewalt der Gewitter zu schützen, da sie spezielle Riten, die nicht mit Heyoka verwandt sind, zu diesem Zweck ausübten (Howard 1984: 105; Wallis 1923: 46). Zwei Beispiele in der Literatur schrieben den Heyoka die Fähigkeit zu, drohende Gewitter umzuleiten (Wallis 1947: 176; Standing Bear 1933: 207). Was der Heyoka jedoch viel häufiger tat, war, sich auf indirekter Weise vor einem Blitzschlag zu schützen oder andere Katastrophen zu vermeiden, dadurch, daß er seine übernatürlichen Verpflichtungen gewissenhaft erfüllte. Dies erklärt, warum die Furcht der Heyoka vor Blitz und Donner größer war als eine normale Angst.

Heyoka-Frauen

Es gab keinen Grund, warum nicht auch Frauen vom Donner träumen und deshalb Heyoka werden konnten, außer daß einige Männer glaubten, Heyoka-Dinge seien nichts für Frauen[82].

Heyoka-Frauen waren immer Medizinfrauen. Sie befaßten sich oft mit Missetaten und sozialen Ungerechtigkeiten, zum Beispiel wenn eine Mutter ihr uneheliches Baby tötete oder das Jagdwild nicht zu finden war[83]. Abgesehen vom gelegentlichen Gebrauch verkehrter Sprache verhielten sich Heyoka-Frauen nie auf konträre Art und Weise. Bei einer großen Heyoka-Zeremonie stellten jedoch zwei Heyoka-Frauen Clowns dar, die sich mit einer Schnur aneinander banden und herumtanzten[84].

Der Heyoka-Clown

Das Heyoka-Dasein hatte primär keinen therapeutischen Charakter. Insofern, als lachen und sich wohl fühlen für Körper und Geist gesund sind, benutzten die Heyoka-Clowns doch eine starke Medizin. Alle Heyoka waren zumindest einmal in der Öffentlichkeit Clowns, und jede Heyoka-Zeremonie war Anlaß für Spaß. Heyoka-Clownerien fanden nur gelegentlich außerhalb einer Zeremonie statt[85].

Wenn die Heyoka-Clowns zusammenkamen, dann führten sie wunderbare Kunststücke und lustige Nummern vor, bei denen die Zuschauer herzhaft lachten. Die Tricks und Spiele der Clowns waren meist harmlos, spontan und unberechenbar. Die Clowns verhielten sich in einer närrischen Weise, taten das Gegenteil des Erwarteten oder irgendwas, Hauptsache es war lustig. Einige scherzten mit den Frauen beim Kochen und versuchten, ihnen zu helfen, ganz im Gegensatz zu der Gewohnheit, daß Männer nie den Frauen bei der Ar-

[82] Hinweise auf Heyoka-Frauen noch in geschichtlicher Zeit findet man bei Dorsey (1894: 471); Landes (1968: 50) und Wallis (1947: 111, 139, 172, 176–223), der fast 50 doppelseitige Seiten den »Clown Women« widmete.

[83] Wallis (1947: 126–127, 138–139).

[84] Wallis (1947: 133).

[85] Lowie (1913a: 115).

beit halfen[86]. In einer sehr ungewöhnlichen Nummer montierten die Clowns eine Nadel auf einen Stab und schossen die Nadel mit einem Pfeilschuß auf 25 Meter Entfernung[87].

Ein anderes Mal schossen die Clowns Pfeile in die Luft, die mit Stahlspitzen versehen waren. Die Menschenmenge verstreute sich hektisch, um den herunterfallenden Pfeilen auszuweichen. Es stellte sich jedoch heraus, daß die Pfeile eigentlich harmlos waren und Spitzen aus ungegerbtem Leder hatten[88].

Der Heißwasser-Ritus bildete den Kern der Heyoka-Zeremonie. Erst am Ende der Zeremonie begann ihr unterhaltsamster Teil, das Suppe-Werfen. Die Clowns spielten mit den Töpfen, schlugen darauf herum und bespritzten einander mit der heißen Brühe. Sie rannten hintereinander, stülpten einen der Töpfe über ihren Kopf oder schleuderten ihn gegen einen Stein. Die Besitzerin des Topfes beklagte sich in diesem Fall über die Mißhandlung ihres Topfes und befahl dem Clown, wegzugehen. Daraufhin tat er das Gegenteil, rannte zu ihr hin und starrte sie mit strengem Blick an[89].

Die Überquerung einer Schlammpfütze

Zwei Heyoka-Clowns zogen eine lustige Schau ab, indem sie sich die Aufgabe stellten, eine seichte Schlammpfütze zu überqueren. Zuerst sahen sie die Pfütze als einen breiten Fluß an und begannen, die Tiefe mit ihren langen und krummen Pfeilen zu messen. Statt der Tiefe maßen sie jedoch die Breite der Pfütze und gelangten zu dem Schluß, daß sie sehr tief sein mußte – eigentlich tief genug, um mit dem Kopf voraus hineinzuspringen. In großartiger Weise spielten die Clowns

[86] Lowie (1913a: 115); Wallis (1947: 133); Wissler (1912: 85).

[87] Wallis (1947: 111).

[88] DeMallie (1984: 234). Dieser Trick wurde in gleicher Weise auch bei anderen nördlichen Plainsindianern aufgeführt, nur daß die Heyoka-Clowns nachher allen Zuschauern die Pfeile zeigten, damit sie wußten, daß sie zum Narren gehalten worden waren. Lowie (1913a: 115) berichtet über eine andere Nummer, bei der zwei Clowns einen komplizierten und viel Geschicklichkeit verlangenden Seiltrick ausführten.

[89] Wallis (1947: 132, 134); Pond (1908: 417). Lewis Henry Morgan (1959: 146) berichtete ähnliches für den Heißwassertanz der Yankton-Sioux: *»They jump into a kettle of hot water and then run and dance where they please.«*

den konträren Narren und bereiteten sich für den Sprung ins Wasser vor. Ein erster Clown sprang los und schlug mit seinem Gesicht in den Schlamm. Er zappelte wild um sich, als würde er ertrinken. Ein zweiter Clown tauchte in den Schlamm, um ihn zu retten. Jeder im Lager, der zuschaute, bog sich vor Lachen[90].

Contrary-Heyoka

Der Krieg und die Jagd waren die beiden Hauptbeschäftigungen der Plainsmänner. Der Wunsch, sich in diesen Bereichen auszuzeichnen, war enorm. Deshalb ist es vielleicht kein Wunder, daß das Heyoka-Phänomen so deutlich auf die Themen Jagd und Krieg festgelegt war. Konträres Verhalten zeigte der Heyoka nicht nur als Clown, Krieger oder Jäger, sondern auch bei anderen Tätigkeiten.

Selbst wenn die Heyoka im allgemeinen als Clowns betrachtet wurden, war ihr Verhalten keineswegs immer lustig. Diejenigen Indianer, die ein tieferes Verständnis dafür hatten, was es bedeutete, Heyoka zu sein, betrachteten die Clowns, ihre Zeremonien, ihre zerfetzten Kleider und ihre absurden Eskapaden mit »höchster Verehrung«[91]. Heyoka taten, was sie tun mußten. Wie andere *Wakan*-Menschen hatten sie keine Wahl: Sie mußten ihre übernatürlichen Träume und Verpflichtungen ausleben.

Die *Contrary*-Heyoka handelten auf ernsthafte Weise konträr, und zwar aus Prinzip, nicht aus Spaß oder als Witz. Dieses Verhalten konnte die ganze Lebensweise umfassen oder wurde nur ab und zu angewendet, besonders, wenn es am wenigsten erwartet wurde. Es stand nur selten im Kontext der traditionellen Wirtschaft oder der Medizin.

[90] Dieses Schauspiel fand während einer Heyoka-Zeremonie statt, die Black Elk und One Side veranstalteten (DeMallie 1984: 233–234; Neihardt 1979: 192; Brown 1979: 57). Auch bei den kanadischen Sioux waren solch Wasserspäße bekannt. Wallis berichtet, daß die Clowns »went to the pond, dived, threw mud, stuck their legs up, and did many diverting things« (Wallis 1947: 134).

[91] Densmore (1918: 168).

Ein vollkommenes Paradoxon

Das Wesen des Heyoka-Sein umfaßte konträres oder antinatürliches Verhalten. Neill bezeichnete die Heyoka als ein »perfect paradox«, da der Heyoka

> *Bitterkeit als süß bezeichnet und süß als bitter. Er stöhnt, wenn er voller Freude ist, und lacht in Gefahr. Er nennt schwarz weiß und weiß schwarz. Wenn er sich wünscht, die Wahrheit zu erzählen, lügt er, und wenn er lügen will, spricht er die Wahrheit. Im Winter geht er nackt, und im Sommer kleidet er sich in Bisonfelle*[92].

Ähnlich wie Ponds Beschreibung der Heyoka, die am Anfang dieses Teils zitiert wurde, bietet Neill ein zusammengesetztes Bild der *Contrary*-Heyoka. Die Vielfalt konträren Verhaltens war groß, aber es war nicht immer möglich, in jeder Hinsicht konträr zu sein.

Man war bei verschiedenen Tätigkeiten Heyoka, daher die Begriffe Heyoka-Jäger, -Krieger und -Clown. Auch die Häufigkeit, mit der man Heyoka-Verhalten zeigte, war sehr verschieden. Selbst wenn man sich nur gelegentlich konträr verhielt, war man ein *Contrary*-Heyoka. Dagegen waren andere Heyoka ständig gezwungen, sich anti-natürlich zu verhalten. Noch andere übernahmen selbst die Verantwortung und taten, was sie tun mußten. Sie entwickelten eine innere Überzeugung, eine konträre Einstellung. Für sie war die Kunst des konträren Denkens und des konträren Handelns eine notwendige Eigenschaft für das Leben als Heyoka.

Heyoka und das Wetter

Die konträre Art und Weise, wie die Heyoka auf die aktuelle Wetterlage reagierten, war eher außergewöhnlich. Bei extrem heißem Wetter zeigten sie das typische Verhalten für extrem kaltes Wetter. An einem der heißesten Sommertage zum Beispiel baute ein Heyoka mit großer Sorgfalt ein Sonnendach, das Schutz vor der knallheißen Sonne hätte bieten können. Er setzte sich jedoch nicht etwa in den kühlen Schatten, sondern in die volle Sonne vor sein Sonnendach[93], oder

[92] Neill (1872: 268).
[93] Deloria (1944: 53–54).

in the oppressive heat of summer (the Heyoka) fold around them robe on robe, and lean over a rousing fire, sniveling and shaking with cold like one in a fit of the ague[94].

Es genügte nicht, daß der Heyoka kalt einfach als warm und warm als kalt empfand. Sein konträres Verhalten erreichte geradezu künstlerische Perfektion.

(I)n the coldest weather of the Minnesota winter, when mercury congeals, they seek some prominence on the prairie, where they put up some bushes to shelter them from the rays of the sun, under which they sit naked and fan themselves as they swelter with heat . . .[95].

Der »Schneesturmtanz« der Heyoka war eine außergewöhnliche Episode konträren Verhaltens. Er fand nur während der schlimmsten Winterstürme statt. Bei einem Schneesturm umkreiste ein Heyoka das ganze Dorf, aber nicht etwa in warmer Kleidung, er war vielmehr fast nackt und trug nur Mokassins, die aus dünnem Stoff und zu groß waren. Er tanzte vor jeden Tipi und fächelte sich mit einem Fächer aus Adlerfedern, um die Steckmücken (Schneeflocken!) fernzuhalten. Die Inhaber der Tipis übergaben ihm Geschenke. Der Heyoka warf sie jedoch weg und sagte, er wolle die Geschenke nicht haben (was bedeutete, daß ihm die Geschenke gefielen und er dem Stifter dankte). Freunde und Helfer des Heyoka sammelten die Geschenke auf.

Der Heyoka wiederholte den Schneesturmtanz während mehrerer Tage, und viele Menschen folgten dem Schauspiel. Er ging sogar zu einem anderen Lager, das zwei Meilen entfernt lag, um auch dort zu tanzen. Wie vorher kamen viele Menschen mit ihm. Er wiederum besuchte alle Tipis, und als er durch das Schneegestöber nach Hause ging, befächelte er sich. Andere trugen für ihn die Geschenke, die er erhalten hatte. Sie litten unter der Kälte, während der Heyoka schwitzte. Er beklagte sich bei seiner Frau, daß er nie vorher so vielen Steckmücken (den Schneeflocken!) begegnet wäre und daß sie ihn beinahe verzehrt hätten. Auf dem Heimweg erfroren die Zehen eines Mannes. Der Heyoka machte sich über ihn nur lustig (es bereitete ihm Sorge). Er fragte den Mann, wohin er gegangen sei, daß seine Zehen an so einem heißen Tag erfrieren konnten. Der Heyoka fügte hinzu,

[94] Pond (1867: 45).
[95] Pond (1867: 45).

der Mann hätte ihm folgen sollen, da er den ganzen Tag geschwitzt habe[96].

Ein junger Heyoka erhielt den Namen »Kalter Clown«, weil er in einer bitterkalten Nacht barfuß durch den Schnee zu seiner Großmutter lief. Er trug als Mantel ein Stück abgetragenes Tipileder und hatte um seine Schultern einen Bisonschwanz gewickelt. Bei seiner Großmutter schlief er, vor Kälte zitternd, aber ohne Zudecke. Seine Großmutter verzweifelte, da sie die ganze Nacht das Feuer schürte. Sie sagte: *»Ich kann es nicht länger aushalten, nimm diese dicken Decken, um dich zu wärmen.«* Obwohl sie ihren ganzen Holzvorrat aufbrauchte und ihm eine Decke gab, wurde es für den Heyoka nur noch kälter[97].

Konträre Dankbarkeit

Die Art und Weise, wie die Heyoka ihre Dankbarkeit ausdrückten, war für alle Zuschauer sehr unterhaltsam. Wie oben erwähnt, warf der Heyoka-Schneesturmtänzer alle erhaltenen Geschenke weg, und die Spender erhielten einen großen Fußtritt, wenn sie nicht schnell oder klug genug waren, zu entwischen.

Einmal, mit aller Höflichkeit, schenkte ein Mann seinem alten Freund, der Heyoka war, ein bißchen Tabak. Der Heyoka nahm das Geschenk an, erteilte dem Spender, statt ihm zu danken, einen kräftigen Schlag auf den Kopf und verschwand ohne jedes Zeichen eines Lächelns unter dem Gelächter aller Zuschauer[98].

Nach Abschluß einer Heyoka-Zeremonie warfen einige Clowns zwei Frauen zu Boden und liefend lachend weg. Die Frauen hatten den Clowns bei ihrem öffentlichen Auftritt geholfen, und die Clowns

[96] Wallis (1947: 113). Noch weitere von Wallis (1947: 143, 170–171) gesammelte Berichte enthalten Episoden von Schneesturmtänzern und jagenden Nackten im Winter. Zum Beispiel wurde von einem Heyoka berichtet, der im tiefsten Winter mit Pfeil und Bogen auf die Jagd ging, während im Lager Hungersnot herrschte und die Bisons knapp waren. Er trug nichts außer einem Paar Mokassins. Schneeflocken bezeichnete er als Stechmücken und versuchte sie zu verjagen. Keiner glaubte ihm, daß er fünf Bisons geschossen hatte, bis sein Bruder nachsah und die Tiere tatsächlich fand.

[97] Hassrick (1964: 152).

[98] Wallis (1947: 126).

zeigten mit ihrem Tun eindeutig, daß sie für die Hilfe sehr dankbar waren[99].

Ein Ethnologe verwendet die verkehrte Sprache

Wie eine Aussage oder Frage auf inverse Art zu formulieren war, war im großen und ganzen standardisiert. Trotz der allgemein gültigen Regeln stiftete ihre Verwendung häufig Verwirrung, oder sie wurde überhaupt nicht verstanden[100]. Der Ethnologe Wilson Wallis, der eine Fülle von Berichten über die Heyoka sammelte, benutzte einmal die verkehrte Sprache, um Auskunft von Wanduta, einem alten Heyoka, zu erwerben. Wallis schrieb:

When (I) first saw (Wanduta), it was a very hot afternoon, and the occupants of the tipi were perspiring. I volunteered the conventional greeting of »a hot day«, to which he responded that it was »too cold for me« . . .

(Wanduta) asked what I wanted. I explained by telling him that if he related stories which I knew, they would not be any good; that if I listened to tales which were of no account, he would have to pay me for my time; that he should not describe any of his own experiences, for I would not like to hear them[101].

Offensichtlich war diese Methode erfolgreich, da Wanduta über seine persönlichen Erfahrungen als *Contrary*-Heyoka erzählte. Wanduta erzählte beispielsweise, wie er einmal gleichgültig zuschaute, als sich vier Männer bei dem Versuch, ein widerspenstiges Pferd in den Stall zu führen, erfolglos abmühten. Da alles Ziehen und Drücken nichts nutzte, ging er schließlich zu den Männern und sagte, er würde ihnen jetzt zeigen, wie er ein Pferd in den Stall führt. Er nahm das Tier am Zaum und ließ das Pferd ohne das geringste Problem rückwärts hineingehen[102].

[99] Wallis (1947: 133).
[100] Nach Lowie (1913a: 113–114) fehlte verkehrte Sprache nur bei den Sisseton-Santee.
[101] Wallis (1947: 126).
[102] Wallis (1947: 126).

Konträre Schwitzbäder

Was meinte der Heyoka, wenn er sagte, daß er kein Mitglied des Bärenkults sehen wolle, und daß er sie nicht schwimmen sehen wolle? Er meinte, daß er sie zu einem Schwitzbad einlud. Einige der Bärenmitglieder verstanden seine Absichten nicht, andere dagegen wohl. Der Heyoka sagte weiter, daß er als letzter in die Schwitzhütte gehen würde (und drängte sich vor, um der erste zu sein). Im Schwitzbad benutzte der Heyoka ein großes Grasbüschel, um vier große, heiße Steine mit Wasser zu besprengen (an Stelle des üblichen kleinen Grasbüschels und kleiner Steine). Statt nur ein bißchen Wasser zu verwenden, goß er einen ganzen Wassereimer über die Steine[103].

Einmal nun lud einer der anderen Männer die Heyoka zum Schwitzen ein. Ein Heyoka lief ihm nach, trat ihn in den Hintern und warf ihn zu Boden (dies bedeutete, daß er die Einladung annahm). Die eingeladenen Heyoka gingen rückwärts in die Schwitzhütte, und alle anderen lachten. Daraufhin fragte ein Heyoka: *»Warum beschimpft ihr uns?«* (d. h. *»Warum lacht ihr?«*)[104].

Im Pine-Ridge-Reservat war vor kurzem der Ethnologe Martin Nizhoní eingeladen, an einem Schwitzbad teilzunehmen. Zufällig wurde dieses Schwitzbad von einem Heyoka geführt. Zur allgemeinen Überraschung besprenkelte der Heyoka die Teilnehmer, bevor er die Steine mit Wasser bespritzte[105].

Verkehrte Brautwerbung

Obwohl es fast unmöglich klingt, gewann einmal ein Heyoka eine Frau durch verkehrte Werbung. Er wurde als außergewöhnlich intelligent angesehen und beherrschte mehrere Sioux-Dialekte. Aber zur

[103] Zuerst überkam die Bärenmitglieder ein Gefühl des Lachens, aber sie beherrschten sich. Sobald sie verstanden hatten, daß der Heyoka alles verkehrt machte, lachten sie frei, bis die Hitze des Schwitzbades sie hinaustrieb (Wallis 1947: 140–141). Ein anderes Mal gab ein Heyoka Anweisungen für die Errichtung eines Schwitzbades. Ein sehr großer Stein wurde erhitzt und in die Schwitzhütte gebracht, weil er um einen sehr kleinen bat (Wallis 1947: 147).

[104] Wallis (1947: 152–153).

[105] Nizhoní (1990: 43–44).

Frau seiner Wahl sprach er verkehrt. Als die Frau von einem Ausflug zurückkehrte, bei dem sie Büffeldung, der als Brennmaterial verwendet wurde, gesammelt hatte, paßte der Heyoka sie ab und sagte:

»Do not look at me.« – (signifying »look at me«). When she gazed at him, he pushed her away (indicating that he was fond of her). »Don't come with me«, he said (meaning that she should accompany him). He started away from her. She followed him and became his wife[106]*.*

Nach einem Kampf, bei dem alle Feinde außer einer Frau umgebracht worden waren, rettete ein Heyoka diese Frau und brachte sie zum Lager zurück, in der Weise, daß er sie verkehrt trug, mit ihren Füßen nach oben und ihrem Kopf nach unten. Es war ihm gleichgültig, daß alle darüber lachten. Er setzte die Frau neben dem Tipi-Eingang eines Mannes ab, dessen Frau vor kurzem gestorben war. Der Witwer bedankte sich bei dem Heyoka und nahm sie zur Frau[107].

Mißverständnisse zwischen den Geschlechtern

Eine Ehe, in der entweder der Mann oder die Frau Heyoka war, lief nicht immer einfach. Auch das Familienleben litt häufig darunter, daß einer Heyoka war. Zwischen Heyoka und Nicht-Heyoka waren auch Verwirrung und Mißverständnisse an der Tagesordnung.

Ein Heyoka wies seine Frau an, sie solle ein Fest vorbereiten, alle seine jüngeren Brüder und Schwestern einladen, damit sie Fleisch in ihre Ärsche schieben könnten. Seine Frau verstand nicht, was er meinte. Er mußte seine Wünsche in normaler Sprache wiederholen. Erst dann verstand sie, daß er ein Fest für ältere Männer und Frauen veranstalten und Fleisch servieren wollte[108].

Großes Unglück geschah, wenn die Menschen den Kräften eines Heyokas keinen Glauben schenkten und den Heyoka daran hinderten, seine Kraft auszuüben. Der übernatürliche Heyoka wurde dadurch geärgert. Mehrmals verboten Ehemänner ihren Frauen,

[106] Wallis (1947: 142).
[107] Wallis (1947: 115).
[108] Wallis (1947: 136). Andere Heyoka nannten ältere Frauen »Töchter« und jüngere Frauen »Schwestern« (Wallis 1947: 126).

Heyoka-Taten zu vollbringen. Diese Männer behaupteten, daß Heyoka-Sachen nichts für Frauen seien, obwohl ihre Frauen sich zum Heyoka berufen fühlten. Unweigerlich wurden Frauen, die ihre Heyoka-Verpflichtungen aufgrund dieses Verbots nicht erfüllen konnten, vom Blitz erschlagen[109].

Eigentliche Heyoka und närrische Heyoka

Während ich verschiedene Heyoka-Typen unterscheide (Heyoka-Jäger, -Krieger, -Medizinmänner, -Frauen, -Clown und *Contrary*-Heyoka), kannten die Sioux nur zwei Typen: den eigentlichen Heyoka und den närrischen Heyoka[110]. Ein deutlicher Unterschied zwischen den beiden Heyoka-Typen besteht darin, daß der närrische Heyoka einen Schritt weiter in Richtung Absurdität oder Narrheit ging als der eigentliche Heyoka. Einen Hinweis auf diesen Unterschied findet man am Beginn einer der von Wallis aufgeschriebenen Erzählungen.

This is a story about a Foolish Clown. Every day the Foolish Clowns go about, singing. The other Clowns hunt, fight, and feast a great deal[111].

Der eigentliche Heyoka hielt sich an allgemein akzeptierte Werte wie die Großzügigkeit zum Beispiel dadurch, daß er viele Feste veranstaltete. Dagegen scheint sich der närrische Heyoka viel mehr von

[109] Wallis (1947: 139, 172).

[110] Kaliko, ein Oglala-Sioux, sagte: »*Now, there are two kinds of heyoka, one kind are crazy or foolish. I was of this kind*« (Wissler 1912: 83). Leider wurde in Wisslers Bericht nichts weiteres über diese zwei Typen erwähnt. Dank Wallis großartiger Studien über die Heyoka sind wir nun aber in der Lage, diese nach Ray (1945: 89) »obskure Aussage« Kalikos besser zu verstehen. Wallis (1947: 111) schrieb: »*Two kinds of Clowns are recognized: Heyo'ka proper and Heyo'ka wit!ko'ka, or Foolish Clowns.*«
Da Kaliko behauptete, er sei ein närrischer Heyoka, würde man erwarten, daß er mehr als nur ein zeremonieller Clown war. Er war einer von Wisslers Hauptinformanten für seine Oglala-Studien, und er wurde auch von Curtis (1908: 183) interviewt. Es gibt trotzdem keine Hinweise darauf, daß er Heyoka-ähnliche Taten nach der von ihm gehaltenen Heyoka-Zeremonie vollbrachte. Es scheint, als ob er eigentlich ein zeremonieller Heyoka war. Diese Diskrepanz kann ich nicht erklären.

[111] Wallis (1947: 170).

den traditionellen Lebensweisen wie Jagd und Krieg gelöst zu haben. Obwohl der eigentliche Heyoka nicht gerade ein einfaches Leben führte, war das des närrischen Heyoka noch schwieriger. Der eigentliche Heyoka war gezwungen zu lügen und zu betrügen. Der närrische Heyoka dagegen mußte sogar morden, oder er mußte Tag für Tag, über Jahre hinweg, in aller Öffentlichkeit singen. Überall auf den Plains wurden die besonders extremen Verhaltensformen als »verrückt« (crazy) oder »närrisch« (foolish) bezeichnet. Die Rolle des närrischen Heyoka ist deshalb eine zu einem Extrem gewordene Heyoka-Form.

Der Unterschied zwischen den beiden Heyoka-Typen ist jedoch oft nur gering. Beide waren gezwungen, sich entgegen der Wettersituation zu bekleiden und zu verhalten, aber nur vom närrischen Heyoka wurde verlangt, sogar im Winter nackt auf den Kriegspfad zu gehen.

Zwei närrische Heyoka zusammengebunden

Bei einer seltsamen Geschichte wurde zwei Heyoka-Männern, die zur selben Zeit, aber in unterschiedlichen Familien geboren worden waren, vom übernatürlichen Heyoka befohlen, sich mit Bisonlederriemen zusammenzubinden und täglich im Lager zu singen. Die beiden närrischen Heyoka mußten nun für den Rest ihres Lebens aneinander gebunden bleiben. Einer der Heyoka verfügte über eine größere Kraft als der andere. Der schwächere profitierte hiervon, sobald die beiden aneinandergebunden waren.

Gemeinsam waren sie zu außerordentlichen Kriegstaten fähig. Darüber hinaus konnten sie auch das Sichnähern von Feinden und das Vorhandensein von Bisons voraussehen.

Anfangs hatten sich die beiden Heyoka noch ab und zu voneinander losgebunden. Bei einem Kampf wollte der Schwächere sich trennen, und sie kämpften allein weiter. Der Schwächere hatte jetzt aber weniger Kraft und erlitt eine Schußwunde am Bein. Der stärkere Heyoka kam und trat ihn (mit anderen Worten, er zeigte Mitleid) und behandelte seine Wunde, indem er ihn noch mehrmals trat. Die Wunde heilte kurz darauf. Nach diesem Erlebnis trennten sich die beiden Heyoka nur während des Schlafens und für sexuelle Beziehungen. Schließlich starb der Schwächere. Sein Begleiter trauerte um seinen Tod, wurde krank und starb bald darauf ebenfalls[112].

Zeremonielle Clowns und Karriere-Heyoka

Die Sioux nannten »Heyoka« all diejenigen, die entsprechende Träume oder Visionen hatten und die Heyoka-Zeremonien veranstalteten. Um Heyoka zu sein, war nichts Weiteres notwendig. Man war Heyoka, selbst wenn man nur ein einziges Mal eine Heyoka-Zeremonie gab und danach nie wieder etwas Clowneskes oder Verkehrtes tat, außer vielleicht die Rolle eines Clowns in einer von anderen veranstalteten Heyoka-Zeremonie zu spielen. Solche Heyoka bezeichne ich als zeremonielle Clowns und ihren Humor als rituellen Humor.

Heyoka war außerdem jemand, der nicht nur den Grunderfordernissen eines Heyoka entsprach, sondern der sich darüber hinaus auch sein ganzes Leben oder zumindest über einen langen Zeitraum hinweg auf konträre Weise verhielt[113]. Solche Heyoka bezeichne ich als Karriere-Heyoka.

Heyoka-Sein umfaßte das gesamte Ausdrucksspektrum der zeremoniellen Heyoka und der Karriere-Heyoka. Der Unterschied zwischen den beiden Extremen besteht darin, daß der Karriere-Heyoka nach seinen eigenen Initiationsriten zum Heyoka wurde und neben der Teilnahme an anderen Initiationsriten nach Belieben und aus eigenem Antrieb Heyoka-Dinge machte.

Obwohl diese Unterscheidung zwischen dem zeremoniellen und dem Karriere-Heyoka von der Sioux selbst nicht vorgenommen wurde, dürfte kein Zweifel bestehen, daß einige Heyoka nur zeremonielle Clowns waren. Wallis kommentierte dies wie folgt: »*Most Clowns are satisfied with giving one Clown feast*[114].« Viele Heyoka

[112] Wallis (1947: 166–169).

[113] Wissler (1912: 85); Wallis (1947: 118); Walker (1917: 68; 1980: 187).

[114] Wallis (1947: 138). Nach Auffassung Walkers war die Heyoka immer eine Karriere, und eine Beendigung war unmöglich: die Heyoka waren »expected to act the clown all the time« (Wissler 1912: 85). Ähnliche Aussagen dieser Art beziehen sich anscheinend auf Walkers Synthese, wie: Es »is incumbent upon the *Heyhoka* always to be a *Heyhoka;* you can't turn it on and off« (Brown 1979: 58); und, die Heyoka »must forever live his life in an antinatural manner« (Powers 1977: 93). Im Hinblick auf die vorangegangene Diskussion kann ich diese Auffassung nicht ohne Einschränkungen akzeptieren.

vollbrachten nie mehr etwas Heyoka-Artiges oder Konträres, nachdem sie die Zeremonie absolviert hatten. Die Erlebnisse von Einsamer Mann, Donnerangreifer, Iron Members, Schwarzes Pferd, Weißer Stier und Schwarzer Hirsch bestätigen dies.

Das Maß, in dem man Heyoka war, und auch die Dauer des Lebens als Heyoka waren individuell verschieden. Nicht alle Heyoka-Karrieren dauerten das ganze Leben, da sie oft beendet wurden. Außerdem verhielten sich Karriere-Heyoka keineswegs immer und unter allen Umständen konträr.

Heyoka und die Familie

Konträres Verhalten verursachte vielfach Verwirrung bei Verwandten und Freunden, gerade deshalb, weil es oft unerwartet war. Manchmal mußten Dorfgemeinschaft und Verwandte geradezu lernen, das Handeln der Heyoka-Jäger und -Krieger zu deuten. Manchmal lernten sie es nie.

Ein Vater gebot seinem Heyoka-Sohn, den Pferdewagen zu fetten. Anstelle der Achse beschmierte jener jedoch den ganzen Wagen mit Fett. Seine Mutter weinte. Der Sohn war aber nicht schuld daran, weil er Heyoka war. Er verhielt sich auf diese Art und Weise drei Jahre lang und hörte dann plötzlich auf, Heyoka-Dinge zu vollbringen[115].

Verwandte waren Opfer vieler solcher »Tricks«. Es gab zum Beispiel einen Heyoka namens »Schale Gerade Macher« (Shell Straightener). Er war mit seinem Vater auf der Jagd, als plötzlich ein Bison auftauchte. Schale Gerade Macher war nicht aufs Schießen vorbereitet, und sein Vater schrie: *»Du solltest deinen Mantel ausziehen, um besser auf ihn schießen zu können!«* Schale Gerade Macher ließ den Bison entkommen, stieg von seinem Pferd, legte seinen Mantel zu Boden und schoß auf denselben, bis er von Löchern durchsiebt war[116].

Warum wußte es der Vater von Schale Gerade Macher nicht besser? Wenn der Heyoka sich immer clownesk verhalten hätte, dann hätte zumindest der Vater das gewußt und wäre in der Lage gewesen, ent-

[115] Mirsky (1937: 416).
[116] Hassrick (1964: 152–153).

sprechend zu reagieren. Im Prinzip wäre es nicht schwierig gewesen, mit *Contrary*-Heyoka annehmbar umzugehen. Jeder lernte, auf die richtige Weise mit Geschwistern, Eltern, und angeheirateten Verwandten umzugehen. Jungen und Ehemänner wußten zum Beispiel, daß sie nie direkt zu ihren Schwestern bzw. ihren Schwiegermüttern reden durften[117].

Ein anderer Heyoka ging mit seinen Verwandten zu einem zugefrorenen Gewässer, um zu fischen. Wären Heyokas immer Clowns gewesen und hätten immer auf widernatürliche Weise gehandelt, dann hätte sein Neffe ihn kaum darum gebeten, ein kleines Loch ins Eis zu schneiden. Er hätte dann nämlich vorausgesehen, was passieren würde: der Heyoka schlug ein dermaßen großes Loch ins Eis, daß die restliche Eisfläche unter Wasser gesetzt wurde[118].

Frauen scheinen es mit ihren männlichen Familienmitgliedern, die Heyoka waren, sehr schwer gehabt zu haben. Die Späße, die man mit ihnen trieb, waren keineswegs lustig – zumindest nicht für die betroffene Partei. Die Schwester eines Heyoka fertigte einmal ein neues Paar reich verzierter Mokassins an und schenkte es ihm. Statt sie zu tragen, kochte der Heyoka sie jedoch über einem lodernden Feuer[119].

Eine Frau, die gerade Brot backte, bat ihren Vater (einen Heyoka), ihr etwas Brennholz zu holen und es vorsichtig neben dem Ofen zu stapeln, damit ihr Brot nicht herunterfallen konnte. Die Tochter des Heyoka hätte es besser wissen müssen und ihren Vater bitten sollen, eine riesige Ladung Feuerholz zu holen und es so gewaltig neben den Ofen zu schleudern, damit ihr Brot herunterfiele. Genau dies tat er nämlich[120].

Das Ende einer Heyoka-Laufbahn

Man blieb Heyoka, solange die Heyoka-Träume fortdauerten oder der übernatürliche Clown fortfuhr, Befehle und Anweisungen zu geben. Befahl der übernatürliche Clown einem Heyoka, mit den Heyoka-Ta-

[117] Lowie (1982: 82); Sandoz (1976: 83).
[118] Howard (1984: 172).
[119] Hassrick (1964: 152). Für eine andere Version dieser Geschichte siehe Brown (1979: 57).
[120] Howard (1984: 172).

ten aufzuhören, war die Heyoka-Laufbahn beendet[121]. Dies geschah im allgemeinen nach einer genügend langen Periode als Heyoka, oder nachdem die letzte Verpflichtung erfüllt worden war.

Nach Beendigung seiner Laufbahn konnte der ehemalige Heyoka handeln, wie es ihm beliebte, mit der Ausnahme, daß er sich nicht mehr als Heyoka betätigen durfte. Das einzige Heyoka-Verhalten, das ihm noch erlaubt war, bestand darin, bei Heyoka-Festen und -zeremonien als Clown zu sprechen und zu handeln. Mit anderen Worten: er durfte nicht mehr *Contrary*-Heyoka sein, in zeremoniellem Kontext konnte er aber die Rolle eines normalen Clowns spielen.

Eines Tages entschied der *Wakan*-Clown, die Heyoka-Laufbahn eines Mannes, der ein hohes Alter erreicht hatte, zu beenden, und sagte zu ihm: »Von nun an darfst du tun, was du willst, denn du bist zu alt, um noch Heyoka-Dinge zu vollbringen[122].«

Es war verhängnisvoll, die Heyoka-Laufbahn ohne Anweisung aus dem Übernatürlichen zu beenden. Einmal kündigte ein Heyoka an, daß er sein Heyoka-Leben beenden werde. Kurz darauf zog er sich eine kleine Wunde zu und starb an Blutvergiftung. Dies geschah, weil er mit seinen clownesken Vorstellungen aufgehört hatte, bevor der übernatürliche Clown ihm dies erlaubt hatte[123].

Lebenslänglich konträre Heyoka

Im Extremfall dauerte das Heyoka-Sein das ganze Leben[124]. Für manchen Heyoka war dies ein gefürchtetes Unglück, da es ein schwieriges und beängstigendes Leben nach sich zog. Der lebenslange konträre Heyoka wurde von anderen Menschen gemieden, er neigte zu Griesgram und Melancholie und verbrachte die meiste Zeit mit sich allein[125].

121 Wallis (1947: 118, 125, 163, 166). Nach Thomas Tyon und anderen blieb man Heyoka, solange man sich noch vor Blitz und Donner, d.h. den Donnerwesen, fürchtete (Walker 1980: 155; auch Hassrick 1964: 272). Diese Angst bedeutete nämlich, daß übernatürliche Verpflichtungen noch unerfüllt waren.

122 Wallis (1947: 144).

123 Wallis (1947: 174).

124 Walker (1917: 68); Wallis (1947: 117–118).

125 Wissler (1912: 84); Walker (1980: 187).

Der lebenslange konträre Heyoka war streng vom Rest des Stammes getrennt. Er allein wohnte weit entfernt vom Lager. Sein Leben war leer, einsam und verlassen. Man erwartete von ihm, daß er widernatürlich handelte und immer die Rolle des Clowns spielte. Er trug närrische Kleidung, lebte in schäbigen Tipis, schlief im Winter ohne Decken und litt im Sommer unter dicker Kleidung. Es war sein Schicksal, anderen Gutes zu tun, ohne etwas zurückzuerhalten, es sei denn, daß man ihn der Lächerlichkeit preisgab[126].

Heyoka in Winterzählungen

Im Kampf war das Verhalten des *Contrary*-Heyoka sehr extrem und ernst. Wie in den sogenannten Winterzählungen (winter counts) berichtet wird, tat der Heyoka-Krieger das genaue Gegenteil von dem, was die anderen taten. Zum Beispiel griff der Heyoka an, wenn sich die anderen zurückzogen. Oder der Heyoka schloß sich dem Feind an, wenn seine Kameraden in einen Kampf verwickelt waren. Dies ist eine sehr ernste Form von konträrem Verhalten, die wenig mit traditionellen ökonomischen Belangen oder dem Leben als Medizinmann zu tun hat. Es ging dabei weder um Spaß noch um Gelächter, es endete gewöhnlich fatal.

In mindestens fünf Winterzählungen der Teton sind Heyoka-Episoden dargestellt. »Winter counts« sind Bildchroniken, die für jedes Jahr ein bemerkenswertes Ereignis wiedergeben (Jahre wurden anhand der Winter gezählt). Sie setzen sich aus einer Reihe von Symbolen oder Zeichnungen zusammen, die jeweils als Gedächtnisstütze dienten.

Die Winterzählung von »The Flame« stellte für das Jahr 1787/88 einen Heyoka-Clown in extravaganter Kleidung dar[127]. Es ist jedoch kein Kommentar dazu überliefert. Dasselbe Jahr heißt in den Winterzählungen von Battiste Good: *»Ließ-den-Heyoka-Mann-zurück-Winter«*. Dies bezieht sich auf einen schicksalhaften und ganz besonderen Fall von »inverser Erfüllung« einer Bitte. Battiste Good erklärte das Bild wie folgt:

[126] Hassrick (1964: 272, 276–277).
[127] Mallery (1886: 100; 1893: 466).

A certain man was heyoka, that is, in a peculiar frame of mind, and went about the village bedecked with feathers singing to himself, and, while so, joined a war party. On sighting the enemy the party fled, and called to him to turn back also, but as he was heyoka, he construed everything that was said to him as meaning the very opposite, and, therefore, instead of turning back he went forward and was killed[128].

Wären sich die Mitglieder des Kriegszugs der Situation voll bewußt gewesen, so hätten sie ihn gebeten, vorzurücken. Er wäre dann geflohen. Daher meinte Battiste Good, daß sie für seinen Tod verantwortlich waren.

Die Winterzählung von High Hawk für dasselbe Jahr erzählt die gleiche Geschichte, aber auf eine andere Art und Weise (die Darstellungen stimmen selten überein). Ein Mann hatte vom *Wakan*-Clown geträumt und ging auf den Kriegspfad. Im Gefecht wandte er sich um und schoß auf zwei seiner Freunde, die ihn daraufhin töteten[129].

Einen merkwürdigen Anklang hiervon enthält die Winterzählung von Ben Kindles für das Jahr 1808. Es handelt sich hierbei ebenfalls um einen extremen Fall konträren Verhaltens. Als die Oglala-Teton gegen die Crow kämpften, lief ein Heyoka auf die Seite des Feindes über und schoß auf seine eigenen Krieger. Seine Kameraden waren verwirrt, schossen auf ihn, und er kam ums Leben[130].

In noch zwei weiteren Winterzählungen wird berichtet, daß Heyoka-Personen getötet wurden. Die Erzählung von »No Ears« gibt für 1774 an: *»Sie töteten Heyoka-Darsteller*[131]*.«* Ben Kindle erläuterte, daß sich maskierte Heyoka-Clowns zu einem Bach in der Nähe des Zeltlagers begeben hatten und zum Donnerwesen beteten. Feindliche Indianer lagen am Bach auf Lauer und töteten einen von ihnen[132].

Nach Ben Kindles Winterzählung für das Jahr 1788 töteten Krieger der Shoshonen, die sich im Unterholz versteckt hatten, zwei Clowns, die um das Lager herum spazierten[133]. Die Erzählung von No Ears

[128] Mallery (1886: 100).
[129] Curtis (1908: 159, 168).
[130] Beckwith (1930: 357).
[131] Beckwith (1930: 357).
[132] Beckwith (1930: 352).
[133] Beckwith (1930: 354).

gibt für dieses Jahr an: »*Zwei Heyoka wurden getötet*[134]*.*«

Ben Kindles Winterzählung für das Jahr 1774 stellt darüber hinaus den frühesten überlieferten Bericht von Heyoka-Ereignissen (Maskierung, Beten zum Donner) dar. Er ist etwa ein Dreiviertel-Jahrhundert älter als die Pionierarbeit von Mary Eastman, die mit ihrem *Dahcotah; or, Life and Legends of the Sioux* (1849) den ersten von Weißen verfaßten Bericht über die Heyoka erstellte.

Närrischer Mord

In weiten Teilen Nordamerikas wurde Lügen als schweres Vergehen aufgefaßt. Für die Plainsindianer war Ehrlichkeit das Höchste, wenn über Kriegstaten rezitiert wurde, Jagdberichte erstattet oder Begegnungen mit dem Feind erzählt wurden, und wenn mitgeteilt wurde, was man im Traum oder in einer Vision gesehen hatte. Ein Heyoka, der zum Lügen verdammt war, genoß dies daher gewiß nicht. Mord war jedoch noch schlimmer als Lügen. Und einige närrische Heyoka mußten morden.

Es war, als ob ein Heyoka eine Art Pakt mit dem übernatürlichen Clown geschlossen hatte. Karicitca, ein närrischer Heyoka, mußte als Gegenleistung für seinen Erfolg bei der Jagd und auf dem Kriegspfad einen Stammesgenossen töten. Er wollte nicht wirklich morden, der übernatürliche Clown erinnerte ihn jedoch gelegentlich daran, daß er seine Verpflichtung erfüllen müsse, da er sonst vom Blitz erschlagen würde. Eines Tages teilte ihm der übernatürliche Clown mit, daß der angekündigte Zeitpunkt nun gekommen sei und er ein Stammesmitglied töten müsse. Karicitca fühlte sich furchtbar, ging nach Hause und geriet in einen hitzigen Streit mit seiner Frau, wobei er sie plötzlich erschoß, ohne Absicht und ohne sich der Anweisungen aus dem Übernatürlichen bewußt zu sein.

Das machte Karicitca nicht gerade glücklich, seine Heyoka-Verpflichtungen zu erfüllen. Des Mordes angeklagt, plädierte er, daß der übernatürliche Clown entschieden hätte, seine Frau müsse umgebracht werden, weil sie es verabsäumt habe, gewisse Anweisungen der Donnerwesen zu befolgen, und daß er gegen seinen Willen ge-

[134] Walker (1982: 128).

zwungen worden sei, sie zu ermorden. Seine Verteidigung wurde von der Gemeinschaft akzeptiert, und er gab noch mal ein letztes Clownfest, bevor der übernatürliche Clown seine Heyoka-Laufbahn beendete. Danach handelte er nie wieder als Heyoka, er erreichte ein hohes Alter und war bei der Jagd auf Rehe stets erfolgreich[135].

Warum die Heyoka-Laufbahn?

Im Unterschied zur Berufung in den Heyoka-Kult wissen wir nicht, ob jede Heyoka-Handlung durch übernatürliche Kräfte bestimmt wurde oder nicht. Ich vermute, daß die direkte Beteiligung übernatürlicher Kräfte nicht immer nötig war. Viele Heyoka handelten schneller und spontaner, als man bei übernatürlicher Leitung oder Anweisung erwarten würde. Die übernatürliche Verpflichtung zum *Contrary*-Heyoka konnte zur inneren Überzeugung werden. Sowohl die Verpflichtung als auch die Überzeugung waren von unterschiedlicher Intensität.

Warum gab es einen Heyoka-Kult? Übte die Heyoka-Institution eine soziale Funktion aus? Warum waren manche Mitglieder lebenslang konträr und andere nur zeremonielle Clowns?

In diesem Kapitel werden die Meinungen verschiedener Erforscher der Sioux-Kultur auf diese Fragen untersucht werden. Zuerst aber werden die mythologischen Berichte über die Heyoka in Hinblick auf diesen Punkt untersucht. Sie liefern zumindest eine teilweise Beantwortung dieser Fragen.

Mythologischer Ursprung der Heyoka

Die Heyoka betreffenden Mythen berichten uns nicht, wozu konträres Verhalten gut ist oder wie es richtig zu verstehen ist. Sie zeigen

[135] Wallis (1947: 166). Dies ist das einzige Beispiel für einen von Heyoka begangenen Mord. Im allgemeinen war Mord bei den Sioux sehr selten. Kam es einmal zum Mord, so wurden die Konsequenzen meist zwischen Verwandten und Freunden der beteiligten Parteien ausgehandelt, mit tatkräftiger Unterstützung durch einen Rat der Älteren und Unbeteiligten. Meist wurde der Mörder für eine gewisse Zeit vom Stamm verbannt, um die Gemüter zu kühlen (Sandoz 1976: 84).

uns indessen, daß die Heyoka-Organisation sowohl einen religiösen Ursprung als auch einen legitimierten Status in der Sioux-Gesellschaft aufweist. Mindestens zwei Mythen belegen widernatürliches oder konträres Verhalten, das für eine lange Zeit das Leben bestimmte. Ein weiterer Mythos berichtet vom Ursprung des Heißwasser-Ritus.

Weiße Büffelkalb Frau (White Buffalo Calf Woman), eine mythische Figur, gab den Teton die heilige Pfeife und lehrte sie die »sieben heiligen Riten«, die den Ausgangspunkt ihrer Religion bilden. Hier liegt sowohl der Ursprung der Schwitzhütte und der Visionssuche als auch der des Sonnentanzes, jedoch nicht der Ursprung der Heyoka-Zeremonie[136].

Nach dem Oglala-Teton-Mythos »Der Junge, den der Donner nach Hause zurückbrachte« lehrte das Donnerwesen einen Jungen, der von seinem grausamen Stiefvater fortgejagt worden war, den Heißwasser-Ritus. Der Donner, der hier in Gestalt eines berittenen Mannes auftritt, rettete den Jungen und brachte ihn zu seinen Eltern zurück. Der Donner brachte dem Jungen bei, wie man den Heißwasser-Tanz mit Hilfe eines Clownkrauts, einer pflanzlichen Zubereitung, die man auf die Hände gab, um sie gegen Verbrühungen zu schützen, durchführen konnte. Zwei Jahre später, als der Junge acht Jahre alt geworden war, führte er den Tanz auf[137].

Dieser Mythos berichtet über den Ursprung des Heißwasser-Ritus. Da hierbei aber auf das Clownkraut verwiesen wird, konnten Clownerien ein ursprüngliches Bestandteil des Ritus gewesen sein. Weder Clownerie, noch konträres Verhalten werden jedoch direkt als Element des Mythos erwähnt.

Der Mythos des Mysteriensees

Der Ursprung konträren Verhaltens findet sich im Mythos des »Mysterious Lake«, der von Linkem Reiher (Left Heron) erzählt wurde. Eines Tages begehrte der »Trickster«, *Iktomi,* die Tochter des Sioux-Häuptlings. Er plante, sie zu verschleppen, und versprach ihr, daß sie niemals zum See gehen müsse, um Wasser zu holen, solange sie jede

[136] Brown (1953); Powers (1987: 435).
[137] Beckwith (1930: 415–416).

Nacht in den aus Rinde hergestellten Wassertopf urinierte. In der folgenden Nacht folgte sie seinen Anweisungen. Am nächsten Morgen tobte der Häuptling vor Wut, nachdem er aus dem Topf getrunken hatte, und schwor, denjenigen in den See zu werfen, der in den Wassertopf uriniert hatte.

Auf diese Weise narrte der Trickster den Häuptling, der seinen Schwur halten mußte und seine Tochter in den See werfen ließ, der später als Mysteriensee bekannt wurde. Der Trickster hatte veranlaßt, daß der Häuptling der Biber die Tochter in seinem Unterwasser-Tipi versteckte. Weder das Wasser-Ungeheuer, das die Häuptlingstochter zur Frau nehmen wollte, noch der Donnervogel, den der Häuptling beauftragt hatte, seine Tochter wiederzufinden, waren imstande, das Mädchen zu entdecken. Nach dem Verlust seiner Tochter verfiel der Häuptling in lebenslange Trauer. Er übernahm Heyoka-Attribute, hielt sich von den anderen fern und vollbrachte fremdartige und widernatürliche Dinge.

Der Mythos vermittelt recht klar den Eindruck, daß der Häuptling nicht wegen seiner großen Trauer auf Heyoka-Art handelte, sondern weil er den Donnervogel fälschlicherweise beschuldigt hatte, nicht versucht zu haben, seine Tochter zu finden. Diese Beschuldigung verärgerte den Donnervogel, der daraufhin schwor, niemals wieder Menschen zu helfen. Seit dieser Zeit wurde jeder, der den Donnervogel oder einen seiner Marschälle sah, zum Heyoka. Heyoka-Verhalten wurde daher vom Haß des Donnervogels verursacht[138].

Der Westwind möchte den Donner sehen

In einem Schöpfungsmythos wird, wie George Sword erzählt, für den Ursprung konträren Verhaltens ebenfalls das Donnerwesen verantwortlich gemacht. Die vier Winde waren Brüder; sie brachen auf, um die vier Himmelsrichtungen festzulegen. Eya, der Westwind, begab sich auf den Gipfel eines hohen Berges zur Wohnung des Donners

[138] Walker (1983: 130–133); Wissler (1912: 84). Es wäre eine zu starke Vereinfachung, aus diesem Mythos zu schließen, daß der Trickster konträres Verhalten eingeführt hat. Darüber hinaus ist es ein Fehlschluß, anzunehmen, daß man durch eine Vision des »Tricksters« zum Heyoka wurde, wie Makarius (1970: 45) behauptet.

und wünschte, ihn zu sehen. Eine Schwalbe, Vertreterin des Donners, flog auf und erläuterte, daß, wenn man den Donner sah, man Heyoka sein würde, und für immer auf widernatürliche Weise handeln und sprechen müsse. Der Westwind beharrte jedoch auf seinem Wunsch, den Donner zu sehen. Daraufhin stieg Donner von seiner Wohnung auf. Er war ein Ding ohne bestimmte Gestalt, von dessen Flügelschlägen Donnern ausging und dessen Augen Blitze schleuderten. Westwind verfolgte gebannt, was geschah. Donner verwandelte sich dann in einen starken Mann. Westwind wurde nicht zum Heyoka; Donner hatte es ihm erlassen, da er und seine drei Brüder noch die Himmelsrichtungen festzulegen hatten. Nach diesen Ereignissen wurden Donner und Westwind gute Freunde[139].
Nach einer anderen Version dieses Mythos erklärte die Schwalbe, daß man nur dann Heyoka würde, wenn man das wirkliche Donnerwesen sähe, begegnete man aber Heyoka, so ließe sich dies vermeiden. Westwind wünschte sich, sowohl Donner als auch Heyoka zu sehen. So begegnete er einem gestaltlosen Donnervogel, der sich in einen riesigen Mann verwandelte. Donner fand Gefallen an Westwind und machte ihn nicht zum Heyoka, weil er mutig war und vor dem furchterregenden Angesicht nicht zurückwich[140].

Die Mythen bestätigen, daß das Donnerwesen den zentralen Ritus der Heyoka-Zeremonie einführte. Gleichermaßen unterstreichen sie die Behauptung, daß das Donnerwesen, oder einer seiner Marschälle,

[139] Walker (1983: 81–82).

[140] Walker (1917: 172–173). In Walkers literarischer Rekonstruktion der Teton-Mythen wurde Westwind zum Heyoka und begann konträr zu handeln, nachdem er den schrecklichen und gestaltlosen Donnervogel erblickt hatte. Da der Donnervogel so furchterregend war, erschrak jeder, der ihn sah, dermaßen, daß er zum Narren wurde und anfing, clownesk zu handeln (Walker 1983: 213). Westwind zeigte jedoch keine Angst, was eigentlich die normale Reaktion auf den Donnervogel gewesen wäre. Er rief dem Donnervogel Verwünschungen und Beleidigungen zu, der sonst mit Respekt und Hochachtung behandelt wurde. Der Heyoka-Status dauerte für Westwind nur einen Augenblick, er hörte sofort auf, Heyoka zu sein, als der Donnervogel die freundliche Gestalt eines Riesen annahm (Walker 1983: 318–321). In Anschluß an diese Interpretationsfolge vermutet Deloria (1944: 53), daß, weil Donner unberechenbar und grillenhaft ist (Blitz stellt zusätzlich eine immer bevorstehende Gefahr auf den Plains dar), man auf ähnliche Weise an den Donner appellieren mußte. Wollte man die Donnerwesen anbeten und besänftigen, so mußte man närrisch und auf umgekehrte Weise handeln.

die Menschen zum Heyoka machte, zumindest bei den Teton[141].

Eine Institution für Exzentriker?

Verschiedene Theoretiker haben Hypothesen über die mögliche soziale Bedeutung der Heyoka-Organisation entwickelt. Jeannette Mirsky bot beispielsweise eine Interpretation an, die psychologische Faktoren heranzog. Nach ihrer Sicht herrschte in der Sioux-Kultur ein offener Wettkampf zwischen ihren (männlichen) Mitgliedern, bei dem es darum ging, für sich selbst Prestige zu erlangen und anderen ihren Ruhm streitig zu machen. Solche Personen jedoch, die dem engen sozialen Rollenmuster nicht beipflichten konnten, zeigten exzentrisches oder abweichendes Verhalten. Sie wurden nicht aus der Gesellschaft ausgeschlossen, man übertrug ihnen vielmehr besondere Privilegien. Diese Personen wurden in Institutionen wie den Heyoka oder den *Berdache* eingegliedert. (*Berdache* waren besondere Plainsmänner, die in Arbeit und Kleidung eine Frauenrolle übernahmen und oft Männer heirateten.) Ihre »Abweichung« wurde aus dem Übernatürlichen sanktioniert. So wurden sie nicht für ihr eigenes Verhalten verantwortlich gemacht und konnten funktionierende Mitglieder der sozialen Gruppe bleiben[142].

Diese Ansicht unterschätzt die überwältigende Hingabe der Indianer an die Religion und an spirituelle Dinge. Die außerordentliche Reichweite dieser Hingabe ist in der Literatur auf vielfältige Weise nachgewiesen. Ich betrachte die Heyoka weder als Institution für Exzentriker noch als eine Institution, die solche Personen von ihrer Verantwortung befreien sollte. Eine der großen Errungenschaften der Plainsethnologie besteht darin, den außergewöhnlichen Reichtum und die Komplexität der Religion, der Gedanken, der Zeremonien und der Spiritualität aufgedeckt zu haben. Reduktionistische Betrach-

141 Wie bereits vorher ausgeführt, stellten sich die Santee-Sioux und ihre kanadischen Verwandten den Heyoka viel klarer als separates und ausgeprägtes, übernatürliches Wesen vor. Möglicherweise begann der übernatürliche Heyoka als Repräsentant oder als Variante des Donnerwesens und wurde nur bei den kanadischen Sioux und den Santee-Sioux zu einem eigenständigen Wesen.

142 Mirsky (1937: 408–409, 415–416).

tungen der Plainszeremonien, wie etwa die von Mirsky, lassen sich nur schwer in die gegenwärtige ethnologische Sicht der religiösen und spirituellen Welt der Plainsindianer integrieren.

Eine Institution für »Schwachsinnige«?

James Howard bewertete den Status des Heyoka-Kults in den frühen fünfziger Jahren. Er schloß, daß der Kult in manchen Gebieten *»fast zu einer Farce degeneriert«* war, bei der jeder die Rolle eines Heyoka spielen konnte, während er in konservativeren Gemeinschaften immer noch im religiösen Kontext bedeutsam war. In allen Fällen, bei denen eine traditionelle Heyoka ausgeübt wurde, machte die Heyoka-Person eine übernatürliche Erfahrung, die ihn zum »Clowntanz« bestimmte, d. h. bei einem Heyoka-Tanz aufzutreten. Diese Tänze wurden gewöhnlich einmal im Jahr gemeinsam mit dem Grastanz, oder als Teil dessen, abgehalten. Obwohl es nur einige wenige Mitglieder gab, nahmen alle teil. Außerhalb des Clowntanzes führten sie ein normales Leben, mit Ausnahme eines Tänzers, der seine Rolle ernster nahm:

In summer he may be seen wearing a heavy overcoat, rubber overshoes, and a fur cap and mittens. In winter, according to reports, he often wears a straw hat, sandals, and a »T« shirt, and will go forth without a coat in snowstorms[143].

Nach Howard gab der Heyoka-Tanz den Teilnehmern die Gelegenheit, Frustrationen abzubauen, die sich aus ihrem niedrigen sozialen Status ergaben. Clownfrauen können sich so über weiße Frauen lustig machen, und soziale Außenseiter über ihre Peiniger[144].

Howards Vermutung über die *moderne* soziale Funktion des Heyoka-Kults ergänzt die Gedanken Mirskys. Der Heyoka-Tanz wird als eine Möglichkeit genutzt, Frustrationen gefahrlos abzubauen, die sich entweder aus einem niedrigen sozialen Status (Howard) ergeben, oder aus der Unfähigkeit, sich den normalen sozialen Werten anzupassen bzw. diese zu akzeptieren (Mirsky und Howard).

143 Howard (1954: 257).
144 Howard (1954: 256–258).

Thomas Lewis kombiniert im wesentlichen diese Gedanken und vermutet, daß die gegenwärtige Heyoka der Oglala-Sioux eine Institution darstellt, die abweichendes Verhalten sanktioniert, indem *»den untauglichen, den vernachlässigten, den deprimierten und den gemiedenen Personen«* eine Gelegenheit geboten wird, sich selbst auf den Arm zu nehmen[145].

Berücksichtigt man die drastischen Veränderungen, denen die traditionelle Plainskultur unterworfen wurde, so ist es denkbar, daß diese Funktion der Heyoka erst in der Moderne Bedeutung erlangt hat. Ich bezweifle, daß die soziale Funktion der Heyoka in der Vergangenheit lediglich darin bestand, ein Ausdrucksmittel für sozial und/oder psychisch deviante Personen oder Schwachsinnige zu bieten. Der Heyoka-Kult war in vielerlei Hinsicht von Bedeutung, aber ich glaube nicht, daß seine wesentliche Funktion darin lag, den Niedergetretenen und »subnormalen« Individuen einen Weg in die Gesellschaft zu bescheren. Howard schränkte seinen Kommentar über die gegenwärtige Heyoka insofern ein, als er betonte, daß einige Heyoka-Personen sehr intelligent gewesen seien und als Anführer der Gemeinschaft gedient hätten[146]. In diesem Zusammenhang fand er es immerhin wichtig, auf die Folgerung Walkers hinzuweisen, wonach es dem Heyoka – obwohl diese Rolle ein gefürchtetes Unglück war – insgesamt doch möglich gewesen sei, Wertschätzung und Vertrauen zu erlangen und eine in der Gemeinschaft wichtige Persönlichkeit zu werden, wenn er seine geistigen Fähigkeiten zur rechten Zeit einsetzte[147].

Eine Zeremonie für öffentliche Demütigung?

Frances Densmore nannte den Heyoka »eine Zeremonie öffentlicher Demütigung«[148]. Ihr Hauptinformant über den Heyoka war Einsamer Mann. Er beschrieb seine Gefühle und Gedanken zu seiner Heyoka-Erfahrung:

[145] Lewis (1974: 30; 1970: 17).
[146] Howard (1954: 258).
[147] Wissler (1912: 85).
[148] Densmore (1918: 158, 164, 166). DeMallie (1987: 37) wiederholt diesen Punkt und spricht auch von dem Heyoka als »a ceremony of public abasement«.

All who dream of the thunderbirds in any of their manifestations have a deep sense of their own unworthiness. I knew that I was only an ordinary mortal and had often done wrong, yet the riders in the air had disregarded this . . . (They) had given me a chance to redeem myself. I wanted to make a public humiliation to show how deeply I realized my unworthiness[149].

Indem er sich freiwillig der Demütigung durch die Heyoka-Zeremonie unterwarf, gelang es Einsamer Mann, sein Leben zu läutern. Einige Heyoka waren gezwungen, *»groteske und auf grausame Weise entwürdigende«* Dinge zu tun[150]. War dies noch nicht genug, so konnten andere Heyoka-Tänzer dem neuen Mitglied alle nur erdenklichen Streiche spielen, um es lächerlich erscheinen zu lassen[151]. Es war kritisch, wenn der frisch Initiierte einfach alle Streiche mitmachte – dies war völlig unangemessen für einen Heyoka. Im Gegenteil, der Kandidat *»muß so tun, als genieße er die Torturen«,* die ihm während der Zeremonie auferlegt wurden[152]. Handelte der Initiierte unangemessen, so versagte er und mußte die Zeremonie wiederholen.

Für manche frisch Initiierte war es kein Problem, während der Zeremonie auf die richtige Weise konträr zu handeln. Sie mochten ein natürliches Talent zum Clown haben oder überhaupt die Fähigkeit, Leute zum Lachen zu bringen. Ihre Schlagfertigkeit konnte ihnen unter Umständen Gewinn und Anerkennung bringen.

Einige neu aufgenommene Teton-Heyoka fühlten sich verlegen oder erniedrigt. Im Gegensatz hierzu gibt es bei den kanadischen Sioux keine Hinweise darauf, daß sich ein Heyoka-Anfänger durch die Zeremonie selbst erniedrigt fühlte. Manche von ihnen jedoch, besonders die Heyoka-Jäger, empfanden die Jagd als Erniedrigung. Daher konnte für manche die Zeremonie selbst bereits eine Erniedrigung bedeuten, während sich dies für andere erst durch beschämende und unwürdige Handlungen ergab, die außerhalb der eigentlichen Heyoka-Zeremonie aufgeführt werden mußten.

[149] Densmore (1918: 164).
[150] Deloria (1944: 54).
[151] Wissler (1912: 85). In solchen Fällen entsteht der Eindruck, daß nicht die Handlungen, sondern die empfundene Erniedrigung eine Prüfung oder Initiation in den Kult darstellte.
[152] Walker (1917: 68).

Eine Lektion in Demut

Für die spirituelle Tradition der Sioux war es von fundamentaler Bedeutung, eine demütige Haltung im Leben und im Gebet aufrechtzuerhalten. Im Gebet flehte man die übernatürlichen Wesen an, indem man sich vor ihnen bemitleidenswert zeigte. Die Suche nach Visionen wurde als »trauern« oder »flehen um Visionen« bezeichnet[153].

Joseph Epes Brown setzte diese Demutshaltung mit dem strengen religiösen Konzept der »spirituellen Armut« gleich. Zur Demut gehört, daß man sich *»niedriger als selbst die kleinste Ameise«* stellt, wie Schwarzer Hirsch (Black Elk) es gewandt darstellt[154]. Die außergewöhnlichen Fähigkeiten, die man besaß, wurden von übernatürlichen Kräften erlangt. Demut impliziert, über sich selbst lachen zu können, und, wie die Heyoka zeigt, es zuzulassen, daß andere über einen lachen. Stolz ist also ein Hindernis für spirituelle Wahrnehmung.

Einsamer Mann und seine Gefährten mußten zunächst das Bewußtsein erlangen, daß sie unwürdig waren, bevor sie überhaupt erst Heyokas werden konnten. Die Heyoka-Zeremonie durchzuführen diente zumindest dazu, daß man sich besser fühlte, mehr mit sich im reinen war. Mit der Zeremonie erhob man sein spirituelles Engagement ins öffentliche Interesse. Es ist wahrscheinlich, daß es nicht die wesentliche spirituelle Funktion der Zeremonie war, sich seiner Nichtigkeit zu vergegenwärtigen, denn diese Haltung war nicht ausschließlich für den Heyoka von Bedeutung, sie prägte vielmehr das ganze Leben. Beispielsweise wurden auch das Leiden und das Opfern im Sonnentanz oder bei der Suche nach Visionen als Zeichen der Demut und als Demonstration der Dankbarkeit gegenüber dem Übernatürlichen verstanden[155].

»Schwarzer Hirsch spricht« über die Heyoka

Der im Jahre 1932 erstmals veröffentlichte religiöse Klassiker *Black Elk*

153 DeMallie (1984: 56, 83; 1987: 42); Brown (1953: 54n). Trauern oder Weinen stellte kein Zeichen der Hoffnungslosigkeit dar, sondern eine rituelle Grundhaltung.

154 Brown (1953: 54n).

155 Dugan (1985: 122, 143, 146).

Speaks entstand aus der Zusammenarbeit und aus Gesprächen zwischen Schwarzem Hirsch (in der deutschsprachigen Literatur oft fälschlich als Schwarzer »Elch« übersetzt), dem berühmten heiligen Mann der Oglala-Sioux, und John Neihardt, einem Dichter aus Nebraska. Die Übertragungen der Gespräche, die Neihardt mit Schwarzem Hirsch geführt hat, sind ebenfalls veröffentlicht und tragen zum Verständnis der Frage bei, wer (in Neihardts Buch) wirklich gesprochen hat, Schwarzer Hirsch oder Neihardt, eine Frage über die viel diskutiert worden ist[156]. Man kann zwischen Neihardts literarischer Interpretation des Heyoka-Kults, die er aus den Lehren von Schwarzem Hirsch abgeleitet hat, und einer Sicht, die Schwarzem Hirschs eigener Auffassung nahe kommt, unterscheiden.

Im Jahre 1873, als Schwarzer Hirsch neun Jahre alt war, wurde er krank und lag zwölf Tage ohne Bewußtsein, während derer er eine reiche und komplizierte Vision hatte, die sich aus zahlreichen Episoden zusammensetzte. Erst als er sechzehn Jahre alt war, begann die Bedeutung dieser Vision so auf ihm zu lasten, daß er furchtbare Angst vor dem Donnerwesen empfand. Er war aus einem bestimmten Grund gerufen worden, dessen Natur ihm jedoch unbekannt war.

I knew all the time I had something to do but I couldn't figure out what it was that I was to do that I didn't do . . . I just pondered and wondered and thought and it seemed that I just held back, but I did not want to tell mother and father, for they would think I was getting queer again. I would take my horse and go out by myself and compare everything on earth with the things in my vision[157].

Schwarzer Hirsch teilte seine große Vision schließlich dem Medizinmann Black Road mit, der – im Einverständnis mit anderen Ratgebern – Schwarzen Hirsch anwies, den Pferdetanz als ersten Teil seiner Vision aufzuführen. Als weitere Teile sollte er die Büffel- und die Hirschzeremonie abhalten. Er tanzte den Pferdetanz und begab sich im Jahr darauf auf eine Visionssuche. Beim Fasten erhielt er eine Vision, die sogenannte »Hundevision«. Die alten Männer, die Schwarzer Hirsch um Rat fragte, entschieden, daß es nun Zeit sei für Schwarzer Hirsch, sowohl den Menschen zu helfen als auch die Heyoka-Zeremonie abzuhalten.

[156] DeMallie (1984).
[157] DeMallie (1984: 213–214).

In diesem Sommer veranstaltete Schwarzer Hirsch die Zeremonie gemeinsam mit One Side. Zu Pferd ritten sie einen Scheinangriff auf das Faß und spießten Kopf und Herz des Hundes auf, bevor sie den Rest des Fleisches mit bloßen Händen aus dem kochenden Wasser holten[158]. Die Zeremonie bewies den Stammesgenossen, daß Schwarzer Hirsch *Wakan*-Kräfte besaß. Einen Monat später vollbrachte er seine erste Behandlung[159].

Schwarzer Hirsch wollte Medizinmann werden und setzte dies auch in die Tat um. Wenn er es gewollt hätte, so hätte er auch ein großer Krieger und Kriegshäuptling werden können[160]. Seine Visionen sagten dies voraus und sanktionierten es. Er lebte einige Jahre lang als Medizinmann, wobei Heyoka-Fähigkeiten jedoch keine Rolle spielten.

Nicht alle, die von Donner geträumt hatten, waren *Contrary*-Heyoka, und ich würde Schwarzen Hirsch nicht explizit als einen *Contrary* bezeichnen. Der Lebensweg von Schwarzer Hirsch war auch nicht der eines Clowns. Er baute einmal ein funktionierendes Schwitzbad in einem schäbigen Hotelzimmer in Denver, wozu er lokkere Ziegel von der Feuerstelle, einige Stühle und eine Bettdecke verwendete. So wundersam und ungewöhnlich dies auch ist, betrachte ich es im Gegensatz zu Joseph Epes Brown nicht als Beispiel für konträres Verhalten[161].

Das Wahre der Vision

In den Originalaufzeichnungen der Gespräche zwischen Neihardt und Schwarzem Hirsch aus dem Jahre 1931 erklärte Schwarzer Hirsch, was die Heyoka für ihn bedeutete.

The heyoka presents the truth of his vision through comic actions,

[158] *DeMallie (1984: 234). Der »Angriff auf das Faß« war eine alte Übung bei vielen Kriegsritualen und nicht allein für die Heyoka charakteristisch. Auch beim Grastanz (Howard 1984: 173) und beim Yuwipi-Ritual der Oglala (Powers 1977: 152) kam dieses Element einmal vor.*

[159] *DeMallie (1984: 231, 235–240).*

[160] *DeMallie (1984: 132, 136).*

[161] *Brown (1979: 55, 57–58).*

the idea being that the people should be put in a happy, jolly frame of mind before the great truth is presented[162].

Der Satz »Das Wahre einer Vision« bezieht sich meiner Meinung nach auf die wirkliche Bedeutung, den Kern einer Vision. Das Verstehen einer Vision verlangte oft beträchtlichen Aufwand an Nachdenken und Beratungen. Wie Curtis ausgeführt hat, war es anerkannt, daß, obwohl das Wahre an einer Vision niemals in Frage gestellt wurde, eine Vision auch einmal falsch interpretiert werden konnte[163].

Als Folge seiner Darstellung der Heyoka-Zeremonie erkannte die Gemeinschaft, daß Schwarzer Hirsch *Wakan*-Kräfte besaß, die vorteilhaft für die Menschen waren. Mit dem Pferdetanz hatte er eine große Vision bereits teilweise erfüllt. Die meisten Menschen in Pine Ridge, wo er die Heyoka-Zeremonie durchführte und wo er eine ganze Reihe von Jahren lebte, hatten seinen Pferdetanz jedoch noch nie gesehen. Er beklagte sich, sie wüßten nichts von seiner Kraft[164]. Nach der Heyoka-Aufführung sagte er:

The people had seen with their own eyes that I had a certain power . . . Everybody was glad and they regarded this as a medicine to make them happier all around[165].

Das Wahre an der Vision von Schwarzer Hirsch zeigte seine außergewöhnliche Berufung zum Medizinmann, Krieger und Häuptling auf. Im späteren Leben von Schwarzer Hirsch wurden diese Ziele geändert und mit für die Indianer relevanten Bedürfnissen in Einklang gebracht. Er versuchte, einen spirituellen Rahmen für die Sioux zu schaffen und ihr religiöses und kulturelles Erbe zu erhalten[166].

»Neihardt spricht«

Bei seiner Wiedergabe der Geschichte von Schwarzer Hirsch offenbarte Neihardt sein eigenes poetisches und durchaus abweichendes Verständnis der Heyoka:

[162] DeMallie (1984: 232).
[163] Curtis (1908: 69).
[164] DeMallie (1984: 227).
[165] DeMallie (1984: 235).
[166] Brown (1982: 34); DeMallie (1984: 132, 136).

(In) the heyoka ceremony, everything is backwards, and it is planned that the people shall be made to feel jolly and happy first, so that it may be easier for the power to come to them[167].

Welche Kraft soll hier von den Menschen erlangt werden? Die Kraft, Menschen glücklich zu machen! Nach Neihardts Version ist diese Kraft besonders wichtig, wenn Menschen Kummer haben, weil sie ihnen hilft, die Verzweiflung abzustreifen. In einfachen und zwingenden Formulierungen schrieb Neihardt, daß sie ihnen hilft

to see (better) the greenness of the world, the wideness of the sacred day, the colors of the earth, and to set these in their minds.

The Six Grandfathers have placed in this world many things, all of which should be happy. Every little thing is sent for something, and in that thing there should be happiness and the power to make happy[168].

You have noticed that the truth comes into this world with two faces. One is sad with suffering, and the other laughs; but it is the same face, laughing or weeping. When people are already in despair, maybe the laughing face is better for them; and when they feel too good and are too sure of being safe, maybe the weeping face is better for them to see. And so I think that is what the heyoka ceremony is for[169].

Thomas Tyon und James Walker bemerken, daß die Heyoka-Tänzer das Ziel verfolgten, die Menschen zum Lachen zu bringen und etwas Schönes erleben zu lassen, und unterstützen damit Neihardts Interpretation[170].

Der spirituelle Aspekt des Heyoka-Clowns

Brown war von Schwarzer Hirschs Lehren über die Heyoka tief beeindruckt. Wozu ist das Leben gut ohne Lachen, räsoniert Brown. Ritueller Humor ist der heiligen Erfahrung nicht nur angemessen, sondern eine wesentliche Grundlage für sie. Lachen öffnet und schafft

167 Neihardt (1979: 188).
168 Neihardt (1979: 193).
169 Neihardt (1979: 188–189, in nicht kursiv ergänzt).
170 Walker (1980: 156); Wissler (1912: 85).

dadurch die Basis für eine tiefergehende Teilnahme an den heiligen Dimensionen dessen, womit sich ein bestimmter Ritus beschäftigt[171]. Mit anderen Worten ist Humor ein effektiver Kunstgriff, der es einem erlaubt, auf anderen und tieferen Ebenen der Realität zu leben. Dies ist die »Weisheit der *Contraries*« und die Nützlichkeit des »heiligen Narren«[172]. Jene, die dem konventionellen Verhaltensmuster folgen, mögen auf närrisches und konträres Verhalten entsetzt reagieren. Brown meint hierzu, es sei gut, ein wenig aufgerüttelt zu werden. Entsprechend stoßen einen die *Contraries* und die Clowns weg von einer alten geistigen Ebene oder Ansicht und eröffnen so einen Weg zu den heiligen und verborgenen Ebenen der Wirklichkeit.

Neihardt verstand unter dem »Wahren einer Vision«, daß konträrer Humor, konträre Clownerien von vitaler Bedeutung für das Glücklichsein des Menschen sind. Brown hingegen glaubt, daß konträre Techniken dem Menschen helfen können, die Realität auf einer tieferen Ebene zu empfinden.

Ich leugne den Wert dieser Interpretationen rituellen Humors nicht. Dennoch glaube ich, daß Schwarzer Hirsch sich auf etwas noch Grundlegenderes bezog, wenn er sagte, daß die Heyoka das Wahre einer Vision durch komische Handlungen darstellte. Der Heyoka-Kult diente nicht nur dazu, die Menschen in schweren Zeiten glücklich zu machen oder ihnen zu erlauben, ein religiöses Leben besser zu würdigen. Man darf nicht vergessen, daß das Heyoka-Mandat über eine Mordtat hinwegsehen lassen konnte. Dies schuf jedoch keine glückliche geistige Verfassung. Hierbei half auch nicht weiter, sich in der Schlacht um des Konträr-Seins willen zu opfern.

Die Heyoka-Zeremonie bot häufig eine Gelegenheit, der Öffentlichkeit mitzuteilen, daß man vorhatte, sich in einer religiösen Karriere zu engagieren. Die Heyoka-Zeremonie aufzuführen wurde als sehr *wakan* betrachtet[173]. Das Recht, diese Zeremonie abzuhalten, wurde einem nur dann verliehen, wenn man eine besondere Offenbarung empfangen hatte. Dieser Traum oder diese Vision konnten den Kern einer Berufung bilden.

[171] Brown (1979: 56–58, 60–65). Tedlock (1975: 109) folgt seiner Meinung; sie führt aus, daß Clowns das wahre Gefüge der Religion einer Gesellschaft am Leben erhalten, indem sie höhere Wahrheiten aufdecken.

[172] Brown (1979).

[173] Walker (1980: 156).

Die Teilnahme an einer Heyoka-Zeremonie war für viele ein Meilenstein ins Erwachsenenalter oder überhaupt ein wesentlicher Schritt im Leben. Sie gab der Gemeinschaft die Möglichkeit anzuerkennen, daß der Heyoka-Darsteller *Wakan*-Kräfte besaß und möglicherweise für das Leben eines Heiligen bestimmt war.

Bestreben und Lernen

Heyoka-Personen vollbrachten große Leistungen: folglich waren sie *wakan*. Sie erlangten ihre Fähigkeiten von den Donnerwesen oder dem übernatürlichen Heyoka. Wie andere Menschen mit übernatürlichen Kräften waren Heyoka verpflichtet, sie zu gebrauchen. Die formale Pflicht eines jeden Heyoka bestand darin, die Heyoka-Zeremonie zu leiten. Für manche Heyoka war ihre Aufgabe damit erfüllt. Für andere Heyoka jedoch konnten weitere Verpflichtungen in Form von Anweisungen, Bitten und Befehlen bestehen. Versäumte man, diese Verpflichtungen zu befolgen, so war eine Bestrafung aus dem Übernatürlichen unvermeidlich.

Einzigartig für den Heyoka waren Verpflichtungen, die von ihm verlangten, widernatürliche, unerwünschte oder sogar gefürchtete Taten zu vollbringen. Einige dieser Verpflichtungen waren sehr genau festgelegt, andere wiederum waren sehr vage, und wieder andere waren sehr ernst oder konnten nur nach sehr langwierigen Bemühungen erfüllt werden. In vielen Fällen mußten sich die Heyoka hierbei auf ihr eigenes Empfinden dessen, was das Wahre ihrer Vision und ihres Heyoka-Seins bedingte, verlassen.

Die Heyoka waren wie andere *Wakan*-Menschen. Wie Densmore darlegte, verlangte es Bestreben und Lernen, seine Vision zu meistern, oder, mit DeMallie, Willenskraft und Klarheit des Verstehens[174]. In welche Richtung auch immer sich die *Wakan*-Karriere entwickelte, sie war vom Wunsch geprägt, das Ziel zu verwirklichen, der Berufung nachzukommen und die Kräfte zu verwenden, mit denen man ausgestattet war.

Die Heyoka konnten sich konträr, absurd, lächerlich, geheimnis-

[174] Densmore (1918: 85n); DeMallie (1984: 116n).

voll, heilig oder erschreckend verhalten. Für die Kunst, ein Heyoka zu sein, ob als Clown oder als *Contrary*, waren die individuelle Ausdrucksfähigkeit und die Fähigkeit zur Erneuerung lebenswichtig.

Der Heyoka-Kult diente dem individuellen Trachten nach übernatürlichen Kräften. Bestand hierin die soziale und geistige Funktion des Heyoka-Kults? Einige haben die Heyoka als eine Form sozialen Schutzes für Personen, die nicht anders konnten, als widernatürlich zu handeln, betrachtet. Andere interpretieren sie als soziale Zuflucht für jene, die durch äußere soziale Bedingungen unterdrückt werden. Diese Sicht mag für den gegenwärtigen Heyoka-Kult zutreffen, sie scheint jedoch nicht den Kern des Kults in historischer Zeit gebildet zu haben.

Andere betrachten die soziale Funktion des Heyoka-Kults unter dem Aspekt der rituellen Clownerien. Clownerien verbreiten Gelächter und Frohsinn. Im rituellen Kontext tragen Lachen und Humor zur Erhaltung der sozialen Normen und der Moral bei. In spirituellen Zeremonien kann das Lachen dazu dienen, ein tieferes Verständnis der Realität zu erlangen.

Die Suche nach der sozialen Funktion der Heyoka impliziert, daß sie tatsächlich sozialen Belangen diente. Ist eine Institution ungünstig oder sogar hemmend für soziales Wohlsein, so hatte sie entweder niemals eine soziale Funktion, oder sie hat sie verloren.

Der Karriere-Heyoka, der die Kunst konträren Lebens ausübte, konnte wohltätig sein, aber auch die Gesellschaft spalten. Durch die Betrachtung des Heyoka als Clown glaubt man die sozial aufsplitternde Seite des Heyoka erklären zu können. Wie in einem früheren Kapitel dargestellt, besagt eine der vorherrschenden Theorien über rituellen Humor, daß Clowns soziale Standards unterstützen, indem sie sie brechen. Clowns ist es erlaubt, sie zu brechen, während wirkliche Gewalttäter nicht toleriert würden. Es soll hier jedoch nochmals betont werden, daß konträres Verhalten der Heyoka rituelle Grenzen überschritt und oft wenig mit Frohsinn und Lachen gemein hatte. Daher können konträres Verhalten und die Heyoka nicht allein als Formen von rituellem Humor erklärt werden.

Das zeremonielle System der Plainsindianer gab spirituellen und heiligen Überzeugungen tiefen Ausdruck. Tatsächlich kreisten die wesentlichen Komponenten der Plainskultur, wie das soziale Leben, der Krieg, die kollektive Büffeljagd u.a. um den Zeremonialismus.

Von den Indianern wird gesagt, sie hätten ihre Religion *»aus sich heraus getanzt«*. In dieser Hinsicht wurden die Sioux *»die tanzenden Indianer«* genannt, da sie soziale und spirituelle Belange vor allem durch ihre Tänze, Rituale und Zeremonien ausdrückten[175]. Konträres Verhalten mag unnatürlich gewesen sein, es widersprach jedoch nicht der geistigen Tradition und der religiösen Erfahrung der Indianer.

Zusammenfassung

Nur wenige Sioux waren Heyoka-Träumer. Innerhalb der Heyoka-Institution schlugen sie Laufbahnen mit unterschiedlich ausgerichteten Zielen ein. Der Kult hatte keine einfach definierten sozialen, religiösen oder spirituellen Ziele. Alle Mitglieder teilten ähnliche übernatürliche Träume oder Visionen, und alle nahmen mindestens einmal an zeremoniellen Clownerien teil. Nicht alle verhielten sich konträr; die Heyoka hatten keine allgemeine Verpflichtung zu konträrem Verhalten. Die Heyoka-Jäger zum Beispiel mußten über die Jagd die Unwahrheit erzählen. Heyoka-Clowns verwendeten absurdes oder konträres Verhalten als humoresken Kunstgriff in ihren Vorführungen. Die *Contrary*-Heyoka handelten außerhalb zeremonieller Bereiche närrisch und konträr.

[175] Catlin (1842: 244).

Ein wichtiger Teil der Kostüme der Verrückten-Tänzer der Gros Ventre war ein Stirnband, das vorne mit Eulenfedern und -schnabel geschmückt war (aus Kroeber 1908b). Die Verrückten-Tänzer handelten nur dann auf närrische Weise, wenn sie das Stirnband trugen. Wurde es entfernt, kehrten sie zu ihrem normalen Verhalten zurück.

Ein Verrückten-Tänzer der zweiten Stufe in voller Verkleidung mit einer Pfeife an der Halskette (aus Kroeber 1902–1907). In der Anfangsphase des Verrückten-Tanzes unterschied sich die Choreographie von anderen Tänzen der Arapaho dadurch, daß die Tänzer mit einer Hand die Augen beschirmten, die andere ausgestreckt und leicht nach unten hielten. Bis zu diesem Zeitpunkt war nichts Verrücktes während der Zeremonie geschehen.

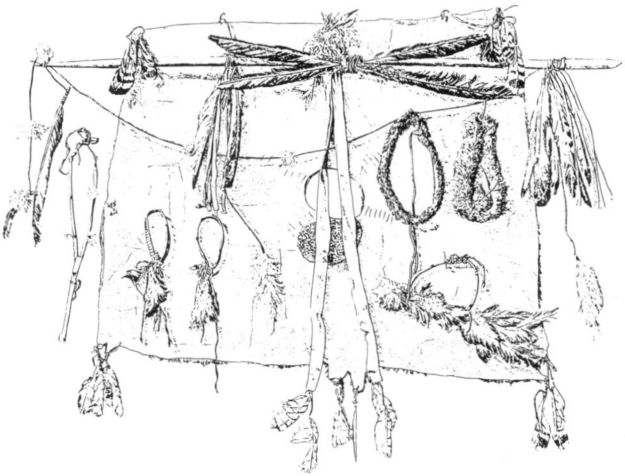

Verkleidung und Ausrüstungsgegenstände des Anführers der Verrückten-Tänzer der Arapaho, Weißer-Narr (aus Kroeber 1902–1907). Seine Bogenlanze (ca. 1,2 Meter lang) ist an einem Ende zugespitzt und am anderen wie ein Messer geformt. Der lockere Faden stellt die »Sehne« des Bogens dar. In der Mitte sind vier schwarze Adlerfedern angebunden sowie Grashalme und Salbei. Das Cape hat eine kreisförmige Klappe, Federn an den Ecken und wurde wie ein Poncho getragen. Folgende Gegenstände sind am Cape angebracht: zwei Beinbänder, die um die Knie getragen wurden (unten links), zwei Knöchelketten aus Wildkatzenhaut (an der »Sehne«, rechts) und ein Stirnband (unten rechts). Links vom Cape befindet sich eine Pfeife, die an einer Halskette befestigt ist.

Der rituelle »Flug der Pfeile« während eines Verrückten-Tanzes der Gros Ventre, fotografiert von Edward Sheriff Curtis (1909b). Die Clowns schießen ihre Pfeile senkrecht in die Luft und stehen bewegungslos unter den wieder herabfallenden Pfeilen. Es wurde gesagt, niemand sei jemals getroffen worden. Außerdem waren die Pfeile stumpf und ohne Spitze.

Ein Bogen, der von Verrückten-Tänzern der Gros Ventre verwendet wurde (aus Kroeber 1908b). An beiden Enden des meterlangen Bogens sind Hautstreifen mit Krähenfedern angebracht. In der Mitte des Bogens sind Eulenfedern angebunden. Die Bogensehne fehlt.

Die Verrückten-Tänzer der Gros Ventre rennen herum und schießen mit stumpfen Pfeilen auf Leute, fotografiert von Curtis (1909b). Nach dem »Flug-der-Pfeile«-Ritus war es den Verrückten-Tänzern erlaubt, jedermann Streiche zu spielen. Im allgemeinen trieben sie soviel Schabernack wie nur möglich.

Das Heyoka-Wesen, nach einer Zeichnung von White Deer (in Schoolcraft 1852). Das Heyoka-Wesen hält eine Rehhufrassel in einer Hand und Pfeil und Bogen in der anderen. Es verwendet einen Frosch als Pfeilspitze und hat eine sehr lange Pfeife oder Flöte im Mund. Von seiner zweispitzigen Haube strahlen Blitze aus. Es ist ein Vogel an ihr befestigt, der vermutlich einen Boten darstellt. Er hängt die Hirsch- und Vogelornamente über (als Heyoka also unter) seine Tür. Die Wellenlinien, die ihn umgeben, stellen Blitze dar, oben sind Meteore symbolisiert.

Der Gott der Kräuter, nach einer Zeichnung von einem Santee-Künstler (aus Eastman 1853a). Dieser Gott war befähigt, Menschen verrückt zu machen und Jagdglück zu schenken. Er trägt eine Rassel aus Rehhufen, eine Haube mit Blitzstrahlen, einen stumpfen Pfeil und bläst eine Pfeife. All diese Merkmale findet man auch in den Vorstellungen der Sioux-Indianer über den Heyoka. Es ist daher nicht klar, inwieweit der Kräutergott wirklich einen eigenen Status gegenüber dem Heyoka-Wesen einnimmt.

Eine Heißwasser-Vorführung der Santee-Sioux, Lithographie nach Seth Eastman (1853b). Heyoka-Mitglieder tanzen in einem Tipi um einen Kessel herum, in dem Fleisch gekocht wird. Einer der Tänzer holt mit bloßen Händen ein Stück heißes Fleisch aus dem Kessel. Die Kopfbedeckungen sind aus Birkenrinde, haben zwei Spitzen, sind konisch geformt und mit Zickzacklinien, die Blitze darstellen, bemalt.

Eine Heißwasser-Vorführung, nach einer Skizze von einem Santee-Sioux (aus Eastman 1953b). Hundefleisch wird im Tipi gekocht. Die vier oberen Figuren sammeln Wurzeln, die sie vor Verbrühungen schützen. Die vier unteren Figuren tanzen um einen heiligen Stein und um einen Ständer mit daran hängenden Fleischstücken. Zwei Figuren tragen zweispitzige Kopfbedeckungen mit Zackenlinien, die Blitze darstellen. Sie tragen Bogen und Pfeile mit harmlosen Spitzen. Manche Figuren tragen Rasseln aus Rehhufen.

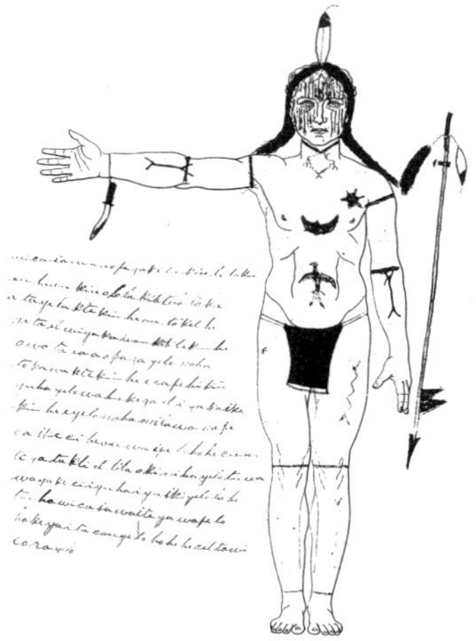

Insignien eines Heyoka-Kriegers (aus Walker 1980). Donnerbär (Thunder Bear) wurde im Jahre 1912 beauftragt, Bilder von der Körperbemalung und von den Insignien von Teton-Kriegern anzufertigen. Er erhielt vorgedruckte Umrißzeichnungen von nackten Männern, die er entsprechend ausmalte. Dieser Heyoka-Krieger war deshalb ungewöhnlich, weil er nur mit einem Messer kämpfte. Das Messer ist an seiner Hand festgebunden, was bedeutet, daß er einen Skalp gewonnen hat; letzterer ist an den Coupstock gebunden. Donnerwesen, Sonne und Mond, von denen er Visionen erhalten hatte, sind auf seinen Oberkörper gemalt. Die gegabelten Linien auf seinen Armen und auf einem Bein symbolisieren Verbindung mit dem Donnerwesen.

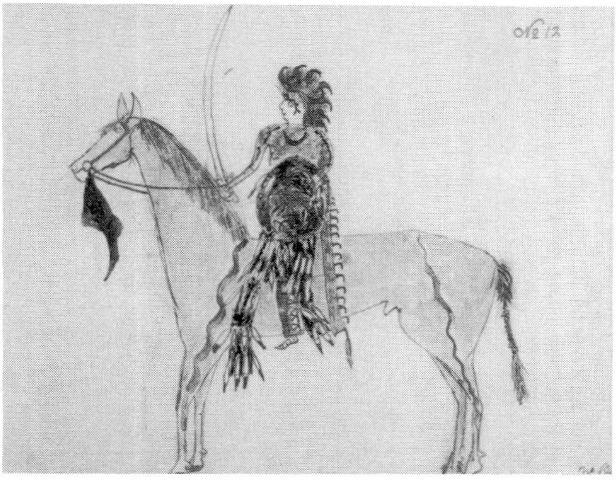

Ein Heyoka-Krieger zu Pferde, von Donnerbär gezeichnet (aus Walker 1980). Die gegabelte Zickzacklinie, die sich über sein Gesicht zieht, zeigt an, daß er Mitteilungen von dem Donnerwesen erhalten hat. Sein Holzschwert bedeutet, daß er mit wenigen Waffen in den Kampf zog. Auf seinem heiligen Schild befinden sich Darstellungen des Donnerwesens, des Mondes und eines Stiers.

Heutiger Heyoka-Tänzer der Oglala-Sioux, von Gwen Leighton gezeichnet (aus Lewis 1990).

Heutiger Heyoka-Tänzer, fotografiert von Laubin (1977). Als Kind hatte er, als er sehr krank war und im Koma lag, einen Heyoka-Traum gehabt. Da er gesund wurde, führte er später einen Heyoka-Tanz auf, der von den Zuschauern sehr genossen wurde. Er trägt schäbige Leggins, eine Levis-Jacke und eine schwarze Maske mit einer rosaroten, flauschigen Feder an der Spitze der langen Nase. Sein Bogen ist ein gebogener Stock, und die Pfeile sind mickrig.

Tanz des Büffel-Traumkults der Oglala-Teton Sioux, an dem ein Heyoka-Tänzer teilnimmt, von Amos Bad Heart Bull gezeichnet (aus Blish 1967). Der Büffelimitator, ein Schamane, trägt einen Büffelkopf und ein Fell. Er war von einem nackten Jäger angeschossen worden und wird von Wolftänzern verfolgt, wie es in der Illustration gezeigt wird. Der Büffel stolpert, spuckt Blut und hustet die Pfeilspitze aus. Ein anderer Schamane wird ihn später heilen. Die Rolle des Heyoka (im oberen Bild links unten und zur Verdeutlichung nachgezeichnet im unteren Bild), der in diesem Tanz in entgegengesetzter Richtung zu den anderen tanzt, ist unbekannt.

Schwarzer Hirsch betet im Jahre 1931 auf dem Harney Peak für sein Volk (aus DeMallie 1984).

Mutiger Wolf, eine ehemaliger Cheyenne-*Contrary* (aus Grinnell 1923). Er war in den zehn Jahren, in denen er *Contrary* war, immer rot angemalt und trug nur Leggins, Mokassins und eine Decke aus alten Tipi-Häuten.

Contraries der Cheyenne von einem Cheyenne-Künstler angefertigt (aus Dorsey 1905). Die *Contraries* waren immer auf den Krieg vorbereitet und entsprechend bekleidet. Ihre Körper und Umhänge aus Büffelleder waren deshalb rotbemalt. (Aus demselben Grund war der *Contrary* der Comanchen weiß und der der Pawnee schwarz bemalt.) Ihre Bogenlanze ist ungefähr acht Fuß lang, wie ein Bogen geformt und mit einer sechs Zoll langen Speerspitze versehen. Am anderen Ende sind Eulenfedern angebunden, und Elsterfedern schmücken den Schaft des Bogens.

Pehriska-Ruhpa, ein *Contrary* der Hidatsa in Tanzkleidung, Aquatinta nach Karl Bodmer (New York Public Library). Nur die Anführer des Kriegerbundes, die Hunde, wurden Wahre Hunde genannt und nur die Wahren Hunde können als Contraries bezeichnet werden. Im Bild trägt Pehriska-Ruhpa eine Rehhufrassel in der einen und Pfeil und Bogen in der anderen Hand. Die prachtvolle Haube besteht aus einer Wildledermütze und ist vollständig mit Elsterfedern bedeckt. Hinten ist sie mit einem kompletten Adlerschwanz, bestehend aus zwölf Federn, geschmückt. Um seinen Hals trägt er eine lange rote Schärpe, deren freies Ende während eines Kampfs am Boden festgebunden wird.

Ein Schärpenkrieger des Koitsenko-Bundes der Kiowa, gemalt von Lee Tsatoke (aus Boyd 1983). Im Krieg war es die Verpflichtung dieses Kriegers, seine Rehhufrassel zu schütteln und das Lied seines Bundes zu singen: »O Sonne, Du bist für immer, aber wir Koitsenko müssen sterben. O Erde, Du bist für immer, aber wir Koitsenko müssen sterben« (Mooney 1893: 329). In der Schlacht befestigt er seine lange Schärpe mit einem Pfeil am Boden und hält ungeachtet der Folgen stand.

Kiowa Kalenderzählungen, die die Initiation in den Koitsenko-Bund während des sommerlichen Sonnentanzes darstellen (nach Mooney 1898). Die beiden Kandidaten stehen neben den Medizinhütten. Jeder trägt einen Kopfputz und eine sehr lange Schärpe. Beide sind rotbemalt. Oben: Kalenderzählung für den Sommer 1846. Unten: Kalenderzählung für den Sommer 1848.

Lied eines *Contrary* der Krähenindianer (aus Curtis 1909a). Der *Contrary* ging im Lager herum, schüttelte eine Rassel und sang: »Ich bleibe nur kurz auf Erden; Frauen, schaut mich an.«

Die *Contraries*

Die *Contraries* der Plainsindianer waren Männer, die sich einer Lebensweise widmeten, bei der ganz gegen die Konventionen gehandelt wurde. Es gibt keine Berichte über konträre Frauen.

Der konträre Handlungsspielraum lag zwischen der Verweigerung alltäglicher Routinearbeiten und absurdem, gefährlichem oder närrischem Verhalten. Da es unmöglich ist, alles auf gegensätzliche Art zu tun, war konträres Verhalten notwendigerweise selektiv. Darüber hinaus war die Wahl des Gegenteils subjektiv. Zum Beispiel »gehen« – das Gegenteil konnte rennen, stillstehen oder durch das Gebüsch statt auf dem Pfad gehen bedeuten. Die gewählte Aktion wurde vom konträren Konzept hergeleitet, d. h., das Gegenteil des Erwarteten oder Normalen zu sein. Man konnte dies auch als das konträre Prinzip bezeichnen.

Thema dieses Teils sind die Riten, Zeremonien und Praktiken der *Contraries* und verwandter Gruppen der Plainsindianer. Abschließend wird über Bedeutung und Sinn konträren Verhaltens diskutiert.

Konträres Handeln war bei den meisten Clownorganisationen der Plains ein gut etablierter eingeführter komischer Kunstgriff, doch nur selten trat eine dieser Gruppen außerhalb zeremonieller Räume auf konträre oder absurde Weise auf. Wenn sie es taten, so immer bei Gruppenaktivitäten wie der Jagd oder dem Krieg. Das Ausmaß, in dem sich Clowns konträr verhielten, wurde durch Zeremonien oder sonstige Unternehmungen der ganzen Gruppe festgelegt. Die *Contraries* dagegen handelten weitgehend als Individuen und waren nicht auf die genannten Anlässe beschränkt. Höchstens handelten sie zu zweit.

Die konträre Lebensweise war ernst, gelegentlich sogar todernst. Sie betraf Alltagsereignisse und tägliche Zusammenkünfte. Sie betraf auch die Umkehrung der etablierten Handlungsweise, und konträres Verhalten tauchte häufig dann auf, wenn es am wenigsten erwartet wurde.

Konträres Handeln durchdrang den Bereich der Heyoka-Jäger der Santee und kanadischen Sioux. Es trat in die Welt der Medizinmänner als Heiltechnik ein, etwa unter den Medizinmännern des *Contrary*-Bundes der Cheyenne oder in die Clownkulte der Plains-Cree. Konträres Handeln wirkte sich ebenso – oft dramatisch – auf die Militärlaufbahn vieler Krieger aus, etwa die noch zu besprechenden Konträren-, Inversen- und Verrückten-Krieger.

Die *Contraries* der Cheyenne

Die *Contraries (Hohnuhka)* der Cheyenne waren Individuen, die durch einen gewissen Glauben vereint wurden. Sie gehörten weder zu einem Kult noch zu einem Bund[1]. Der Cheyenne-Begriff für ihre *Contraries* ist das gleiche Wort wie für ihre Clowns, *Hohnuhka*. Es bedeutet, das Gegenteil zu tun von dem, was gesagt wird[2].

Es gab niemals mehr als vier *Contraries* gleichzeitig bei den Cheyenne. Gewöhnlich gab es nur einen, zwei oder drei von ihnen. Um *Contrary* werden zu können, mußte ein Cheyenne einen passenden

[1] Die primäre ethnographische Berichterstattung über die *Contraries* der Cheyenne wurde von George Grinnell (1923: 79–86) veröffentlicht, der mehrere Männer kannte, die früher oder gegenwärtig *Contraries* waren. George Dorsey (1904: 339n; 1905: 24–25, 54–55) und Peter John Powell (1981: 39–40; 80–89) haben zusätzliche Information geliefert.
Die *Contraries* der Cheyenne dürfen nicht mit dem Clownbund (d.h. dem *Contrary*-Bund!) oder dem Bogensaiten-Bund (einen Kriegerbund!) verwechselt werden. Dorsey verwechselte irrtümlicherweise den Bogensaiten-Bund und die *Contraries* oder, wie er sie nannte, »inversen Krieger« (Inverted Warriors). Damit schuf er für spätere Autoren eine Fallgrube, wie Petersen (1964: 146–147) in ihrem Artikel über die Cheyenne-Kriegerbünde ausführte. Gewisse Passagen in Dorseys Bericht aus dem Jahre 1905 beziehen sich auf die Kriegergruppe und andere auf die *Contraries*. Lowie (1916b: 894, 899–902) fiel auf Dorseys Verwechslung herein. Auch Hoebel (1960: 17, 33) setzte die Bogensaiten oder, nach seinen Worten, die »Konträren Krieger« (Contrary Warriors) mit den individuellen *Contraries* gleich. Er hielt sie für einen Kriegerbund, der von den Pawnee im Jahre 1837 vernichtet worden war. Er trug weiter zur Verwirrung bei, indem er die »Verrückten-Hunde« (Crazy Dogs) als einen konträren Kriegerbund der nördlichen Cheyenne bezeichnete.
Grinnells berühmte Passage über die individuellen *Contraries* wird in voller Länge in einer Anthologie wiedergegeben, die von Margaret Mead und Nicolas Calas (1953: 433–439) herausgegeben wurde, mit dem fälschlicherweise gegebenen Titel »Der Bund der *Contraries*« (The Society of Contraries). Andere drehen das Ganze herum und behandeln die Clowns als *Contraries*. Es scheint so, als ob niemand die Tatsache anerkennen wollte, daß die *Contraries* der Cheyenne weder der Clownbund (Contrary society!) noch der Bogensaiten-Kriegerbund (Bowstring society) waren, trotz der Berichte von Grinnell, Steward, Ray und Schlesier.

[2] Verschiedene Schreibweisen: *Hohnuhk'e* (Grinnell 1923: 79), *Hoxnoka* (Schwartz 1989: 8n), *Hohnuhka* (Schlesier 1987: 209).

übernatürlichen Traum oder eine entsprechende Vision gehabt haben. Die Erfahrung kreiste um den Donner oder den Donnerbogen. Später wurde die Anerkennung als *Contrary* formal gekauft.

Die Stellung eines Cheyenne-*Contrary* war eng mit dem Besitz eines Donnerbogens verbunden. Jeder *Contrary* war Hüter eines dieser geheiligten Objekte, bei denen es sich um einen acht Fuß langen Bogen handelte, der an einem Ende wie eine Lanze zugespitzt war. Die Bogenlanze verlieh ihrem Hüter große Kraft und Ausdauer im Gefecht oder auf dem Marsch. Die übernatürliche Kraft des Bogens verlangte, daß man ihn ehrfürchtig behandelte. Sein Besitzer und auch alle anderen mußten eine Vielzahl von Regeln im Umgang mit ihm beachten. Wie andere von den Cheyenne verehrte Objekte, etwa die heiligen Pfeile oder der heilige Hut, wurden die Donnerbögen alljährlich zur Zeit der Heiligen-Pfeile-Zeremonie erneuert.

Fühlte sich ein Mann als Ergebnis eines Traums oder einer Visionssuche zum *Contrary* berufen, so kaufte er das Recht, einen Donnerbogen zu tragen, jemandem ab, der schon *Contrary* war. Im allgemeinen konnte man die *Contrary*-Laufbahn nur dann beenden, wenn man von jemand anderem um den Donnerbogen gebeten wurde, der hiermit die Stellung übernahm. Daher blieb manch einer für lange Zeit ein *Contrary*. In seltenen Fällen konnte jemand seinen Donnerbogen einfach ausmustern, wenn er die immense Last und Verantwortung nicht mehr ertragen konnte, die das konträre Leben mit sich brachte.

Das Leben der Cheyenne-*Contrary* wurde als einsam und schrecklich beschrieben. Dem *Contrary* war es nicht erlaubt, Scherze zu machen und mit anderen eine schöne Zeit zu verbringen. Gab es zwei *Contraries* in derselben Gemeinschaft, so konnten sie zusammenleben und sich zusammenschließen. Ansonsten konnte ein *Contrary* kaum soziale Kontakte aufnehmen. Nur bei einem Gefecht war ein *Contrary* inmitten einer Menschenmenge. Selber hierbei mußte er von einer anderen Seite als die anderen angreifen. Reiste er mit anderen zusammen, durfte er den Pfad nicht benutzen, sondern mußte auf der Seite mitgehen. Er mußte entfernt von anderen essen und hierbei Geräte benutzen, die sonst niemand berühren durfte. Er lebte allein und schlug sein Tipi entfernt vom Rest des Lagers auf. Man durfte ihn zwar besuchen, aber nicht lange bleiben. Bei einem Besuch mußte der *Contrary* auf dem blanken Erdboden sitzen. Gastgeber mußten Platz schaffen, um ihm eine Sitzmöglichkeit zu geben. Er durfte auf einem Bett weder schlafen noch ausruhen, sondern nur auf dem Erdboden innerhalb der Tipis. Lud man ihn ein, so ging er fort. Bat man ihn wegzugehen, so näherte er sich. Gebot man ihm, zu reiten, so ging er zu Fuß. Sagte er seiner Frau: »Hole kein Holz mehr her, wir haben genug«, so wußte sie, daß noch mehr Feuerholz gebraucht wurde[3].

Die Laufbahn der *Contraries*

Die Laufbahn des Cheyenne-*Contrary* begann im frühen Mannesalter, im allgemeinen vor der Heirat. Die Dauer dieses Lebensabschnitts war nicht festgelegt und konnte gut und gerne zehn Jahre oder mehr dauern. Die Laufbahn war dann beendet, wenn der *Contrary* keinen Donnerbogen mehr besaß. Der *Contrary* konnte freiwillig aufhören, indem er den Bogen einfach hinterließ, oder indem er den Bogen einer anderen Person gab, die seinen Besitz und das Leben als *Contrary* weiterführte. Das *Contrary*-Sein endete gelegentlich auch damit, daß der Donnerbogen verlorenging oder zerstört wurde[4].

Nach Beendigung seiner Laufbahn kehrte der *Contrary* zu einem normalen Leben zurück und konnte heiraten, wenn er nicht vorher schon verheiratet gewesen war. Während seiner Zeit als *Contrary* heiratete er vermutlich nicht[5]. Hoebel sah den Cheyenne-*Contrary* als einen Zölibat, obwohl es dem *Contrary* anscheinend erlaubt war, vor seiner Laufbahn zu heiraten, wie offensichtlich im Fall von Kleinem Pferd (Little Horse)[6]. Grinnell vermutete, daß es in späteren Zeiten unerwünscht war, als verheirateter Mann *Contrary* zu werden. Im Jahr 1865 gab es einen Skandal um Gray Head, der zwar einen Donnerbogen hatte, der eigens für ihn angefertigt worden war, aber auch gleichzeitig eine Frau. Dies führte dazu, daß seine Kräfte nicht sehr hoch eingeschätzt wurden[7].

[3] Grinnell (1923: 83).
[4] Grinnell (1923: 85, 86).
[5] Dorsey (1905: 25).
[6] Brown (1970: 110, 136).
[7] Grinnell (1923: 84–85).

Contraries als Philosophen

Dorsey schrieb, daß die Cheyenne-*Contraries* die Philosophen ihres Volkes waren. Sie verbrachten ihre Zeit allein, oft auf einem abgelegenen Hügel, und hatten dadurch reichlich Gelegenheit, über Themen wie die Schönheit der Natur als Ergebnis der Arbeit des Großen Geistes nachzudenken oder sich daran zu erfreuen[8].

Nach Ray stellten die Cheyenne-*Contraries* die *»Erfüllung konträren Verhaltens«* bei den nordamerikanischen Indianern dar, da sie dieses Verhalten zu einer *»logischen Schlußfolgerung«* innerhalb vernünftiger physikalischer Beschränkungen führte[9].

Während »Konträr-Sein« bei den Sioux eine Kunst war, die für originelle und kontinuierliche Interpretation offen war, folgte es bei den Cheyenne einem gesetzmäßigen Plan. Das spirituelle Leben der Cheyenne war, wie das des Cheyenne-*Contrary,* durch eine Vielzahl von Beschränkungen wie Bräuchen und »Tabus« eingeengt[10]. Der Cheyenne-*Contrary* wurde weniger wegen seiner einsamen Rolle im Gefecht respektiert und bemitleidet, als deswegen, daß er sich an beträchtliche Einschränkungen und Tabus hielt. Dies war eine fast untragbare Last, zeigte jedoch, daß er frei von jeder Verunreinigung war.

Die *Contraries* und das Gesetz

Da sie die besondere Stellung der *Contraries* kannten, stellten Hoebel und Llewellyn ihren Cheyenne-Informanten folgende theoretische Frage: Was würde der Häuptlingsrat beschließen, wenn ein *Contrary* einen Stammesgenossen tötet?

Solch ein Fall war nach allem, was man wußte, niemals passiert, das Paradoxe der Situation war jedoch offensichtlich. Hätte man dem *Contrary* befohlen, den Stamm zu verlassen, dann hätte er das als Einladung zum Bleiben verstanden, und nicht als Verbannung. Hätte man ihm gesagt, er solle der Familie des Toten einige Pferde als Sühne

[8] Dorsey (1905: 25).
[9] Ray (1945: 105).
[10] Grinnell (1923: 193).

schenken, so hätte er es so verstanden, daß die Familie nichts haben wolle.

Der Rat hätte seinen Ratschluß verkehrt formulieren müssen. Er hätte zum Beispiel gesagt: »*Diese Leute wollen nicht, daß du ihnen irgendwelche Pferde schickst. Sie wollen deine Pferde nicht, sie wollen, daß du alle behältst.*«

Wären sechs Pferde gewünscht worden, so hätte der Rat gesagt: »*Und sie wollen nicht, daß du ihnen sechs Pferde schenkst. Sie wollen sie nicht haben.*« Sollten zwei besonders gute Pferde gesandt werden, so hätte der Rat gelautet: »*Schicke ihnen nicht deine zwei schönen Grauschimmel. Sie hassen diese fürchterlichen Klepper*[11].«

Mutiger Wolfs Erfahrung als *Contrary*

Die Berufung zum *Contrary* hing bei den Cheyenne, wie bei den Sioux, von einer übernatürlichen Erfahrung mit dem Donnerwesen ab. Mutiger Wolf (Brave Wolf) war für ungefähr zehn Jahre *Contrary*, bis 1876. Später wurde er mit George Grinnell bekannt, und sie betrachteten sich gegenseitig als alte Freunde. Mutiger Wolf erklärte Grinnell, daß er, wann immer sich ein Gewitter näherte, eine erschreckende Vision von einem Mann hatte, der eine Bogenlanze hielt. Mutiger Wolfs Angst vor Donner und Blitz wurde immer größer, bis er einen Traum hatte, in dem diese Person ihm erzählte, daß er den Donner nicht mehr zu fürchten brauche, wenn er selbst einen Donnerbogen trüge. Da Mutiger Wolf vor Angst fast verrückt wurde, ging er zu einem *Contrary* und bat ihn um den Donnerbogen. Er bezahlte mit acht Pferden und mit noch weiterem Eigentum wie Waffen und Kleidung[12].

[11] Llewellyn und Hoebel (1941: 150).

[12] Grinnell (1923: 80). Im Jahre 1895 erzählte James Roland, ein Cheyenne, der zeitweilig als Dolmetscher für Grinnell arbeitete, ihm anscheinend eine ganz andere Geschichte, nach der Mutiger Wolf gezwungen worden war, *Contrary* zu werden, als Strafe dafür, daß er die Frau eines großen Medizinmannes genommen hatte (Grinnell MS 325: 131). Grinnell nahm diese Passage aus seinem Notizbuch nicht in sein im Jahre 1923 erschienenes Buch über die Cheyenne auf. Aus unbekannten Gründen verließ er sich nur auf Mutiger Wolfs eigenen Bericht über die Art und Weise, wie er *Contrary* geworden war, worin sich ein Vertrauen in die Echtheit des Berichts ausdrückt, die ich nicht widerlegen kann.

Mutiger Wolf war noch ein *Contrary,* als im späten November 1876 Colonel Ronald McKenzie und seine fast 1500 US-Army-Soldaten und etwa 360 Indianer-Späher das Cheyenne-Dorf von Dull Knife am frühen Morgen angriffen. Mutiger Wolf rannte aus seinem Zelt und vergaß seinen Donnerbogen, der höchstwahrscheinlich zerstört wurde, als das Dorf niederbrannte[13].

Einsamer Wolfs kurze Laufbahn als *Contrary*

Erst wenige Wochen bevor Einsamer Wolf (Lone Wolf) bei einem Kampf gegen die Ute-Indianer getötet wurde, war er *Contrary* geworden. Obwohl Donner ihm große Angst bereitete, war er furchtlos im Kampf. Die sogenannten »Junge Füchse« (Kit Foxes), ein Kriegerbund, hätten ihn kaum als einen ihrer Führer gewählt, wäre er nicht ein gewagter und erfahrener Krieger gewesen.

Ähnlich wie Mutiger Wolf wurde Einsamer Wolf fast verrückt vor Angst, wenn ein Sturm aufkam. Auf welche Weise sich seine Verrücktheit ausdrückte, wissen wir jedoch nicht.

Der Donner selbst erschien schließlich Einsamem Wolf bei einem großen Wolkenbruch im Herbst des Jahres 1845. Er hielt eine große rotbemalte Pfeillanze (d.h. einen Donnerbogen) in der Hand und zeigte Mitleid mit Einsamer Wolf, nahm seine Angst fort und befahl ihm, *Contrary* zu werden.

Einsamer Wolf packte seine Pfeife ein und trug sie zu Männern, die selbst einmal Donnerbögen besessen hatten. Sie nahmen sein Angebot zu rauchen an und halfen ihm auf diese Weise, Donners Befehl zu folgen. Sie führten ihn in die Art und Weise, *Contrary* zu sein, ein.

Kurz nach seiner Einweihung organisierte Einsamer Wolf einen Pferdediebstahl. Der Raubzug war erfolgreich, was Einsamem Wolf ermöglichte, die Männer zu bezahlen, die die Bogenlanze für ihn anfertigten. Im Anschluß daran organisierte er einen Kriegszug. Er verstieß damit jedoch gegen die Wünsche der Stammesältesten, die Unglück voraussagten. Nichtsdestotrotz zog Einsamer Wolf auf den

[13] Grinnell (1923: 86). McKenzie war dafür bekannt, Karriere gemacht zu haben, indem er die südlichen sowie die nördlichen Cheyenne tötete (siehe Dee Brown 1972: 320, Mooney 1905–1907: 396–397 und Powell 1981).

Kriegspfad. Jedoch bevor seine Krieger noch den Feind angegriffen hatten, wurde er erschossen, und die Expedition kehrte unvermittelt um[14].

Der Film *Little Big Man*

Anscheinend haben mehr Kinobesucher von den *Contraries* der Cheyenne gehört als Ethnologen, vorausgesetzt, letztere seien keine Nordamerika-Spezialisten. Dies liegt an dem vielgesehenen Film *Little Big Man* (1970) mit Dustin Hoffman und Faye Dunaway, der auf dem gleichnamigen Buch von Thomas Berger aus dem Jahr 1964 beruht. Jene, die das Buch gelesen und den Film gesehen haben, sind häufig jedoch nicht sicher, ob die *Contraries* tatsächlich existierten. Bei all den absurden und ironischen Szenen, wer wäre da nicht skeptisch?

Die Novelle erzählt die Geschichte von Jack Crabb (im Film hauptsächlich von Dustin Hoffman gespielt). Er wurde als Junge von den Cheyenne adoptiert und unter ihnen zum Mann erzogen. Bei den Cheyenne begegnete er Jüngerem Bär (Younger Bear), gespielt von Cal Bellini, einem übereifrigen Jugendlichen, der schon in jungen Jahren Kriegerehren zu erlangen wünschte. Sowohl im Buch als auch im Film ritt er rückwärts auf seinem Pferd, badete im Sand und trocknete sich dann im Fluß ab, grüßte mit »Auf Wiedersehen« anstelle von »Hallo« und ging durch das Gebüsch statt auf dem Weg. Berger hatte offensichtlich *Die Cheyenne* von Grinnell gelesen. Ironischerweise porträtierten sowohl das Buch als auch der Film die *Contraries* mit größerer ethnologischer Exaktheit als die Ausführungen mancher Ethnologen.

Contraries als Krieger

Der Cheyenne-*Contrary* war ein herausragender Krieger, der an einer Seite des Feindes allein in die Schlacht ziehen mußte. Der Donnerbogen war seine heilige Waffe. Tatsächlich war er keine echte Waffe,

[14] Powell (1981: 80–89).

sondern wurde verwendet, um den »Coup« auszuführen, d. h. den Feind zu berühren. Solange er diesen Bogenspeer in seiner linken Hand trug, konnte er nach Belieben zurück- oder vorgehen, nahm er ihn jedoch in die rechte, konnte er nicht mehr zurück. Egal, wie viele Gewehre auf ihn abgefeuert wurden, er mußte angreifen und seine Pfeife blasen, bis er den Feind erreicht hatte[15].

Im Dezember 1866 vernichteten Krieger der Cheyenne, Arapaho und Sioux Captain Fetterman und seine 80 Kavalleristen, indem sie sie in eine Falle lockten. Der Cheyenne-*Contrary,* Kleines Pferd (Little Horse) führte den Angriff aus dem Hinterhalt. Zunächst trug er beim Angriff den Donnerbogen in der linken Hand. Als er dann die Bogenlanze mit der rechten Hand von hinten ergriff, war dies das Signal für die anderen, seinem Angriff zu folgen[16].

Die *Contraries* der Comanchen

Die Comanchen waren so kriegerisch und so erfolgreich bei ihren Raubzügen, daß sie den Ruf der »Herren der südlichen Plains« gewannen, und ihre Reitkunst wurde als eine der besten der Welt betrachtet. Die Comanchen waren nicht für ein reiches und kompliziertes zeremonielles Leben berühmt, wie es für die anderen Plainsstämme typisch war. Sie hatten keine Kriegerbünde, keine Polizeibünde, die die kommunale Jagd zu kontrollieren hatten, keinen Sonnentanz oder eine analoge Zeremonie mit Bedeutung für den ganzen Stamm und keine Heiratszeremonie. Sie maßen der Jungfräulichkeit nur wenig Bedeutung zu und hatten keine Scheidungszeremonien. Was sie jedoch hatten, waren *Contraries*[17].

Die *Contraries* der Comanchen waren eine kleine Zahl selbsternannter Individuen. Offenbar gab es weder eine Initiation noch ir-

15 Grinnell (1923: 83).
16 Grinnell (1915: 243); Powell (1981: 458); Brown (1970: 135–137).
17 Diese Zusammenfassung über die *Contraries* der Comanchen bezieht sich auf das ethnographische Material von Hoebels Ph. D. Dissertation (1940: 33–34), wo er sie als »Contrary Men« oder »Crazy Dogs« bezeichnete; und auf Wallace und Hoebel (1952: 275–276), die sie als *pukutsi* oder »crazy warriors« bezeichneten. Ralph Linton lieferte Information über die »Contrary Ones« der Comanchen, die Abram Kardiner (1963: 62–63) verarbeitete und herausgab.

gendeine Anleitung zum *Contrary*-Sein. Jeder, der mutig genug war, ein *Contrary* zu werden, konnte dies tun, indem er sich einfach dazu entschloß. Wie die *Contraries* der Cheyenne waren sie nicht in einem Kult oder Bund organisiert. Die Erfahrung eines Traumes oder einer Vision war nicht wichtig, um *Contrary* zu werden. Bei den Cheyenne und Sioux wurde der Status des *Contrary* hauptsächlich durch einen heiligen Auftrag bewirkt, bei den *Contraries* der Comanchen, Pawnee und anderen durch eine innere persönliche Veranlagung.

Die *Contraries* der Comanchen handelten grundsätzlich auf eine närrische und absurde Weise. Sie gingen gewöhnlich ums Lager herum und sangen die ganze Zeit. Bei kaltem Wetter beschwerten sie sich über die Hitze und entledigten sich ihrer Kleidung. Sie genossen es, Streiche zu spielen, besonders denjenigen, die von ihrer konträren Art nichts wußten. Wurden sie gebeten, Wasser zu holen, brachten sie Feuer zurück.

Eine Comanchen-Frau namens »Trägt Ihren Sonnenschirm« (Carrying Her Sunshade) erzählte die Geschichte einer alten Frau, die einmal einen *Contrary* bat, einen Büffel zu töten, da sie das Leder brauchte, um einen Sattel herzustellen. Der *Contrary* sagte, er werde es nicht tun und verschwand für lange Zeit aus dem Lager. Schließlich kehrte er nicht mit einer Büffelhaut zurück, sondern mit der Haut eines feindlichen Kriegers, einschließlich der Hände und Füße. Er stellte die Haut neben der Wohnung der Frau auf, als sei es ein Lebender. Jemand anderes sah dies und erkannte den Scherz, den der *Contrary* aufführte, und er informierte die Frau, daß der *Contrary*-Mann zurück sei, und daß ihr Fell draußen aufgehängt sei. Sie war starr vor Entsetzen, als sie hinausging, um das Fell zu holen, und klagte: *»Ich hatte ihn nicht gebeten, mir einen Feind zu bringen.«* Der Mann sagte ihr, sie hätte keinen *Contrary* bitten dürfen, diese Aufgabe zu erfüllen, da sie gerade das Gegenteil von dem tun, um was man sie bittet[18].

Der *Contrary* im Krieg

Der Comanchen-Name für die *Contraries* bezog sich auf Tollkühnheit

[18] Wallace und Hoebel (1952: 276). Hoebel (1940: 33) schrieb diese Geschichte »She Invites Her Relatives« zu.

im Gefecht und bedeutete soviel wie »verrückte Krieger«. Im Gegensatz zu Feigheit war Verrücktheit im Krieg akzeptabel. Zeigte sich ein *Contrary* im Kampf feige, so provozierten und köderten ihn die anderen Männer nach Rückkehr der Expedition und griffen ihn schließlich an und töteten ihn. Tatsächlich konnte jeder Feigling in der Gesellschaft getötet werden, nicht nur der Konträre.

Der *Contrary* der Comanchen trug eine lange Schärpe über der Schulter, die unter seinem Arm aufgerollt war. Im Kampf rollte er die Schärpe auf und steckte sie mit einem Pfeil auf dem Boden fest. Auf diese Art angebunden, hielt er seinen Platz. Anstatt jedoch von dieser Stelle zu kämpfen, blieb er ruhig und sang mit einer Rassel in der einen und dem Bogen in der anderen Hand. Er sang mit Entschlossenheit bis zum Sieg oder bis zum Tod. Es war ihm streng verboten, sich selbst zu befreien, dies durfte nur ein Kamerad tun. Durch diese konträren Kriegstaten wurde das Leben des *Contrary* voll und ganz aufs Spiel gesetzt[19].

Sex und das Leben nach der Zeit als *Contrary*

Die *Contraries* der Comanchen heirateten nicht. Tatsächlich wurden sie von den Frauen gemieden. Trotzdem hatten sie sich um die Frauen gekümmert. Ihre Art, sie zu umwerben, war offensichtlich selbstannullierend. Zum Beispiel verfaßten sie Liebeslieder, sangen sie jedoch an Orten, wo niemand sie hören konnte[20].

Die Zeitdauer des *Contrary*-Daseins konnte viele Jahre betragen. War der *Contrary* im Krieg nicht gefallen und hatte er als Krieger großes Prestige erlangt, dann wäre ein angesehener Mann im mittleren Alter berechtigt, ihm seine Rassel wegzunehmen, und somit wäre seine Zeit als *Contrary* beendet. Wegen langer Listen von bemerkenswerten Taten und Tapferkeiten waren die Ex-*Contraries* immer wichtige Männer in ihrer Gruppe[21]. Obwohl keine Aussage dies bestätigt, gehe ich davon aus, daß die Ex-*Contraries* heiraten durften, da die Dauer des konträren Daseins schon im mittleren Lebensalter beendet

[19] Wallace und Hoebel (1952: 275); Kardiner (1963: 354).
[20] Kardiner (1963: 63).
[21] Hoebel (1940: 34).

sein konnte und sie auch zu Positionen von Autorität gelangen konnten.

Die *Contraries* der Pawnee und Arikara

Die *Contrary*-Gruppen der Skidi-Pawnee und der Arikara ähnelten einander. Dies lag teilweise an der engen Verwandtschaft zwischen den beiden Stämmen. Nach der Aussage der Skidi bildeten die beiden Völker früher einen einzigen Stamm, bevor die Arikara weiter nach Norden zogen[22].

Die Sonnenkinder der Pawnee

Die *Contrary*-Gruppe der Pawnee wurde der Sonnenkinderbund genannt[23]. Diese Gruppe existierte anscheinend nur beim Skidi-Verband der Pawnee, und nicht bei den drei weiteren südlichen Verbänden. Obwohl Dorsey sie einen Bund genannt hat, sind Details ihrer inneren Organisation nicht bekannt. Sie hatten ungefähr sechs bis sieben Mitglieder.

Die *Contraries* der Pawnee erhielten den Namen »Sonnenkinder«, weil sie, zumindest in der Zeit der Legenden, Jugendliche waren, die

[22] Will (1928: 50, 1930: 247); Dorsey (1904: xiii); Wissler (1916b: 859). Linguistische Erkenntnisse weisen jedoch darauf hin, daß sich die Arikara vor dem Skidi-Verband vom Pawnee-Arikara-Stamm getrennt haben (Murie 1981: 4, 29, 177n; siehe auch Hollow und Parks 1980).

[23] Ethnographische Berichte über die *Contraries* der Pawnee wurden von George Dorsey und James Murie geliefert. Murie war Halb-Pawnee (Skidi) und setzte es sich zur Lebensaufgabe, die religiösen Rituale und Zeremonien seines Volkes aufzuzeichnen (Weltfish 1965: 480; Murie 1981: 18–19). Er begann seine Beobachtungen in den 90iger Jahren des 19. Jh., als die Pawnee etwa 20 Jahre im sogenannten Indianer-Territorium (heute Oklahoma) gelebt hatten. Er bezeichnete die *Contraries* als »Children of the Iruska«, *iruska ipirau* und *saaro,* was soviel bedeutet wie »Jugendliche« (Murie 1914: 579, 580–581).
Dorsey, Kustos für Anthropology im Field Museum of Natural History in Chicago, gab den *Contraries* der Pawnee die folgenden Namen: »Sonnenkinderbund« (Children-of-the-Sun society), *Haduska Epirau* oder »Children-of-the-Haduska society« sowie *Saru,* ein Begriff, der von Älteren benutzt wurde für Kinder, die sich kindisch oder närrisch verhielten (Dorsey 1904: 24, 57, 339n).

weder Haus noch Familie hatten. Sie lebten wortwörtlich unter der Sonne. Darüber hinaus taten sie grundsätzlich nur das, was sie tun wollten. Sie gingen einfach in verschiedene Hütten und nahmen an der Mahlzeit teil, oder sie verhalfen sich gegenseitig zu Fleisch, das irgendwo hing. Sagte jemand zu ihnen: »Nehmt es nicht«, so nahmen sie es gewiß fort. Es gab jedoch soziale Einschränkungen ihres Verhaltens. Nahmen sie etwas fort, und die Leute sagten: »Nehmt es«, so würden sie es zurücklassen.

Die Pawnee-*Contraries* gingen oft zu zweit und unterhielten sich in verkehrter Sprache. Wenn jemand zu ihnen sagte: »Geht nicht Wasser holen«, so schauten sie sich an und sagten: »Laß uns kein Wasser holen«, worauf sie losgingen und Wasser holten.

Die Sonnenkinder hatten die Gewohnheit, miteinander dazusitzen und ein Radspiel zu spielen[24]. Sie spielten allein, da sich ihnen sonst niemand anschloß, vielleicht weil niemand wissen konnte, ob und wann die Spielregeln umgedreht würden. Laut James Murie heirateten die Sonnenkinder niemals und zeigten sich niemals an Frauen interessiert[25].

Die närrischen Männer der Arikara

Die *Contraries* der Arikara waren als die »närrischen Männer« bekannt[26]. Was einen dazu bestimmte, sich der Gruppe anzuschließen, ist nicht bekannt. Ein älterer *Contrary* führte das neue Mitglied in die »Geheimnisse« des *Contrary*-Seins ein. Während der Initiationsriten begann das neue Mitglied, konträr und verrückt zu handeln, wobei es eine besondere Mixtur aus einer Holzschale trank. Beim Trinken zog

[24] Dies war vermutlich ein Rad- oder Stabspiel, das bei den Plainsindianern häufig gespielt wurde. Ist dies richtig, so handelte es sich um einen athletischen Wettkampf, in dessen Verlauf die Spieler versuchten, rennend eine Stange durch ein rollendes Rad zu werfen. Jeder gelungene Wurf ergab Punkte, die zusammengezählt wurden (Culin 1907: 463–468).

[25] Murie (1914: 581).

[26] Der ausführlichste ethnographische Bericht über die »Foolish Ones«, »Foolish People«, »Foolish Men« oder *sakhunu* der Arikara wurde von Lowie (1915a: 673–675) geliefert. Darüber hinaus sammelte Parks (1991: 161–167, 936–938) zwei Erzählungen.

ein Lächeln über das Gesicht des Initiierten. Von diesem Moment an wurde er als potentiell gefährlich betrachtet und war während des Ritus besonders für Kinder beängstigend. Hätte eines ver verängstigten Kinder zu ihm gesagt: »Töte mich nicht«, so hätte der *Contrary* es umgebracht. Die Leute wußten, daß die *Contraries* immer das Gegenteil von dem taten, um was man sie bat, und sie gaben während der Initiation besonders acht auf ihre Kinder.

Wahrscheinlich gab es bei den Arikara nicht mehr als zwei *Contraries*[27]. Sie blieben im allgemeinen zusammen. Wie bei den Skidi-Pawnee schienen sie ihre Stellung und Kameradschaft genossen zu haben. Beispielsweise konnten die *Contrary*-Kameraden die ganze Nacht aufbleiben und Scherze treiben. Am Tag konnten sie ihr Radspiel spielen oder fröhlich singend herumgehen. Sie schienen völlig unbesorgt über die Welt, und sie kümmerten sich nicht um die heiligen Vorschriften, die von den anderen eingehalten wurden. Sie schienen jedoch Freundschaft untereinander zu pflegen. Ein *Contrary* war bekannt dafür, daß er aus Trauer starb, nachdem sein Kamerad im Kampf getötet worden war. Tod im Krieg war vermutlich normal bei den *Contraries* der Arikara.

Die konträren Krieger der Pawnee und Arikara

Die *Contraries* der Skidi-Pawnee und Arikara verhielten sich im Kampf absolut selbstmörderisch. Griff ein Feind das Dorf an, fuhren die *Contraries* der Pawnee einfach fort, ihr Radspiel zu spielen. Jemand mußte zu ihnen gehen und sagen: »Zieht nicht in den Kampf!« Erst dann standen sie sofort auf und eilten in den Kampf.

Einen Köcher, der mit hochwertigen Hartriegel-Pfeilen gefüllt war, und einen Bogen aus Eschenholz trugen die Pawnee-*Contraries* im Kampf. Die *Contraries* der Arikara trugen nur einen einzigen Pfeil. Diese *Contraries* näherten sich dem Feind und schossen den einzigen Pfeil in Richtung auf den Feind ab, jedoch ohne groß zu zielen. Dann begaben sie sich in einer »idiotischen Vorstellung« mitten unter die

[27] Ich bin nicht sicher, ob sich diese Zahl auf die Stammes- oder die Dorfebene bezieht. Es hatte früher einmal 32 Arikara-Dörfer gegeben. Die Pockenepidemie zu Beginn der achtziger Jahre des 18. Jh. verringerte die Zahl auf drei (Will 1928: 50).

Feinde und suchten nach ihrem wertvollen Pfeil. Wann immer sie einen Pfeil abschossen, gingen sie los, um ihn zurückzuholen. Fanden sie ihn, kehrten sie zurück und wiederholten ihre Tat, vorausgesetzt, sie waren noch am Leben.

Es ist kein Wunder, daß die *Contraries* der Pawnee ausgerottet wurden. Mit Ausnahme eines einzigen wurden alle im Kampf getötet. Einige berichten, daß der Überlebende daraufhin verschwand. Andere behaupteten, daß er zu essen aufhörte und aus Einsamkeit starb, da der Verlust eines Kameraden für ihn nicht verkraftbar war[28].

Weißes Ohr: ein Arikara-*Contrary*

Schlief ein *Contrary*, wenn ein Feind angriff, war es nicht erlaubt, ihn zu wecken. Weißes Ohr (White Ear) war einer von zwei jungen Arikara-Männern, die *Contraries* waren. Als einmal Sioux-Krieger gesichtet wurden, weckte man ihn nicht auf. Sein *Contrary*-Kollege war jedoch wach und bereitete sich auf den Kampf vor. Er zog singend in das Gefecht, sang sogar im dichten Getümmel des Kampfes und blies seine Pfeife. Er schoß einen seiner wertvollen schwarzen Pfeile auf den Feind ab. Beim Versuch, ihn zurückzuholen, ging er lässig unter den Sioux herum. Ein feindlicher Pfeil streckte ihn nieder. Es gelang ihm zwar, ihn zu entfernen, doch als er auf dem Rückweg zu seinen Leuten war, wurde er nochmals getroffen und getötet.

Nun war Weißes Ohr auf dem Kampfplatz erschienen. Er handelte in der gleichen Weise wie sein Kamerad. Er feuerte einen Pfeil auf die Sioux ab und begab sich unter sie, um ihn zurückzuholen. Mit seinem eigenen Pfeil und einem feindlichen Pfeil in seiner Schulter kehrte er zurück. Die Wunde war jedoch nicht tödlich[29].

Weißes Ohr hatte die bemerkenswerte Gewohnheit, wann immer er einem Frosch oder einer Kröte in einem Fluß begegnete, mit ihnen zu spielen und sie zu peitschen. Hierbei sagte er: *»Es ist dein Großvater, der dich peitscht[30].«*

[28] Das Verhalten der *Contraries* der Pawnee und Arikara im Krieg wurde von Murie (1914: 580–581), Dorsey (1904: 59) und Lowie (1915a: 673–675) dargestellt.
[29] Lowie (1915a: 673–674).
[30] Lowie (1915a: 673); siehe auch Murie (1914: 581).

Konträre Begegnungen mit merkwürdigen Schlangen

Die Bedeutung von Weißen Ohrs Handlungsweise gegenüber Fröschen und Kröten ist unklar. Jedenfalls berichten alte mythologische Geschichten der Arikara und Skidi-Pawnee, daß die *Contraries,* wie der Okipa-Narr, die Vorliebe hatte, fremdartige oder mysteriöse Tiere zu töten, besonders wenn sie eigentlich mit Respekt behandelt werden sollten[31].

Einmal kehrte der ganze Stamm von einer Büffeljagd zurück, wobei die *Contraries* langsam hinterherzockelten, sangen (Arikara) oder Pfeile in die Gegend schossen (Skidi). Die Skidi-Pawnee begegneten auf dem Rückweg einer sehr kurzen, aber sehr bunten Schlange. Sie kamen überein, dies sei das Oberhaupt aller Schlangen und sollte nicht getötet werden. Später kamen die beiden *Contraries* an der Schlange vorbei und sagten zueinander: *»Laß uns diese Schlange nicht töten.«* Daraufhin durchlöcherten sie sie mit Pfeilen und sagten: *»Wir haben die Schlange nicht getötet.«*

Auch die Arikara begegneten auf dem Zug einer Schlange. Letztere lag aufgerollt da, war rot, und gehörte zu einer Art, die die Arikara niemals zuvor gesehen hatten. Sie hatten Angst vor der Schlange und opferten ihr Tabakrauch und ein Bündel getrockneten Fleisches. Später kamen die beiden *Contraries* zu dem Ort und sagten zueinander: *»Wir gehen nicht hinüber zu diesem Haufen und wollen nicht sehen, was die anderen dort getan haben.«*

Dementsprechend gingen sie zu dem Platz, an dem das geopferte Fleisch aufgestapelt war, und fanden die zusammengerollte Schlange. Sie sagten: *»Ihr habt ihr das getrocknete Fleisch nicht gegeben.«*

Sie nahmen das Fleisch fort und sagten: *»Laß uns nicht all dies getrocknete Fleisch fortnehmen.«* Sie nahmen an, daß diese Schlange sowieso nicht all das Fleisch aufessen könne. Sie sagten: *»Laß uns diese Schlange nicht töten«,* und sie begannen, sie zu zerstören.

Die von den Arikara getötete Schlange war ein von allen Schlangen geliebtes Kind. Die Schlange, die die Skidi töteten, war die Anführerin aller Schlangen. In beiden Fällen nun bestand die Konsequenz des Tötens der fremdartigen Schlangen darin, daß sich die anderen

[31] Geschichte der Arikara: Lowie (1915a: 674–675); Parks (1991: 161–167, 936–938); der Skidi-Pawnee: Dorsey (1904: 57–59).

Schlangen rächten. Ein ganzer Schlangenschwarm griff das Dorf der Arikara an und zog sich erst dann zurück, als sie die *Contraries* zu Tode gebissen hatten. Die *Contraries* der Skidi waren jedoch Helden und töteten die ganzen Schlangenansammlungen[32]. Später besiegten sie auch eine große Wasserschlange, die eine Adlerfamilie bedrohte.

Eine andere mythologische Erzählung der Skidi-Pawnee handelt von einer Schlange und zwei Jungen – dem der Sonne und dem Sohn des Mondes. Die Jungen hatten sich drangemacht, die Spinnenfrau zu vernichten, die die Menschen terrorisierte. Bei ihren Abenteuern begegneten sie vielen Schlangen, die von der Spinnenfrau ausgesandt waren, um den beiden Jungen entgegenzutreten. Die beiden töteten eine riesige Klapperschlange, die Anführerin der Schlangen war. Als die Schlangen sahen, daß ihre Anführerin getötet wurde, verschwanden sie[33].

Die Beziehung zwischen dem »Sohn der Sonne« und den *Contraries* (Sonnenkinder) ist offensichtlich. Als der Sohn der Sonne, der also kein *Contrary* war, den Anführer der Schlangen tötete, waren die Schlangen zum Rückzug gezwungen. Töteten jedoch die *Contraries* den Anführer der Schlangen, so griffen sie an. Die *Contraries* bewirkten daher das Gegenteil dessen, was der eigentliche Sohn der Sonne getan hatte. Dies ist das einzige bekannte Beispiel von allen *Contrary*-Gruppen, bei dem ein Bestandteil eines Mythos ins Gegenteil gekehrt wird. Dennoch wissen wir nicht, ob die Skidi-Pawnee den Mythos ebenfalls als konträr betrachteten.

Die *Contraries* der Hidatsa

Der »Hundebund« der Hidatsa war in erster Linie eine militärische Organisation. Sie hatte einen Anführer (oder vielleicht zwei), der als der »Wahre-Hund« (Real Dog) bekannt war. Nur dieser Wahre-Hund

[32] In einer der unter den Arikara geläufigen Versionen bekämpften die *Contraries,* wie jene der Skidi, erfolgreich die Schlangen und heilten sogar diejenigen, die von Schlangen gebissen worden waren (Parks 1991: 165–166).

[33] Dorsey (1904: 39–40).

kann als *Contrary* bezeichnet werden[34]. Vor der verheerenden Pockenepidemie des Jahres 1837 gab es drei Hidatsa-Dörfer. Selbst wenn man annimmt, daß jedes Dorf einen Hundebund hatte, kann es nicht viele *Contraries* gegeben haben. Neben dem Anführer waren weitere drei Offiziere und die einfachen Mitglieder des Bundes – die »Hunde«. Sie handelten nicht auf konträre Weise, obwohl sie, wie jeder andere, verkehrte Sprache benutzten, wenn sie sich an den Wahren-Hund wandten.

Die Hidatsa-Bünde bildeten eine altersabhängige Reihe. Die Mitgliedschaft oder Zugehörigkeit zu einem Bund wurde im Kollektiv von einer bestimmten Altersgruppe ausgeübt. Die »Hunde« waren Männer und mußten mittleres bis höheres Alter haben. Von jemanden, der zu den Hunden gehören wollte, erwartete man, daß er im Krieg angesehen war und ein gutes Beurteilungsvermögen im Umgang mit Polizeidingen gezeigt hatte, als er Mitglied des vorhergehenden Bundes, den »Schwarzmäulern« (Black Mouths), gewesen war[35].

Armer Wolf: ein Mitglied des Hundebundes

Poor Wolf wurde ein Hund im Jahre 1865, als er etwa 45 Jahre alt war. Da er sich hierbei in ein Amt einkaufte, zahlte er von seinem persönlichen Eigentum für die Mitgliedschaft zwei Pferde – mehr als es ein normaler Kandidat getan hätte[36].

[34] Lowie (1913c: 227, 284–290) lieferte die einzige ethnographische Information über das konträre Verhalten der Hundeführer. Sein Bericht stützt sich auf zwei Feldforschungsreisen zum Reservat Fort Berthold in Nord-Dakota in den Jahren 1910 und 1911. Lowies Dolmetscher übersetzte den Hidatsa-Begriff für den Bund – *macukaike* – »Hundeimitatoren«. Um den »Hundebund« von den anderen Hundegruppen der Hidatsa (den Verrückten-Hunden, den Kleinen-Hunden und den Alten-Hunden) zu unterscheiden, bezeichnete sie Bowers (1965: 194–198) als die »Real Dogs«. Im Rahmen der hier vorgelegten Arbeit bezeichnete der »Wahre-Hund« jedoch nur den Anführer des Hundebundes. Armer Wolf und Büffelvogel Frau (Buffalo Bird Woman) erzählten Lowie, daß es zwei Wahre-Hunde gab, während Haariger Mantel (Hairy Coat) nur von einem berichtete. Die Ursprungsmythen des Hundebundes, die später erwähnt werden, sprechen nur von einem Wahren-Hund.

[35] Bowers (1965: 194, 198). Obwohl der Bund als Gruppe gekauft wurde, konnten Personen, denen Qualifikation fehlte, am Eintritt gehindert werden.

[36] Lowie (1913c: 284).

Armer Wolf war ein führendes Mitglied der Schwarzmäuler gewesen, wobei er einmal einen Konflikt zwischen den Arikara und den Assiniboin beigelegt und bei einer anderen Gelegenheit geholfen hatte, Frieden mit den Yanktonai-Sioux auszuhandeln[37]. Obwohl Armer Wolf kein Wahrer-Hund war, war seine Qualifikation für das Amt gewiß ähnlich wie die des Wahren-Hundes.

Haariger Mantels Vater war ein Wahrer-Hund

Der Hundebund veranstaltete jedes Jahr Vorführungen, Tänze, Züge und Feste[38]. Die große Verkaufszeremonie, in der der Hundebund verkauft und wieder gekauft wurde, fand jedoch nur gelegentlich statt[39]. Haariger Mantel (Hairy Coat) berichtete folgendes über seinen Vater, der einmal ein Wahrer-Hund gewesen war und im Verlauf einer solchen Zeremonie das Amt des Wahren-Hundes kaufte. Der vorige Amtsinhaber betete für seinen zeremoniellen Sohn (dem Vater von Haarigen Mantel) zu den »Himmelshunden«, jenen mythischen Hunden, die den Bund und das Verhalten des Wahren-Hundes eingeführt hatten. Hierbei verwendete er verkehrte Sprache: *»Ich hoffe, daß mein Sohn sofort stirbt. Ich wünsche ihm kein langes Leben. Wenn er etwas wünscht, hoffe ich, daß es nicht in Erfüllung geht oder dann nur nach langer Zeit[40].«*

[37] Lowie (1913c: 274–276, 278).

[38] Der Hundebund führte wahrscheinlich das Ritual durch, indem Fleisch mit bloßen Händen aus kochendem Wasser geholt wurde. Diese Heißwasservorführung war jedoch kein normaler Teil ihrer Tänze, da ein eigener Hidatsa-Bund, die »Heißtänzer«, ihn und Feuertanz-Riten aufführten (Lowie 1913c: 252–253, 288).

[39] Die Zeit der Mitgliedschaft im Hundebund variierte zweifellos. Ich vermute, daß es sich um eine Zeitspanne von ungefähr fünf bis fünfzehn Jahren gehandelt haben könnte. Nehmen wir zum Beispiel den Fall des Armen Wolfs. Im Alter von 20 bis 27 war er Mitglied der Verrückten-Hunde, von 27 bis 36 war er bei den Halb-Rasierten-Köpfen, von 28 bis 45 bei den Schwarzmäulern, also in zwei Gruppen gleichzeitig. Erst im Anschluß daran war er ein Hund. Er verkaufte seine Mitgliedschaft bei den Hunden niemals und erzählte Lowie daher im Jahre 1910, als er etwa 90 Jahre alt war, daß er das letzte überlebende Mitglied des Bundes sei (Lowie 1913c: 234, 273, 274, 280, 284).
Der Bullenbund war in der Hidatsa-Reihe dem Hundebund nachgeordnet, Armer Wolf konnte sich jedoch nicht in den Bund einkaufen, da er nach 1837 praktisch nicht mehr existierte (Bowers 1965: 198).

[40] Lowie (1913c: 289).

Der Wahre-Hund hatte einen Begleiter, dessen Aufgabe es zum Beispiel war, ihn für Tänze zu kleiden und mit ihm in den Kampf zu ziehen. Während der Verkaufszeremonie wurde ein neuer Begleiter folgendermaßen ausgerufen: *»Ich verkünde euch, wählt euch einen Mann aus, der auf den Wahren-Hund aufpassen soll, da jeder Hund jemanden hat, der auf ihn aufpaßt und ihn versorgt.«* Fast Ein Wolf (Almost A Wolf) meldete sich freiwillig und wurde der Begleiter von Haariger Mantels Vater. In dieser Rolle mußte Fast Ein Wolf verkehrte Sprache verwenden, wenn er mit seinem Herren sprach[41].

Zeremonieller Sex

Die Berichte, die von Robert Lowie und Alfred Bowers über den Hundebund vorgelegt wurden, erwecken den Eindruck, daß die Hunde während der Verkaufszeremonie und bei anderen Gelegenheiten zeremoniellen Geschlechtsverkehr praktizierten. Nach altherkömmlichem Brauch, die Altersklassenbünde zu verkaufen, boten die Käufer ihre Frauen den Verkäufern an oder überließen sie ihnen. Diese zeremonielle Praxis wurde, auch als *»Übergabe der Frauen«* bezeichnet, und fand zum Beispiel während der Verkaufszeremonie des Hundebundes statt[42].

Im Verlauf eines anderen Tanzes schliefen die Hunde mit irgendeiner Frau, ohne Rücksicht auf Verwandtschaftsbeziehungen. Bei Anbruch der Dunkelheit wurde die Tür der Tanzhütte verschlossen, und die Hunde konnten sich *»im Dunklen frei ihrer Leidenschaft hingeben«*. Zuerst packte sich der Wahre-Hund eine Frau und umarmte sie. Dann taten die anderen Hunde es ihm nach. Verwandtschaftstabus wurden nicht respektiert[43].

Tearless-eyes once caught hold of one of his mothers-in-law, who cried out, but was quieted by other people, who told her not to cry as she was merely submitting to the rule. Another man caught a young

[41] Lowie (1913c: 288).

[42] Lowie (1913c: 228, 290n); Bowers (1965: 198). Die Überlassung der Frauen gehörte auch zu den Verkaufszeremonien der Mandan.

[43] Lowie (1913c: 285, 290).

woman, who afterwards turned out to be his sister. When the Dogs had done, the doors were opened, and the women ran off[44].

Die den Hunden in diesem Tanz eingeräumten sexuellen Freiheiten wurden als Ausgleich für die Gefahren gesehen, denen sie im Krieg ausgesetzt waren. Die Hunde ignorierten Verwandtschaftsbeziehungen nicht deshalb, weil der Wahre-Hund ein *Contrary* war und die übrigen Hunde das gleiche taten, sondern weil sie, wie man glaubte, gewöhnlich so handelten, wie Hunde es eben tun.

Hundeimitation

Die Imitation von Hundeverhalten tauchte bei vielen Organisationen der Plainsindianer auf. Eine lange Liste von Hundegruppen könnte hier aufgeführt werden[45]. Im Hundebund der Hidatsa war hundeähnliches Verhalten mit einer Befreiung von sozialen Regeln verbunden, zum Beispiel während der zeremoniellen sexuellen Handlungen. Darüber hinaus stahlen die Offiziere der Hunde vor aller Augen Fleisch während der Feste anderer Bünde[46]. Da sie hochgeachtete Persönlichkeiten waren, konnte dies niemand verhindern.

Hundeimitation kam im Hundebund der Hidatsa auch auf andere Weise vor. Der Begleiter kümmerte sich um den Wahren-Hund, gerade so, wie man auf Hunde aufpaßt. Die Hunde wurden mit Stöcken geschlagen, um sie in die Festhütte zu treiben, und der Wahre-Hund wurde zum Tanz gespeitscht. Vor dem Gesang heulten die Hunde wie echte Hunde[47].

Hundeimitation ist kein konträres Verhalten. Der Wahre-Hund ging jedoch einen Schritt weiter, als nur Hunde zu imitieren. Seine Mißachtung heiliger Dinge und sozialer Regeln stellt eine Mischung aus Hundeimitation und konträrem Verhalten dar.

[44] Lowie (1913c: 290).

[45] Zum Beispiel der Jugendbund »Act Like Dogs« der Krähenindianer (Linderman 1962: 49) und viele andere Kriegerbünde: »Dog-Men« oder »Dog Soldiers« der Cheyenne (Grinnell 1923: 71), der »Dog society« der südlichen Ute (Lowie 1915b: 823), »Dogs« der Oglala-Sioux (Wissler 1912: 54), »Young Dogs« der Arikara (Lowie 1915a: 658) und »Dogs« der Piegan-Blackfoot (Wissler 1913: 395).

[46] Lowie (1913c: 288, 289–290).

[47] Lowie (1913c: 288, 290).

Eine konträre Laufbahn im Alter

Der *Contrary* der Hidatsa war der Wahre-Hund, in mittlerem Alter, verheiratet, von gutem Urteilsvermögen und mit hohem Ansehen. Er war auch der Anführer eines wichtigen Kriegerbundes. Der Wahre-Hund mußte trotzdem immer das Gegenteil von dem sagen, was er meinte, wenn er andere ansprach. Entsprechend waren andere dazu verpflichtet, mit ihm verkehrt zu sprechen[48].

Traf der Wahre-Hund seine Frau außerhalb des Lagers und sagte sie zu ihm: *»Komm, Wahrer-Hund«,* dann drehte er sich um und ging fort. Verbot sie ihm, sich zu nähern, rannte er zu ihr hin[49].

Im Winter ging ein Wahrer-Hund Namens Blutiger Mund (Bloody Mouth) im Dorf und in den Wäldern nur mit einem Lendenschurz und einer Mütze bekleidet. Er trug eine Pfeife und ein Feuersteinmesser mit sich. Ihm war nie kalt an den Füßen. Er tat dies, um zu zeigen, daß er der Wahre-Hund war[50]. Barfuß im Lager herumzulaufen war ein Charakterzug des Wahren-Hundes[51].

Der Kern des konträren Daseins des Wahren-Hundes war wahrscheinlich seine Respektlosigkeit vor heiligen Dingen. Dies war verbunden mit der Einstellung: Wenn ich es will, nehme ich es. Es ist ein merkwürdiger Aspekt des Hidatsa-*Contrary,* daß jemand, der eine hohe Stellung anstrebte und die Verantwortung eines Anführers eines Bundes übernahm, dazu verpflichtet war, Ungehorsam und Selbstsucht zu zeigen, also Züge, die bei Plainsindianern sonst kaum geduldet waren.

Mißachtung des Medizinmannes

Wolf Häuptling (Wolf Chief) erzählte Lowie den folgenden Zwischenfall, bei dem ein Wahrer-Hund die Anordnungen eines Medizinmannes mißachtete.

Eine Gruppe von Hidatsa-Jägern wurde nicht weit von ihrem Dorf

[48] Lowie (1913c: 285, 288–289).
[49] Lowie (1913c: 288).
[50] Lowie (1913c: 288).
[51] Bowers (1965: 195).

von Kriegern der Cheyenne getötet. Zu dieser Zeit gab es nur wenige Hidatsa, und sie baten die Assiniboin um Hilfe, die in der Nähe ihre Lager aufgeschlagen hatten. Viele Krieger der Assiniboin folgten dem Hilferuf und einer ihrer Medizinmänner sprach ein Gebet und sang. Er hatte alle Gewehre gesammelt und stellte fest, daß die Zeichen günstig für den Kampf gegen die Cheyenne standen. Nahrungsopfer wurden neben die Gewehre gelegt, und der Assiniboin-Medizinmann ordnete an, daß niemand sich vor die Gewehre stellen dürfe.

Natürlich wagte niemand, gegen die Befehle des Medizinmannes zu verstoßen – mit einer Ausnahme, dem Wahren-Hund. Er ging zu den Gewehren und der Opfergabe und sagte: *»Morgen ist der Tag für mich zu sterben, es ist mir egal, wessen Nahrung dies ist. Wenn ich sie haben will, dann nehme ich sie.«*

Die Menschen waren sich bewußt, daß dies den Tod des Wahren-Hundes am nächsten Tag im Gefecht bedeuten würde. Sie konnten nicht verstehen, warum er so handelte. Freimütig gestand der Wahre-Hund ihnen: *»Warum habt Ihr mich dahin geschickt? Ihr hättet mir das Gegenteil von dem sagen sollen, was Ihr meint.«* Ein Hidatsa-Medizinmann versuchte noch, das nahende Unglück zu verhindern, hatte aber keinen Erfolg, es war zu spät.

Bei Tagesanbruch ging der Wahre-Hund geradewegs in das Lager der Cheyenne, bevor die Assiniboin- und Hidatsa-Krieger angriffen. Die Verbündeten brachten später alle Cheyenne in einer regelrechten Schlacht um. Schließlich fanden sie die Leiche des Wahren-Hundes – in Stücke geschnitten[52].

Man konnte nicht erwarten, daß sich der Assiniboin-Medizinmann, der den Befehl erteilt hatte, nicht vor die Gewehre zu treten, der konträren Gewohnheiten des Wahren-Hundes bewußt war. Ebenso geht aus der Erzählung hervor, daß die Hidatsa zur Zeit des Zwischenfalles nicht wußten, wie man den Wahren-Hund korrekt anspricht.

Der Wahre-Hund im Krieg

Die Regel der verkehrten Sprache galt selbst im Krieg. Um sicherzu-

[52] Lowie (1913c: 289).

stellen, daß der Wahre-Hund Befehle, die anderen Kriegern zugedacht waren, nicht auf inverse Weise befolgte, hatte der Wahre-Hund einen Begleiter, der die Aufgabe hatte, ihn zurückzuhalten und ihn vor Gefahren zu retten. Stellte der Feind eine große Gefahr dar, sagte der Begleiter zum Wahren-Hund: *»Geh jetzt!«* Oder: *»Los geht's, spring auf die Feinde!«* Dann zog sich der Wahre-Hund zurück. Erschien der Feind ängstlich, sagte der Begleiter: *»Oh, da ist große Gefahr!«* Oder: *»Komm zurück, geh nicht näher zu den Feinden!«* Nur dann griff der Wahre-Hund an[53].

Ursprungsmythen des Hundebundes

Gelber Hund war die mythische Figur, die die verschiedenen Hundebünde bei den Hidatsa gegründet hatte[54]. Er kam, um die Menschen zu belehren und erklärte ihnen die Aufgabe des Begleiters, die Kostüme, die bei den Hundezeremonien getragen werden mußten, und ebenso die Riten, die sexuelle Freiheiten erlaubten. Gelber Hund lehrte sie auch die Art und Weise, wie der Wahre-Hund im Krieg zu handeln habe, die Sitte der »Rückwärtssprache« und die Regeln ihrer Anwendung. Er sagte, der Wahre-Hund solle nichts als heilig betrachten und könne zum Beispiel Fleisch, das zum Trocknen aufgehängt sei, nehmen und es den Vögeln oder Hunden zum Fraß vorwerfen.

Die *Contraries* der Ponca

Die *Contraries* der Ponca – falls es richtig ist, sie als *Contraries* zu bezeichnen – gehörten zum Kult namens »Die-Verrückte-Männer-Nach-

[53] Lowie (1913c: 285, 288–289).

[54] Nach den vielen mythologischen Berichten war Gelber Hund (Yellow Dog) entweder mit den Himmelshunden (Celestial Dogs) verknüpft, oder mit einer mythologischen Figur, deren Mutter eine Hidatsa und deren Vater ein Wolf oder Hund war (Lowie 1913c: 285–286; Bowers 1965: 195–196).

machen[55].« Die verfügbaren Informationen über diesen Kult sind jedoch sehr dürftig, und eindeutige Folgerungen sind daher nicht möglich. Nichts kann ausgesagt werden über die Notwendigkeit einer Traumerfahrung, die Zahl der Mitglieder, die Struktur des Kults, die Verbindung mit kriegerischen Taten, oder ob es verkehrte Sprache gab. Es ist nicht einmal sicher, ob die Verrückten-Männer nach dem konträren Prinzip handelten, oder ob sie einfach Spaßmacher und Clowns ohne jegliche soziale oder zeremonielle Bedeutung waren, wie Alanson Skinner behauptete.

Nichtsdestotrotz weisen der Name des Kults und ebenso die lächerlichen und tollkühnen Nummern, die mit ihm verbunden sind, darauf hin, daß er durchaus ein konträrer Bund gewesen sein könnte. Zumindest ihre Methode, einen Bach zu überqueren, paßt perfekt zum konträren Prinzip. Es war normalerweise üblich, nur die Mokassins und Leggings eines Beines auszuziehen, um dann auf dem nackten Bein durch einen Bach zu hüpfen, der zu breit zum Überspringen war. Der Angehörige der Verrückten-Männer der Ponca durchquerte jedoch den Bach, indem er auf dem bekleideten Bein hüpfte und dabei sorgfältig das nackte Bein vor Nässe schützte[56].

Wenn die Verrückten-Männer eine *Contrary*-Gruppe waren, so würde dies bedeuten, daß es drei unterschiedliche Ponca-Organisationen gab, die alle zusammen dem Heyoka-Kult der Sioux entsprachen: »Die Verrückte-Männer-Nachmachen«, die Heyoka und der Donnerkult[57].

Ein häufiges Abenteuer der »Frauenfänger« (Women Catchers), eines Ponca-Clubs für junge Männer, übrigens auch eine ähnliche

[55] Der einzige Bericht über die Verrückte-Männer-Imitatoren der Ponca ist derjenige von Skinner (1915b: 789), der den Kult *thanigratha* oder »Those-Who-Imitate-Mad-Men« nannte. Howard (1965: 124) lieferte keine neue Darstellung über diese Gruppe und bezeichnete sie lediglich neu mit dem Ponca-Begriff *Danibdadá*.

[56] Skinner (1915b: 789). Standing Bear (1933: 210), ein Sioux-Häuptling, schrieb diesen Zwischenfall dem Lakota-Heyoka namens Bricht Schale (Breaks Shell) zu.

[57] Die Heyoka der Ponca war ein Traumkult, der im Frühjahr die Heißwasserzeremonie aufführte und hierbei wahrscheinlich verkehrte Sprache verwandte. Der Donnerkult wurde von jenen durchgeführt, denen übernatürliche und magische Kräfte übertragen worden waren (Skinner 1915b: 789). Das Vorhandensein des Donnerkults bei den Ponca basiert auf einer flüchtigen Bemerkung in Fletcher und La Flesche (1911: 490–491).

Gruppe bei den Crow, bestand darin, sich an eine Frau anzuschleichen und ihre Genitalien zu berühren. Junge Männer rühmten sich solcher Eroberungen. Auch die Verrückten-Männer vollbrachten solche »Heldentaten«. Aber im Gegensatz zu den anderen, die dies nachts außerhalb des Frauenzelts durchführten, indem sie unter der Zeltplane durchgriffen, krochen sie bei hellem Tageslicht heran[58].

Das Kriegswesen auf den Plains

Die Bedeutung des Kriegswesens der Plainsindianer ist nicht eindeutig geklärt. Ohne mich auf die verwickelten und wortreichen Diskussionen einzulassen, die den Rahmen dieser Arbeit sprengen würden, stimme ich mit Lowie und anderen darin überein, daß das Hauptmotiv der kriegerischen Gebräuche der Plainsindianer im Streben nach Prestige, Ehre und persönlichem Ruhm bestand[59]. Die Betonung in der Gesellschaft lag auf Mut, Kühnheit und Furchtlosigkeit. Der Beruf der meisten Männer bestand darin, auf den Kriegspfad zu ziehen. Paget bemerkte, daß jemand, der die Indianer gut kennt, niemals ihren Mut in Frage stellen würde. Sie schrieb: *»Während der Gefahren und Aufregungen von Raubzügen oder Kämpfen zeigten sie niemals auch nur ein Körnchen Angst[60].«*

Die militärischen Ambitionen waren auf den Plains sehr stark, und Kriegsehren konnten eine beherrschende Rolle in der sozialen Stellung spielen. Mutige Taten und glanzvoller Tod, einschließlich dem des Feindes, wurden bewundert. Der Wunsch, die Leistungen der anderen zu übertreffen, trug zur Entstehung extremer Formen militärischer Pflichten, Ehren und Fähigkeiten bei. Um andere im Mut und in der Verachtung von Gefahr zu übertreffen, mußte der ehrgeizige Krieger zu äußersten Handlungen greifen. Viele dieser Extreme wurden als verrückt oder leichtsinnig bezeichnet.

In traditioneller Plainskultur wurde Krieg nicht zwecks Eroberung, Landgewinn oder wirtschaftlichem Vorteil geführt. Das Kriegswesen

[58] Skinner (1915b: 788, 789); Lowie (1935: 50).
[59] Lowie (1982: 104–105); ebenso, Skinner (1915a: 687–688); Bowers (1965: 281); Murie (1914: 590–591); Standing Bear (1933: 39–40, 170); Kidd (1986: 160–162), und andere.
[60] Paget (1909: 82–83).

der Plains kann nicht nach den Maßstäben der Strategie und der Ziele westlicher militärischer Bemühungen gemessen werden. Krieg war jedoch kein harmloses Spiel. Wiederholte Angriffe eines stärkeren Feindes konnten sich verheerend auswirken und zu Völkerwanderungen führen. Die Verteidigung von Lager und Dorf waren von essentieller Bedeutung. Für die Mandan, Hidatsa und Arikara war es nötig, Palisaden, Gruben und Mauern um ihre Dörfer zu errichten.

Kampf war hauptsächlich eine Sommerbetätigung, zumindest vor der Einführung und kulturellen Integration des Pferdes, die bei den meisten Plainsstämmen um 1780 abgeschlossen war[61]. Die Liebe zum Krieg existierte bereits vor der Ankunft des Pferdes. Seine Einführung erlaubte es, den Krieg auf einer intensiveren Ebene zu führen, ebenso wie der Erwerb von Feuerwaffen die Zahl der Toten erhöhte. Pferde und Feuerwaffen erhöhten auch die Effektivität der Büffeljagd.

Die größte Zahl von Kämpfen mit den Weißen fand zwischen 1850 und 1890 statt, als die traditionelle Kultur der Plains drastischen Veränderungen unterworfen war. Man braucht nur an die Konflikte mit weißen Siedlern und Goldsuchern zu denken sowie an die Indianeragenten, aufgezwungenen Verträge, Reservate, Hungersnöte, Massaker, Kriegszüge der US-Armee, die Colorado-Reservisten und Texas Rangers, die Haubitzen, usw.

Verrückte-Krieger und Mutverpflichtung

»Schläge zählen« (counting coup) war ein standardisiertes System, um kriegerische Heldentaten anzuerkennen, und es wurde in der traditionellen Plainskultur hoch geschätzt. Ein Krieger erzielte einen typischen »Coup«, indem er als erster den Feind mit seiner Hand berührte[62]. Zu diesem Zweck trugen manche Krieger einen speziellen Coupstock. Es gab keine Absicht zu töten oder zu verletzen. Das Ziel war einfach, den Feind zu berühren. Ein Zeuge war nötig, der den Erfolg der Handlung bestätigen mußte. Auch andere militärische Taten wurden nach dem Coupsystem bewertet. Nicht nur das, es gab neben

[61] Wissler (1914: 6); Roe (1955: 93); Hains (1938: 430; 1976: 66).

[62] Grinnell (1910: 296). Das Wort »coup« ist aus dem französischen abgeleitet und bedeutet soviel wie Schlag oder Hieb.

dem Coupsystem noch andere Maßstäbe, um Kriegsehren zu erlangen.

In wahrscheinlich allen Stämmen der Plains gab es Krieger oder Kriegergruppen, die sich darauf festgelegt hatten, schwierige Mutbeweise zu erbringen. Diese Gruppen werden hier mit dem Gattungsnamen »Verrückte-Krieger« belegt. Die verbreitetste Form von Verpflichtung zum Mut bestand unter den Verrückten-Kriegern darin, an einem Fleck auszuharren und diesen zu verteidigen. Die zur Verteidigung verpflichtet waren, mußten im Gefecht standhalten und durften sich unter keinen Umständen von ihrem Platz zurückziehen. Manche Bünde setzten nur einen Mann für diese Aufgabe ein, andere wiederum hatten mehrere dafür vorgesehen. Oft waren es die führenden Mitglieder der Bünde[63].

Der Verrückte-Krieger mit Verpflichtung zum Standhalten mußte sich an einer besonders gefährlichen Stelle anpflocken. Die häufigste Methode, die Verteidigungsposition einzunehmen, bestand darin, einen Pfeil oder eine Lanze durch das freie Ende einer langen Schärpe hindurch in den Boden zu stoßen. Das andere Ende der Schärpe wurde um den Hals getragen. Eine andere Methode war, einen Stock oder ein Emblem in den Boden zu stecken und daneben zu kämpfen. Während er an den Boden gebunden war, war der Verteidigungskrieger dazu verpflichtet, zu kämpfen und niemals die Flucht zu ergreifen. Da es dem Krieger verboten war, sich von dieser Position zurückzuziehen, durfte er auch nicht vorrücken. Nur seine Begleiter oder Kameraden konnten ihn von seiner Verpflichtung befreien, indem sie seinen Stock aus dem Boden zogen. Egal, wie groß die Gefahr war, der Verrückte-Krieger durfte sich nicht zurückziehen, sogar wenn die anderen ihn vergessen hatten. Eine Folge hiervon war, daß viele Ver-

[63] Bei den Hidatsa gab es zumindest vier militärische Organisationen, die Offiziere oder Anführer mit Verpflichtung zur Verteidigung hatten: die Schwarzmäuler (Black Mouths), die Junge Füchse (Kit-Foxes), die Verrückten-Hunde (Crazy Dogs), die Wahren-Hunde (Real Dogs) und möglicherweise die Raben (Ravens), (Lowie 1913c: 255, 275, 281, 284). Zahlreiche andere Plainsstämme hatten Organisationen mit Kriegern, die standhalten mußten, so die Arapaho (Trenholm 1970: 79–80), Arikara (Lowie 1915a: 665), Cheyenne (Grinnell 1923: 69–70, Bent MS), Crow (Lowie 1913b: 193), Kiowa (Lowie 1916a: 847), Kiowa-Apache (Grinnell 1923: 69), Mandan (Lowie 1913c: 313), Pawnee (Murie 1914: 560), Ponca (Skinner 1915b: 786), Santee-Sioux (Lowie 1913a: 108) und gewiß anderen.

rückte-Krieger bis zum Sieg oder bis zum Tod kämpften. »*Daß sie getötet werden konnten, war ihnen egal, da dies ja genau der Grund war, warum sie Offiziere waren*[64]*.*«

Einige Mitglieder des Verrückte-Hundebundes der Pawnee waren auch Standhaltkrieger, die ihr Prinzip bis zu einem außergewöhnlichen und besonders waghalsigen Extrem trieben, indem sie sich im Gefecht ihren Penis an den Boden banden. Die Organisation wurde auch als der Angebundene-Penis-Bund (Tied-Penis society) bezeichnet. Der Verrückte-Hund band eine Schnur an seinen Penis, die zu einem Seil führte, welches wiederum an einem Stock befestigt war, der im Boden steckte. Auf diese Weise kämpften sie im Angesicht des Feindes. Auch ihnen war es verboten, sich zurückzuziehen[65].

Neben dem Versprechen standzuhalten war die zweithäufigste Verpflichtung zum Mut, den Feind anzugreifen, ohne Rücksicht auf Verluste. Sowohl die Verteidigungs- als auch die Angriffsverpflichtungen standen außerhalb des Coupsystems. Es gab noch andere Tapferkeitsverpflichtungen, aber es wäre aufgrund ihrer Vielfalt müßig, ihnen Namen zu geben.

Die Angriffskrieger mußten gegen feindliche Soldaten direkt vorrücken, bis sie auf sie trafen, ohne zu stoppen, sich zurückzuziehen oder sich hinter Bäumen zu verstecken. Krieger mit dieser Verpflichtung gab es bei einigen Militärbünden der Plains. Der konträre Krieger der Cheyenne ist in diesem Zusammenhang bereits erwähnt worden. Die Hunde der Oglala-Sioux waren 40 bis 50 Krieger, die versprochen hatten, immer gegen den Feind vorzurücken. Dies bedeutete, daß sie immer bis zum bitteren Ende kämpften. Die Hunde hatten es zu beträchtlicher Berühmtheit gebracht und wurden als nahezu unbesiegbar betrachtet, bis sie schließlich um 1870 ausgerottet wurden[66].

[64] Lowie (1913a: 108).

[65] Murie (1914: 580).

[66] Wissler (1912: 54). Bei den Crow war der Anführer oder die Anführer des »Crazy Dog«-Bundes auch ein Angriffskrieger, der nur gegen den Feind vorrücken durfte und sich niemals zurückzog (Lowie 1913b: 193). Die »Todesmänner« (Death Men) des Schwarzmäulerbundes (Black Mouth society) der Hidatsa führten im Kampf zum Angriff und durften sich ebenfalls niemals zurückziehen, außer wenn sie an Brust oder Rücken verletzt waren (Lowie 1913c: 276). Ein weiteres Beispiel sind die Mitglieder des »Ergreife-Nicht-die-Flucht«-Bundes (Make-No-Flight society) der Omaha (Lowie 1916b: 889).

Zur Tollkühnheit verpflichtet

Für die Plainskrieger galt alles andere als das Prinzip: Vorsicht ist die bessere Hälfte der Tapferkeit. Sie waren vielmehr von einer unglaublichen Tollkühnheit geprägt. Die Mutigen-Hunde (Brave Dogs) waren ein Zweimann-Bund der Schwarzfußindianer. Wie andere Angriffskrieger waren die Mutigen Hunde verpflichtet, sich dem Feind zu nähern und sich niemals zurückzuziehen. Dies bedeutet zum Beispiel, daß, wann immer Feinde ihren Weg kreuzten, das Paar auf geradem Weg vorwärtsgehen mußte, ohne auf Folgen Rücksicht zu nehmen. Sie waren nicht nur zum Mut, sondern geradezu zur Tollkühnheit verpflichtet. Sie mußten sich erst vor den Feind stellen, dann lediglich tanzen und singen[67].

Der Krähenlanzen-Bund (Crow Lance society) der Skidi-Pawnee hatte die seltsame Gewohnheit, seine Mitglieder beim Tanz oder im Krieg aneinanderzufesseln. Die Gruppe hatte die Aufgabe, bei allen Gelegenheiten als Nachhut am Ende des Stammes zu marschieren. Bei einem Angriff bestand ihre erste Tat darin, sich aneinander festzubinden, indem sie ein Seil aus Büffelhaut durch ihren Gürtel zogen. Auf diese Weise kämpften sie gemeinsam. Wurde jemand getötet, schleppten die anderen die Leiche mit sich herum. Der Bund wurde schließlich ausgerottet, als alle Mitglieder im Krieg gefallen waren[68].

Verrückte-Krieger der Yankton-Sioux

Die Verrückte-Krieger einer Organisation der Yankton-Sioux, deren Name niemals aufgezeichnet worden ist, zeigten die vielleicht beeindruckendste Mißachtung von Gefahr. Etwa um 1805 hatten Lewis und Clark von dieser bemerkenswerten Gruppe gehört[69].

[67] Wissler (1913: 398).

[68] Murie (1914: 570–573).

[69] Lewis und Clark (1965: 95–96). Grinnell (1923: 79n) und Wissler (1912: 12–13) erwähnten diese Kriegergruppe der Yankton-Sioux ebenfalls, die man aber nicht mit den »Keine-Flucht«-Bünden (No-Flight societies) der Santee-Sioux (Lowie 1913a: 106–108) oder der Oglala-Teton-Sioux (Wissler 1912: 29) in Verbindung bringen konnte. Letztere gab es ungefähr von 1862 bis 1875.

Zum Verrückte-Kriegerbund gehörten jeweils mehr als zwanzig Männer zwischen 30 und 35 Jahren. Die Mitglieder waren in ihren Dörfern hochgeachtet. Ihre Verpflichtung bestand darin, in einer direkten Linie und ohne Umwege gegen den Feind vorzugehen. Kurz bevor Lewis und Clark die Yankton trafen, war ihre Zahl in einem Gefecht gegen die Crow von 22 auf vier gesunken. Die vier Überlebenden wären wahrscheinlich ebenfalls getötet worden, hätte sie nicht andere Yankton-Soldaten vom Schlachtfeld weggeschleppt.

Die Verrückten-Krieger der Yankton dehnten ihr militärisches Versprechen auf andere Bereiche aus. Als einmal viele Yankton den zugefrorenen Missouri überquerten, lag plötzlich ein Luftloch im Eis gerade auf dem Weg der Verrückten-Krieger. Jedermann hätte das Loch leicht meiden und es umgehen können, aber der erste Verrückte-Krieger ging geradewegs auf das Loch zu, fiel hinein und wurde nie wieder gesehen. Der Rest seiner Gruppe wäre ihm in den Tod gefolgt, wenn andere dies nicht verhindert und sie um das Loch herumgeschleppt hätten.

Die Krieger der Yankton waren keine *Contraries.* Wie letztere waren sie jedoch einem Verhaltensgrundsatz zutiefst verpflichtet (zum Beispiel der absichtlich herbeigeführten Begegnungen mit der Gefahr), ob im Krieg oder nicht. In der Tat war die Befolgung von Verhaltensgrundsätzen wie Tierimitation, Verpflichtung zum Mut, konträres Prinzip usw. eine unerläßliche und tief verwurzelte Eigenschaft des zeremoniellen und spirituellen Lebens in den Plains.

Inverse-Bünde

Alle *Contrary*-Gruppen verwendeten verkehrte Sprache. Selbst bei den Heyoka der Sioux war sie weit verbreitet. Darüber hinaus wurde verkehrte Sprache auch von vielen Nichtkonträren Gruppen verwendet. Daher war nicht jeder, der verkehrt sprach, ein *Contrary,* und konträres Sein war nicht ausschließlich davon abhängig, daß man sich in verkehrter Sprache ausdrückte.

Verkehrte Sprache drehte die Bedeutung dessen, was man sagen wollte, ins Gegenteil. Sie ist eng mit einer »verkehrten Auffassung« und entsprechenden Ausführung von Befehlen verbunden. Die Bitte: »Großvater komm her!« bewirkt, daß Großvater weggeht. Diese Verhaltensweise, die darin bestand, daß man das Gegenteil von dem tat, worum man gebeten wurde, wird hier »verkehrte Auffassung« und entsprechende Ausführung von Befehlen genannt. Sie ist ein Beispiel für konträre Handlung, ich möchte jedoch zwischen ihr (konträrem Reagieren) und der ausgeprägten Form konträren Verhaltens (konträrem Agieren) unterscheiden.

Gruppen, die absichtlich dem Prinzip der verkehrten Sprache – und auch der »verkehrten Auffassung« und Ausführung von Befehlen – anhingen, sind nach meiner Terminologie »inverse Bünde«. Einige von ihnen verwendeten verkehrte Sprache nur in Zeremonien und im Krieg, wie zum Beispiel der Klintidie-Bund der Kiowa-Apache oder der Koitsenko-Bund der Kiowa, während die »Gelbnasen« der Plains-Shoshone sie immer benutzten.

Die inversen Bünde waren Militär- und Tanzorganisationen. Ihre Krieger kehrten die Bedeutung militärischer Befehle ins Gegenteil. Sie konnten nur angreifen, wenn man ihnen befahl, sich zurückzuziehen. Befahl man den Angriff, zogen sie sich zurück.

Die Gelbnasen der Plains-Shoshone

Die Wind-River-Gruppe der Shoshone unternahm beständig Raubzüge auf den Plains und wird, kulturell gesehen, als Randgruppe der Plainsindianer betrachtet. Mitglieder ihres Gelbnasen-Bundes (Yellow Noses society) verwendeten verkehrte Sprache und »verkehrte Auffassung« und Ausführung[70]. Sie können als eine Polizeiaufsicht gesehen werden, die in erster Linie dazu diente, die gemeinsamen Jagden und Märsche zu regeln. Obwohl ihnen Lowie den Status eines Militärbundes absprach, handelten sie im Kampf als Gruppe.

Die Gelbnasen hingen nicht (wie die *Contraries*) dem konträren Prinzip an. Sie hatten sich indessen stark auf die Verwendung verkehrter Sprache und »verkehrter Auffassung« und Ausführung von Befehlen festgelegt, nicht nur während ihrer Zeremonien und Kriegsaktivitäten, sondern auch, wenn man sie als Individuum oder als

[70] Diese Anmerkungen über die Gelbnasen stützen sich auf Lowie (1915b: 813–815; 1924a: 283).

Gruppe ansprach. Zum Beispiel bedeutete *»Gib mir nicht einen Becher Wasser!«* für eine Gelbnase das Gegenteil. Wollte eine Frau eine Gelbnase heiraten, wußte sie, daß seine Ablehnung Zustimmung bedeutete. Die ersten Weißen, die den Schlangenindianern (Plains-Shoshone) begegneten, fragten die Gelbnasen, ob sie Freunde werden wollten. Die Gelbnasen antworteten: *»Nein!«*

Als Krieger rührten sich die Gelbnasen nicht vom Fleck, wenn man ihnen befahl anzugreifen. Wenn der Häuptling sagte: *»Greift den Feind nicht an!«*, so antworteten sie: *»Nein, wir werden nicht angreifen«*, und begannen gleichzeitig anzugreifen[71].

Der Koitsenko-Bund der Kiowa

Von den sechs Militärbünden der Kiowa waren zwei ausschließlich für Jünglinge. Drei von den vier Männerbünden waren zu Tapferkeit verpflichtet. Nach Robert Lowie verwendeten alle Mitglieder des sechsten Bundes, das Koitsenko, verkehrte Sprache im Gefecht und beim Tanz[72].

Der Bund hatte etwa zehn Mitglieder, die 25 Jahre oder älter waren. Wollten sie tanzen, so sagten sie: *»Wir wollen jetzt kein Fest!«* Sie alle gehörten zu den größten Kriegern und genossen hohes Ansehen. Im Kampf wichen sie nicht von der Stelle und schrien lauthals: *»Ich renne weg[73]!«*

Der Klintidie-Bund der Kiowa-Apachen

Der Klintidie-Bund der Kiowa-Apachen war keine wirkliche konträre Organisation. Nichtsdestotrotz waren sie verpflichtet, verkehrt zu sprechen und Befehlen, Anweisungen und Bitten verkehrt nachzukommen. Sie verwendeten diese Art zu sprechen und zu handeln nur im Krieg und beim Tanz. Der Bund hatte bis zu 16 Mitgliedern. Es gab vier Anführer, unter denen der Eulenmann besonders hervorragte.

71 Lowie (1915b: 815).

72 Lowie (1916b: 900). Die Übersetzung von Koitsenko (bzw. Qoitesenko oder Kaitsenko) ist unsicher: Wahre Hunde, Haupthunde, Häuplingshunde oder Pferde (Lowie 1916a: 847–848; Mooney 1898: 230, 284–285; Mayhall 1962: 138).

73 Lowie (1916a: 849).

Obwohl die Eule von den Kiowa-Apachen als geheimnisvollster und heiligster Tiergeist betrachtet wurde, ist nicht bekannt, ob eine Verbindung zwischen der Eule und dem Eulenmann gesehen wurde.

Der Eulenmann hatte das Privileg, mit Frauen in aller Öffentlichkeit Geschlechtsverkehr zu haben. Bei großen Versammlungen zog er sich ganz aus und konnte jede Frau wählen, die ihn nicht ablehnte. Nach einer solchen öffentlichen Darstellung bat er um Gesundheit und Glück für alle. Jede Frau, vorausgesetzt, sie war sich seines Konträr-Seins bewußt, konnte ihm ausweichen und sich schützen, indem sie zu ihm sagte: »*Tu es.*« In diesem Fall durfte er sie nicht berühren[74].

Einige Krieger des Klintidie-Bundes der Kiowa-Apachen waren auch Standfestkrieger[75]. Da sie verkehrte Sprache verwendeten und »umgekehrter Auffassung« zufolge handelten, erfolgte die Befreiung nur, wenn ein Kamerad seinen Pfeil aus dem Boden zog und sagte, er sollte dort bleiben. Da sich nicht alle Krieger der Kiowa-Apachen an verkehrte Sprache hielten, konnte leicht Verwirrung hervorgerufen werden, wenn ein allgemeiner Schrei zum Rückzug ausgestoßen wurde. Nur wenn jemand ihre Zwangslage bemerkte und sie zum Angriff aufforderte, konnten sich die Standfestkrieger zurückziehen.

Die *Contraries* der Crow

Es wird gesagt, daß die Crow die mutigsten und stolzesten aller Plainsindianer waren, und daß sie der Feind jedes Stammes waren, der ihnen in die Quere geriet[76]. Ihre »Verrückten-Hunde-Die-Ihren-Tod-Wünschen« bilden die letzte *Contrary*-Organisation, die ich bespreche[77].

[74] McAllister (1937: 153–156).
[75] McAllister (1937: 154–155).
[76] Curtis (1909a: 3).
[77] Die Information, die hier über die Verrückte-Hunde-Die-Ihren-Tod-Wünschen zusammengetragen ist, stammt aus Lowie (1913b: 193–196; 1918: 299–304; 1922a: 31–33; 1935: 331–334) und Curtis (1909a: 13–14), der sie »Der, der wünscht ein rücksichtsloser Hund zu werden« (He That Wishes To Become Reckless Dog) nannte. Ich verwende Lowies Übersetzung (Crazy-Dogs-Wishing-to-Die) für die Crow-Bezeichnung *micgye-twara'axe-akcewi'a.* Darüber hinaus gab es noch eine völlig unterschiedliche Gruppe bei den Crow namens »Verrückten-Hunde« (Crazy Dogs).

Die Verrückten-Hunde-Die-Ihren-Tod-Wünschen waren eine lokker organisierte Vereinigung, eine Art Selbstmordclub für junge Männer, die aus den verschiedensten Gründen nicht länger leben wollten. Ihr Verhalten war durch verkehrte Sprache, »verkehrte Auffassung« und Ausführung von Befehlen, Absurdität und eine große Unbesorgtheit für Leib und Leben charakterisiert, was letztlich zu ihrem Tod führte. Jeder, der sich an das Todesversprechen hielt, konnte ankündigen, daß er ein Verrückter-Hund sei, der zu sterben wünscht. Meist nur eine, vielleicht aber auch zwei Personen, erklärten sich im Laufe eines Jahres zu den Verrückten-Hunden-Die-Ihren-Tod-Wünschen. In manchen Jahren tat dies niemand, in anderen Jahren jedoch bis zu fünf oder mehr.

Für die Dauer einer Saison erwartete der Verrückte-Hund-Der-Seinen-Tod-Wünscht eifrig auf die erste Gelegenheit, den Tod im Kampf herauszufordern. Die Leute mußten von den Verrückten-Hunden-Die-Ihren-Tod-Wünschen großen Abstand halten, wenn die *Contraries* durch das Lager ritten, da sie auf alles und jeden schießen konnten. In der Tat fragte sich ein *Contrary* namens Eselhasen Kind (Jack Rabbit Child), ob er mutig sei und schoß sich mit einer Pferdepistole der Hudsons Bay Company in den eigenen Fuß[78].

Wenn der *Contrary* infolge zufälliger Umstände seinen selbstmörderischen Angriff im Gefecht überlebte, schied er aus der »Verrückten-Hunde-Die-Ihren-Tod-Wünschen«-Gruppe aus. Wenn er jedoch wollte, konnte er seine Verpflichtung zum Selbstmord für die nächste Saison erneuern. Jener Crow-*Contrary*, der im entscheidenden Moment den Mut verlor und sich weigerte, sein Leben dem Feind zu opfern, wurde als Witzfigur behandelt und wurde Objekt von Verachtung und Hohn[79].

Die Verrückten-Hunde-Die-Ihren-Tod-Wünschen und Frauen

Nach der maßgebenden Meinung von Robert Lowie war öffentliches Flirten bei den Crow im allgemeinen sehr verbreitet, und viele Junggesellen hatten »Schätze« in anderen Lagern. Jedoch gab es nie starke

[78] Curtis (1909a: 14).
[79] Curtis (1909a: 14); Lowie (1935: 331).

Eifersucht. Grauer Bulle (Gray Bull) erklärte Lowie, Frauen seien wie eine Büffelherde, und von einem Mann werde erwartet, daß er seine Leidenschaft erfüllt und nicht nur einen Büffel nimmt[80].

Die Beziehung zwischen Frauen und den Verrückten-Hunde-*Contraries* zeigt, daß es für Männer und Frauen keine Doppelmoral in der Crow-Gesellschaft gab. Alte Frauen jubelten lüstern, wenn die Verrückten-Hunde-*Contraries* ins Dorf ritten. In der Nacht konnten jüngere Frauen und selbst verheiratete Frauen sich einen *Contrary* aussuchen, um ihn zu trösten und ihre eigenen sexuellen Wünsche zu erfüllen. Die Ehemänner waren weder eifersüchtig noch wütend. Höchstens konnte ein prominenter Krieger neidisch sein, aber das steht auf einem anderen Blatt[81]. Am Tag ritten die Verrückten-Hunde-*Contraries* im Lager herum, schüttelten eine Rassel und sangen eine Erklärung, wonach sie nur für eine kurze Zeit auf der Erde sind, und daß alle Frauen eingeladen seien, sie zu besuchen. *»Ich bin nicht mehr lange am Leben; alle Frauen schaut mich an*[82]*.«*

Die Geschichte von Geflecktes Kaninchen

Geflecktes Kaninchen (Spotted Rabbit) und Junges Wollschwanzkaninchen (Young Cottontail Rabbit) waren zwei von den besser bekannten Verrückten-Hunde-Die-Ihren-Tod-Wünschen und jeder schloß sich der Gruppe aus verschiedenen Gründen an. Man sagte von Geflecktes Kaninchen, er sei der bestaussehende Crow, der je gelebt habe, gewesen[83]. Bevor er ein *Contrary* wurde, war er immer zufrieden und glücklich gewesen, und seine Liebe zu seinem Stiefvater, Gefleckter Fisch, war groß. Als Gefleckter Fisch starb, fand Geflecktes Kaninchen das Leben langweilig und nicht mehr lebenswert. Er erklärte sich zum Verrückten-Hund-Der-Seinen-Tod-Wünscht. Seine Mutter, Schwester und der ganze Familienklan versuchten, ihn davon abzubringen und trauerten über seine Entscheidung zu sterben.

[80] Lowie (1935: 48–49).
[81] Lowie (1922a: 32).
[82] Curtis (1909a: 13).
[83] Diese Aufzeichnung über Geflecktes Kaninchen stammt aus Lowie (1913b: 196; 1917: 84; 1918: 299; 1922b: 267; 1935: 18, 331–332).

Nachts kamen Frauen in sein Tipi und schliefen mit ihm. Er wurde der Liebhaber der Frau von Zwei Gesichter (Two Faces), den dies weiter nicht störte und der Geflecktes Kaninchen als engen Verwandten betrachtete.

Wie die meisten Verrückten-Hunde-*Contraries* gelang Geflecktes Kaninchen die Erfüllung seines Wunsches. Im ersten Gefecht der Kampfsaison rannte er auf den Feind zu und wurde getötet.

Junges Wollschwanzkaninchen

Der berühmteste Verrückte-Hund-Der-Seinen-Tod-Wünscht unter den Crow, mit dem sich Lowie beschäftigte, war Junges Wollschwanzkaninchen[84]. Er wurde ein *Contrary,* weil man ihm ins Knie geschossen hatte, als er jünger war, und daher konnte er nicht auf den eigenen Füßen auf den Kriegspfad gehen. Neidisch war Junges Wollschwanzkaninchen auf andere junge Krieger und wollte lieber tot sein, obwohl ihn das ganze Lager liebte und bewunderte. Er war gutaussehend und ritt ein kräftiges Pferd. Er nahm nicht an Lageraktivitäten, wie Märschen oder Jagden, teil. Dafür ging er singend oder tanzend herum, und benutzte die verkehrte Sprache. Die Frauen mochten ihn besonders.

Einmal wurden Sioux-Soldaten entdeckt und in ihr befestigtes Lager zurückgetrieben. Entschlossen, den Tod zu suchen, rannte Junges Wollschwanzkaninchen, ohne auf sich Rücksicht zu nehmen, zur Brustwehr der Sioux und schoß auf sie. Sie schossen zurück, und er fiel. Es regnete heftig die ganze Nacht, und Junges Wollschwanzkaninchen lag tot in den Pfützen. Erst bei Tagesanbruch konnten die Crow seine Leiche zurückholen. Sie wickelten ihn ein und trugen ihn zurück ins Lager. Alle weinten und betrauerten seinen Tod. Seine Leiche wurde auf eine Begräbnisbühne gelegt, und das Lager zog ohne ihn weiter.

[84] Lowie (1917: 84–85; 1935: 331–332).

Die *Contraries* aus der Sicht der Völkerkundler

Obwohl die für einen ausführlichen Vergleich der *Contraries* nötige Information fehlt, können aber die folgenden Unterschiede und Ähnlichkeiten der *Contraries* hier zusammengefaßt wiedergegeben werden.

Die *Contraries* waren Gruppen von meist locker organisierten Individuen, die sich zum Ziel gesetzt hatten, das Gegenteil von dem zu tun, was andere taten. Eine Gruppe von Menschen, die konträrem Verhalten nachging, gab es bei Indianern Nordamerikas nur auf den Plains. Mindestens sieben Stämme der Plainsindianer hatten *Contraries:* Sioux, Cheyenne, Comanche, Pawnee, Arikara, Hidatsa, Crow und möglicherweise die Ponca.

Genauso wie es nicht den Sonnentanz gab, sondern viele Sonnentänze, unterschieden sich die *Contraries* von Stamm zu Stamm. Die *Contraries* der Sioux, Ponca und Hidatsa waren Mitglieder eines Kults oder eines Bundes, während jene der Cheyenne, Comanchen und Crow Gruppen von Individuen waren. Wie man *Contrary* wurde, war ebenfalls unterschiedlich. Die Notwendigkeit eines Traums oder einer Vision existierte bei den Sioux und Cheyenne. Bei den Crow und Comanche hingegen war es eine Frage der persönlichen Entscheidung. Der *Contrary* der Hidatsa mußte ein Mann mittleren Alters, mit hohem Ansehen und mit einer hervorragenden Kriegsvergangenheit sein. Was Sex und Heirat angeht, so gab es offenbar eine Heiratsbeschränkung bei den *Contraries* der Pawnee und Cheyenne. Comanchen-Frauen neigten dazu, die *Contraries* zu meiden, während die *Contraries* der Crow und Hidatsa sexuelle Freiheiten genossen.

Wie lange ein *Contrary* ein *Contrary* war, variierte von einer einzigen Saison bis zu mehreren Jahren und schließlich bis ins hohe Alter. Gleichzeitig gab es nur sehr wenige *Contraries* in einem Stamm, gewöhnlich einen oder zwei, manchmal bis zu zehn oder mehr und manchmal gar keinen. Nur Männer wurden *Contraries.* Fast alle hatten mit Kriegshandlungen zu tun. Niemals waren sie Medizinmänner, obwohl sie diese Stellung unabhängig von Zugehörigkeit zu den *Contraries* erreichen konnten. Sie waren keine Clowns, und ihre Praktiken hatten kaum zeremoniellen Charakter.

Das Hauptthema dieser Arbeit bestand bislang darin, die *Contraries* und verschiedenen Clownorganisationen der Plainsindianer zu untersuchen, ohne vorgefaßtes theoretisches Konzept. Mein Beitrag bestand darin zu zeigen, daß die *Contraries* nicht mit anderen Gruppen oder Figuren wie Medizinmännern, Clowns, Verrückten-Kriegern, »Trickster« usw. verwechselt werden sollten. Nun besteht die Aufgabe darin, die Erklärungen zu betrachten, die Ethnologen über die Bedeutung und den Sinn der *Contraries* geäußert haben.

Im allgemeinen sind die *Contraries* vom historischen und vom psychologischen Standpunkt her untersucht worden. Man hat ihnen auch wichtige soziale Funktionen wie die des Clowns, Kriegers oder Schamanen zugeschrieben. Schließlich ist auch die religiöse und geistige Bedeutung von konträrem Verhalten hervorgehoben worden.

Die Ausbreitung von konträrem Verhalten

Der Diffusionismus, eine Lehre der Ethnologie, versucht vom historischen Gesichtspunkt aus die Verbreitung von Kulturelementen zu rekonstruieren. Frühe ethnologische Studien über die materielle Kultur, die Bünde und das zeremonielle Leben der Plainsindianer, wie die vom Bureau of American Ethnology (Washington DC), dem Field Museum of Natural History (Chicago) und insbesondere dem American Museum of Natural History (New York) unter der Leitung von Clark Wissler haben überzeugend gezeigt, daß ein umfangreicher Austausch von Kultureigenschaften zwischen den Stämmen stattgefunden hat. Das Ziel vieler dieser Studien bestand darin, den geographischen Ursprung verschiedener Bünde und Zeremonien (mit besonderer Betonung des Sonnentanzes) zu suchen und ihre Verteilung über die Plains zu rekonstruieren[85].

Da konträres Verhalten, wie viele andere Traditionen der Plainsindianer, nicht auf einen einzigen Stamm beschränkt war, muß seine weite Verbreitung auf einen Diffusionsprozeß zurückzuführen sein. Es gibt jedoch keine Übereinstimmung zwischen Wissler, Lowie, Steward, Ray und Schlesier über die genaue Ausbreitung von konträrem Verhalten und verwandter Phänomene wie dem Feuerritual, verkehrter Sprache und Clownerien. Eine ausführliche Diskussion dieses

[85] Wissler (1916a: vi-vii); Hoebel (1980: 17–18).

Sachverhalts würde den Rahmen dieser Untersuchung sprengen und ist hier nicht notwendig[86].

Der Hauptbeitrag von Julian Steward und Verne Ray zum Studium von anti-natürlichem Verhalten und von Clownerien bei den nordamerikanischen Indianern bestand darin, ihre allgemeine geographische Verbreitung und ihre Variationsbreite festzulegen. Beide Ethnologen beschäftigten sich damit, den Ursprungsort, die Entwicklung und Ausbreitung konträren Verhaltens zu ermitteln[87].

Steward gab zu, daß konträres Verhalten zu weit verbreitet, zu verschieden und zu alt war, um ihm einen Ursprungsort zuzuweisen oder zu entziffern, wer es von wem übernommen hat. Nichtsdestotrotz behauptete er, daß es unter den Cheyenne oder den Santee-Sioux entstanden sein muß. Falls letzteres zutrifft, erhielten es die Cheyenne von den Prärie-Sioux und gaben es entsprechend an die Hidatsa, Kiowa und Pawnee weiter. Von letzteren erhielten es schließlich die Arikara[88].

[86] Lowies (1916b: 894, 899–902) Diskussion leidet unglücklicherweise unter der falschen Identifikation zahlreicher Cheyenne-Gruppen, die konträres Verhalten praktizierten. Obwohl sich Wissler (1916b: 858–862) nie auf konträres Verhalten bezog, diskutierte er ausführlich die Ausbreitung und Verteilung verschiedener Formen des Feuerrituals auf den Plains, von denen einige mit den Clown- und *Contrary*-Gruppen in Verbindung stehen. Er nahm an, daß die Iruska, eine »schamanistische« Organisation der Pawnee, die den Heißwasser-Ritus praktizierte, einen grundlegenden Einfluß auf die stattliche Anzahl von Zeremonien auf den Plains einschließlich der Sioux-Heyoka hatte. Nach Auffassung von Ray (1945: 102) breitete sich der Heißwasser-Ritus auf einem völlig anderen Weg aus: die Sioux erhielten ihn von einer Zentral-Algonkin-Quelle, vermutlich den Ojibwa.

[87] Im Jahre 1929 reichte Julian Steward seine Doktorarbeit über Indianer-Clownerien in Nordamerika bei Lowie und Kroeber ein. Ein Jahr später publizierte er die Arbeit *»The Ceremonial Buffoon of the American Indian«*, in der er ebenfalls das konträre Verhalten besprach.
Ich gehe davon aus, daß Ray zum Studium konträren Verhaltens durch seine eigene Forschungsarbeit über die Blauhähertänzer (Bluejay Dancers) der südöstlichen Plateaustämme angespornt wurde. Diese Tänzer stellten den mythologischen Blauhähergeist für die Dauer der Winterzeremonien dar und drückten hierbei närrische und widernatürliche Verhaltensweisen aus (Ray 1937; 1945: 77–83). Ray (1945: 76n) gab an, daß er für seine Untersuchung des Plains-Materials Stewards Aufzeichnungen benutzt hätte. Sie hatten vor, Clownerien und verwandte Phänomene bei den amerikanischen Indianern gemeinsam zu untersuchen, Publikationen hierzu sind jedoch nicht erschienen.

[88] Steward (1929: 50, 53, 62 sowie Tab. 2 und Karte 3 [zwischen Seiten 53 und 54]).

Ray legte den Ursprung konträren Handelns ebenfalls zu den Sioux-Heyoka. Er gab an, daß der Heyoka-Kult schon existierte, als die Sioux den Heißwasser-Ritus von den Ojibwa erhielten, und daß er auch schon milde Formen von nicht scherzhaftem konträren Verhaltens enthielt. Nach seiner Ansicht beeinflußten die zeremoniellen Clowns der nördlichen Algonkin (Plains-Cree und Plains-Ojibwa) nicht nur die Heyoka, sondern auch andere Clowngruppen (Assiniboin und möglicherweise die Crow). Die Cheyenne übernahmen konträres Verhalten von den Sioux-Heyoka und zeremonielle Clownerien von den Assiniboin. Das konträre Konzept wurde von den Cheyenne an die Pawnee weitergegeben und verbreitete sich später von den Pawnee zu den Arikara[89].

Karl Schlesiers Interpretation der archäologischen Befunde führt an, daß die Vorfahren der Cheyenne vor den anderen bekannten Gruppen auf den Plains erschienen. Nach seiner Auffassung waren die Cheyenne nicht, wie noch Ray vertrat, *»im wesentlichen Entleiher«* von kulturellen Eigenarten wie konträres Verhalten, sondern von ihnen gingen die Hauptimpulse aus[90].

Aufgrund der Mangelhaftigkeit der ethnographischen und archäologischen Aufzeichnungen ist es nicht möglich, den Ursprung des Heißwasser-Ritus oder des konträren Verhaltens eindeutig einem bestimmten Stamm zuzuweisen. Selbst wenn uns das Ursprungszentrum eines bestimmten Ritus oder einer bestimmten Institution und die Verbreitung ihrer kulturellen Elemente bekannt wäre, würden wir immer noch nicht wissen, was diese Institution für die Menschen und ihre Kultur bedeutete. Institutionen und Kulturen sind mehr als die Summe ihrer Elemente.

Steward und Ray waren sich sehr bewußt, daß der Diffusionismus keine allumfassende Erklärung für kulturelle Wesenszüge liefern konnte. Beide spekulierten über den psychologischen Ursprung konträrer Handlungen. Steward führte an, daß sie als ein ernsthafter Versuch begannen, das abnorme Verhalten darzustellen, das jemand zeigte, der unter übernatürlichem Einfluß stand, wie der Heyoka, oder in dem Bestreben, einen weltfremden Geist, wie den Geist-

[89] Ray (1945: 86–87, 102–105).
[90] Schlesier (1983: 243, 247–248; 1987: 66); Ray (1945: 105).

Clown der Pomo-Indianer in Kalifornien, zu personifizieren[91]. Ray nahm an, daß konträres Handeln eine Folge von Tiernachahmung war, der verkehrte Sprache hinzugefügt wurde[92]. Tiernachahmung bezieht sich auf ein Verhalten, das, ob zeremoniell oder nicht, eine beabsichtigte Assoziation mit einem mythologischen Tier oder seinem Charakter ausdrückt. Letztlich sahen Ray und Steward konträres Handeln im Zeremonialismus der Plains verwurzelt.

Eine kurze Geschichte des konträren Konzepts

Gehört »konträres Verhalten« zu jener Kategorie ethnologischer Konzepte, wie zum Beispiel »Tabu«, »Totem« und »Schamane«, die überkulturell benutzt werden? Oder handelt es sich um einen Begriff, der auf spezifische Praktiken der Indianer Nordamerikas beschränkt werden sollte? Ein kurzer Überblick der verschiedenen Klassifikationen und Definitionen konträren Verhaltens befürwortet letzteres.

George Grinnell führte in die Ethnologie den Begriff »*Contraries*« ein, wobei er sich auf die Cheyenne-Gruppe jener Personen bezog, die immer das Gegenteil taten[93].

Steward entwickelte den Begriff »konträres Verhalten«, der sowohl verkehrte Sprache als auch konträres Handeln einschloß[94].

Ray unterschied »konträres Verhalten« vom lediglich »widernatürlichen Verhalten«. Das Ideal konträren Verhaltens besteht nach Ray darin, das genaue Gegenteil normalen menschlichen Verhaltens zu zeigen. Es zeigte sich in der konträren Handlung und/oder der verkehrten Sprache[95].

Edward Norbeck hat wiederholt auf die Klassifikation und die Bedeutung des konträren Verhaltens der Plains hingewiesen. Er versuchte zuerst die Clowns und *Contraries* der nordamerikanischen Indianer in ihrem sozialen Zusammenhang zu analysieren, indem er Gluckmans Konzept der »Riten der Rebellion« anwandte. Rebellische

[91] Steward (1929: 131–132).
[92] Ray (1945: 109).
[93] Grinnell (1908: 275n; 1915: 46). Dieses Wort taucht in seinen Feldnotizbüchern bereits am 8. Oktober 1898 auf (Grinnell MS 328: 25).
[94] Steward (1929: 61, 62; 1930: 201–202).
[95] Ray (1945: 75).

Riten waren vorübergehende Ausdrucksformen der Rebellion gegen Autorität in gewissen afrikanischen Königreichen (Zulu, Swazi), die, wie Gluckman argumentierte, dazu dienten, soziale Bindungen zu stärken, da sie rein zeremoniell waren[96]. Auf diese Weise konnten Riten, die antisozial erschienen, das genaue Gegenteil erreichen.

Norbeck fand, daß die Plains-*Contraries* und die Indianer-Clowns jedoch nicht für eine solche Interpretation geeignet waren. Sie dienten weder dazu, die soziale Ordnung zu bewahren noch lösten sie Konflikte noch drückten irgendeine Gruppe, die Geschlechter oder Individuen Unzufriedenheit aus. Dies bedeutet im Klartext, daß Norbeck sich zu Recht fragte, inwiefern das Essen von Exkrementen und das Trinken von Urin, beides Praktiken einiger Pueblo-Clowns, auf die Unterstützung existierender sozialer Bedingungen schließen lassen[97].

Victor Turner erweiterte Gluckmans Konzept rebellischer Riten und bezog sich auf »Riten mit Statusumkehrungen«, in denen der sozial niedrig Stehende über die oben Stehenden herrschte[98]. Er zeigte dadurch, wie rituelle »Gegenstruktur« die soziale Struktur mit aufrechterhält.

Norbeck vereinigte später ein großes Sortiment von Riten unter der Überschrift »Riten der Umkehrungen« (rites of reversal): verspotten von ernsten und religiösen Dingen, satirische Darstellung von menschlichen Schwächen, Umkehrungen von motorischem Verhalten, von sozialer Hierarchie und sexuellem Verhalten, Umkehrung der Geschlechterrollen (zum Beispiel Travestie) und »widernatürliches Verhalten«, wie alles, was mit Skatologie und den *Contraries* zu tun hat[99].

Norbeck gab wiederholt zu, daß die Vorherrschaft konträren Verhaltens in Ritualen der Plains rätselhaft sei, und er bot verschiedenartige Erklärungen an. Er schlug vor, daß es primär auf psychologischer und sozialer Ebene für komische Erlösung sorgte[100]. Später be-

[96] Gluckman (1954).
[97] Norbeck (1961: 206–211).
[98] Turner (1969: 155–193) »rituals of status reversal«.
[99] Norbeck (1974: 50–54, 1979: 52–62).
[100] Norbeck (1961: 211). Früher hatte Steward (1930: 204) die gleiche Schlußfolgerung gezogen.

hauptete er, daß konträres Verhalten ein Grundprinzip oder eine Grundstruktur menschlichen Denkens darstelle, und ebenso, daß es mit der Natur des Spielens (nature of play) zu tun haben könne[101].

Norbecks Umkehr-Riten entsprechen Aptes Begriff »konträres Verhalten«. Apte schließt unter dieser Überschrift zahlreiche Formen ritueller Umkehrungen auf sexueller (Rollentausch und Travestie) und sozialer Ebene ein, wie auch die Umkehr alltäglichen Verhaltens (konträre Handlung und Sprache)[102].

Mein Einwand gegen diese Klassifikationsversuche besteht darin, daß allein der Wissenschaftler entscheidet, welche Riten Umkehrungen oder welche Riten konträr sind. Solche klassifizierenden Annahmen verhindern, daß wir uns über die eigentlichen Absichten der Beteiligten klar werden. Plötzlich werden Fasten und geänderte Bewußtseinszustände Beispiele konträren Verhaltens, einfach weil man sie als das Gegenteil des normalen menschlichen Verhaltens sehen kann. Adam und Eva wurden nach dieser Maxime *Contraries*, weil sie das Gegenteil vom Anbefohlenen taten.

Dies geht mir zu weit, und ich trenne konträres Verhalten von den anderen Formen von Umkehrungen wie der Inversion des sozialen Status, der Geschlechterrollen usw. Die Plains-*Berdache* (Männer, die eine Frauenrolle übernahmen) versuchten zum Beispiel nicht, das Gegenteil von dem zu tun, was Männer gewöhnlich tun, sondern zu tun, was Frauen tun (und ebenso den speziellen Aufgaben eines *Berdaches* nachzukommen).

Ein weiterer Einwand gegen die Klassifikationsinteressen der früheren Autoren besteht darin, daß sie konträres Verhalten nur als Teil eines rituellen Prozesses betrachtet haben. Dies läßt die Tatsache unbeachtet, daß die *Contraries* keine zeremoniellen Figuren wie die Clowns waren. In den *Contraries* nicht mehr als zeremonielles konträres Verhalten zu sehen, wäre wie eine wirkliche Rebellion als einen bloßen rituellen Konflikt zu deuten.

[101] Norbeck (1974: 54; 1979: 63).
[102] Apte (1986: 156–157).

Contraries als Clowns

Konträr handeln kann Humor und Unterhaltung bieten. Die Clownorganisationen, bei denen konträres Verhalten einen wesentlichen Teil bildete, demonstrieren dies reichlich. Die *Contraries* wurden oft mit den Clowns in denselben Topf geworfen, im Hinblick auf ihre Namen wie auch auf ihre Funktion[103].

Die *Contraries* lediglich als zeremonielle Clowns zu betrachten, verfehlt jedoch das Ziel. Während Clowns in Zeremonien und bei besonderen Gelegenheiten vor einem versammelten Publikum auftreten, hatten die *Contraries* mit Ausnahme der Heyoka wenig mit zeremoniellen Handlungen zu tun. Der *Contrary* widmete sich einer ernsten Berufung, und seine Rolle war nicht nur temporär.

Obwohl *Contraries* weder Clowns noch komische Figuren waren, war es unvermeidlich, daß sie Lachen hervorrufen würden. Manchmal war der Humor beabsichtigt, manchmal lachte man auf Kosten des *Contrary.* Was auch immer die wirkliche Bedeutung der *Contraries* gewesen sein mag, ihr Verhalten war nicht bloß die Anwendung einer komischen Formel.

Ebensowenig kann ich die Gedanken von Joseph Epes Brown teilen, die er über die geistige und religiöse Funktion der (Heyoka-) *Contraries* entwickelte. Er behauptete, daß sie dazu dienen, anderen die Befähigung zu vermitteln, die Realität auf einer tieferen Ebene zu sehen und zu erfahren. Die Weisheit der *Contraries* bestünde darin, eine geistige Balance zwischen einer tieferen Wirklichkeit und dem Bereich des Alltagslebens zu schaffen. Dies bedeutete jedoch, daß die Weisheit der *Contraries* der der Clowns entspricht. Aber hier werden die *Contraries* wiederum so betrachtet, als ob sie außerhalb ihrer humorvollen Aktivitäten nicht existierten.

[103] Zum Beispiel, Highwater (1977: 46–47); Hartmann (1979: 84). Steward (1929, 1930) untersuchte sowohl das clowneske als auch das konträre Verhalten unter dem Aspekt des Humors. Mails (1972: 56) betrachtete die soziale Funktion der *Contraries* ungenau als bloße Unterhaltung: »*A delightful trait designed to break the potential austerity of an overdone traditional life was provided by societies called ›contraries‹, which were found in each tribe.*« Farb (1968: 120) nahm fälschlicherweise an, daß die *Contraries* Clowns eines Kriegerbundes waren: »*Only the bravest of the brave warriors could belong to the elite military society know as the Contraries . . .* they were *privileged* clowns.«

Contraries und Tricksters

Wie die Clowns sich von den *Contraries* unterscheiden, so unterscheiden sich beide vom »Trickster«. Die Clowns traten in Ritualen auf und verwendeten häufig konträres Verhalten als komischen Kunstgriff. Die *Contraries* handelten auf ernste Weise konträr. Der Trickster war, wie sich aus der Anzahl von Geschichten in der traditionellen Mythologie der Plains ablesen läßt, die populärste folkloristische Figur. Die hauptsächlichen Zuhörer der Trickster-Geschichten waren Jugendliche und Kinder.

Affinitäten gibt es dennoch zwischen *Contraries,* Trickster und Clowns. Zum Beispiel absurdes Verhalten, Normverletzung, Inversion usw. Obwohl sich *Contraries* und Tricksters darauf spezialisiert hatten, andere zu täuschen, sollte nicht vergessen werden, daß sie nicht das Monopol auf Absurdität und Schabernack hatten. Das Verhalten einiger *Contraries* ähnelte dem des Tricksters dergestalt, daß es beide Gruppen durch einen gewohnheitsmäßigen Ungehorsam oder eine Verschmitztheit auszeichnete. Die psychologischen Aspekte dieser Verhaltensweisen des *Contrary* wurden von Kardiner und Hoebel betrachtet und werden unten diskutiert.

Der Plains-Trickster war fast immer ein Tier, zum Beispiel ein Kojote, eine Spinne oder ein Kaninchen. In den Mythen der Crow und Arapaho erreichte der Trickster einen zusätzlichen Status als Kulturheld, indem er in die Kulturheldmythen drang und mit dem Kulturhelden verschmolz. Außer bei der gelegentlichen Kombination von Trickster und Kulturheld tauchte der Trickster niemals in Zusammenhang mit Schamanismus, Ritualen, Clownerien, Krieg oder mit den *Contraries* auf. Auch das Prinzip des konträren Verhaltens wurde vom Trickster nicht befolgt. Wenn der Trickster konträr handelte, geschah dies jedoch nicht aus Prinzip, sondern aus Gier, Laszivität, Faulheit, Zerstörung, Egoismus oder aus anderen Gründen[104].

[104] Makarius (1970: 45–46) versucht eine Verbindung zwischen dem Trickster und den Clowns zu sehen und behauptet, daß die Clowns und die Heyoka das irdische Gegenstück des Tricksters darstellen. Ihre Zitate bestätigen ihre Behauptung nicht, die jedoch unkritisch in andere Arbeiten übernommen worden ist (zum Beispiel Apte 1986: 166). Auch Lewis (1990: 152) interpretiert den Heyoka als die Verkörperung des mythologischen Trickster.

Aufgrund des Vorhandenseins des Tricksters in den mündlich überlieferten Geschichten waren die Plainsindianer dennoch sicherlich gut mit menschlicher Torheit vertraut.

Probleme der männlichen Anpassung

Zur Lebensweise auf den Plains gehörte, daß man dem Krieg mehr Zeit widmete als den meisten anderen kulturellen Aktivitäten. Alle Männer, oder zumindest die überwiegende Mehrheit, waren Krieger. Jungen begannen das Kriegshandwerk zu üben, sobald sie laufen konnten. Den Indianern blieb in dieser Hinsicht keine Wahl, und Feiglinge wurden überall verachtet.

Nach mehreren Kennern der Plainskultur entstanden die Probleme der männlichen Anpassung durch die gewaltige Betonung, die der Kriegerrolle beigemessen wurde. Männer, die in Arbeit und Kleidung eine Frauenrolle übernahmen und oft Männer heirateten, wurden als *Berdache* bezeichnet. Die *Berdache*-Tradition war auf den Plains weiter verbreitet als die der *Contraries.* War sie vorhanden, war sie nicht nur toleriert, sondern sozial voll sanktioniert. Die *Berdache*-Institution hat man als eine sozial akzeptierbare Alternative zur typischen Männerrolle gesehen, für diejenigen, die sich ihr aus irgendwelchen Gründen nicht anpassen konnten[105].

Ein ähnlicher Gedankengang ist auch auf die *Contraries* der Cheyenne und Comanchen angewendet worden. Hoebel behauptete, daß Angst, die vom Kriegerethos herrührte, einen männlichen Cheyenne zum *Contrary* machen konnte. Kardiner führte an, daß eine gewohnheitsmäßige Unfolgsamkeit, die aus der Einseitigkeit sozialer Erwartungen hervorging, ausreichte, um einen Comanche zu einem *Contrary* werden zu lassen.

Hoebels »neurotisch ängstliche« Cheyenne

Nach E. Adamson Hoebel wurden alle Cheyenne-Männer zutiefst

[105] Benedict (1934: 263–265); Driver (1969: 441); Bowers (1965: 219–220); Mayhall (1962: 163–164); und Lang (1990).

von mächtigen Ängsten bedrängt: dies war für ihn eine unausweichliche Folge der Lebensweise auf den Plains und der Art der Kriegführung. Ihre Persönlichkeiten wurden von sexueller Unterdrückung und Selbstkontrolle bestimmt. Dies schadete der Gesellschaft nicht. Im Gegenteil, weil alle Ängste in kulturell erwünschte und vorteilhafte Wege gelenkt wurden, erhielt sich die Gesellschaft und ihre Normen gut aufrecht. Selbst diejenigen, die die Kriegerrolle zurückwiesen, konnten eine sozial akzeptierte Zuflucht finden, indem sie *Berdache* oder *Contrary* wurden. Sie taten dies, indem sie sich vom männlichen heterosexuellen Leben loslösten. Die *Berdache* der Cheyenne, »Halbmann-Halbfrau« genannt, wiesen die männliche Sexualität vollständig zurück, während die *Contraries* die Kriegerrolle bis ins Pathologische übertrieben[106].

Mit einem Anklang an Freud schrieb Hoebel, die *Contraries* haben, wie die »Halbmänner-Halbfrauen«, eine neurotische Angst vor sexuellen Beziehungen und vor ihrer eigenen Männlichkeit. Der *Contrary* wies die Männlichkeit und alles, was damit verbunden ist, zurück, indem er seine sexuelle Energie in militärische Kampfkraft sublimierte. Die Kriegernation als Ganzes profitierte von ihrer übertriebenen Kriegerhaltung, d.h. ihrer Monomanie, um ihre militärische Kraft zu verkörpern. Die sozialen und psychologischen Rollen des *Contrary* dienten nach Hoebel dazu, jene zu integrieren, die unter extremer Ängstlichkeit litten[107].

Hoebel legte große Bedeutung auf die Behauptung, daß die *Contraries* der Cheyenne nicht heirateten. Es muß jedoch nochmals darauf hingewiesen werden, daß diese Behauptung fragwürdig ist und daß zumindest der ehemalige Cheyenne-*Contrary* nach Beendigung der *Contrary*-Laufbahn zu einem normalen Leben zurückkehrte und sich verheiraten konnte. Darüber hinaus lagen die kämpferischen Verrichtungen der Cheyenne-*Contraries* nicht außerhalb dessen, was die anderen taten.

[106] Hoebel (1960: 90, 96–97).

[107] Hoebel (1960: 97). Darüber schrieb Powell (1981: 631), dies sei »a white interpretation of the Contrary's personality and role«.

Der sozial »abweichende« Comanche

Es ist naheliegend zu argumentieren, daß die *Berdache*- und *Contrary*-Institutionen als Antwort auf die einseitige Betonung von Krieg und Jagd entstanden sind. Unter den Comanchen gab es jedoch keine Homosexualität, sie wurde eher verachtet. Dies würde man nach den Konzepten, die von der psychologischen Ethnologie entwickelt wurden, um die Rolle des *Berdache* zu erklären, nicht erwarten. Nach Kardiner ist das Fehlen der Homosexualität um so mehr ein Grund für die Existenz der *Contraries* bei den Comanchen. Ebenso wie bei den anderen Ethnien habe die enorme Belastung von Individuen mit verschiedenen Temperamenten, die sich nicht an die sozialen Normen anpassen konnten, zur Ausbreitung der *Contraries* unter den Comanchen geführt[108].

Nach Kardiners Analyse der Daten von Ralph Linton, und ebenfalls nach Hoebels Einschätzung, begannen die *Contraries* der Comanchen als ungehobelte, ungehorsame und eigenwillige Jungen, die bis ins Mannesalter konträr und negativ handelten. Kardiner bezeichnete die *Contraries* der Comanchen daher als »aberrante Individuen«. Da sich Männer nur in der Geschicklichkeit im Kriegshandwerk weiterentwickeln konnten, blieb abweichenden Persönlichkeiten nur die Wahl, *Contrary* zu werden oder, was viel schlimmer war, ein Feigling. Der *Contrary* konnte nicht nach den von der Gesellschaft definierten Zielen streben, und sein konträres Verhalten bedeutete eine Form sozialen Protests[109].

Nach Kardiners Porträt der Comanchen-Gesellschaft, in der Jugendliche und Erwachsene eine fast vollständige Freiheit des Ausdrucks besaßen, sei er nun aggressiv, sexuell oder wie auch immer, wäre es schwierig, irgend jemanden als abweichend oder ungehorsam zu bestimmen. Konflikte nahmen überhand und führten häufig zu internen Kämpfen und Tötungen. Mord betraf nur diejenigen, die direkt darin verwickelt waren, also enge Freunde und Familie. Im Gegensatz hierzu war Mord zum Beispiel bei den Cheyenne ein schwerer Verstoß, der eine Läuterung des ganzen Stammes verlangte[110].

[108] Kardiner (1963: 84–85).
[109] Kardiner (1963: 62–63, 84–85, 88–89, 95); Hoebel (1940: 34).
[110] Kardiner (1963: 116).

Daß sich der *Contrary* der Comanchen im Krieg bewies, zeigt, daß er nicht unfähig war, sich anzupassen.

Suchten die *Contraries* metaphysisches Wissen?

Eine Betrachtung des tieferen Sinns der *Contraries* zeigt, daß die primäre geistige Bestrebung des *Contrary* privater und nicht etwa sozialer Natur war[111]. Karl Schlesier behauptet, daß die *Contraries* vor langer Zeit in der Frühgeschichte der Cheyenne wichtige schamanistische und soziale Funktionen hatten. Als Schamanen waren sie mit dem »Raum nahe dem Himmel« verbunden, der Region der Berge und Wolken. Sie erhielten ihre schamanistische Berufung vom Donnergeist. Als Krieger waren sie wertvoll für die Stammesverteidigung. Ihr Donnerbogen war eine geheimnisvolle, spirituelle Waffe, die große Macht besaß, wie die Fähigkeit, Blitze auf die Feinde zu schleudern.

Nach Schlesier waren die *Contraries* aufgrund ihrer großen Macht von anderen Menschen isoliert. Sie widmeten sich einem Leben des Einsiedlertums, der Meditation und des Zölibats. Sie handelten invers, weil sie durch die Auflösung von Gegensätzen, die zum Verständnis der Einheit führten, metaphysisches Wissen suchten. Nach Schlesier waren sowohl die *Berdache* als auch die *Contraries* der Cheyenne »Reisende in der androgynen Suche« nach der Einheit aller Dinge, indem sie Gegensätze in sich selbst verwirklichten.

Schlesier bezieht sich auf Mircea Eliades Darlegung von der universellen religiösen Suche nach Einheit. Der angesehene Religionshistoriker behauptete, daß Riten und Zeremonien, die auf die Umkehrung menschlichen Verhaltens abzielen, sei es nun alltäglich, rituell oder sexuell, mystische Techniken zur Verschmelzung von Gegensätzen darstellen. Die Schöpfung wird als eine Zersplitterung einer ursprünglichen Ganzheit gesehen. Man erhebt sich über die Dualität durch philosophisches Nachdenken, Kontemplation, verschiedene Yogatechniken, Meditation oder bestimmte Riten und Zeremonien. Das Mysterium der Totalität und die Vereinigung der Gegensätze können sowohl im Körper als auch im Geist verwirklicht werden. In-

[111] Schlesier (1983: 243–244; 1987: 66–73).

verses Handeln und Denken widerstehen jeglichem rationalen Verstehen und reflektieren daher die letzte Wirklichkeit, die selbst nur als Mysterium oder als Paradoxon begriffen werden kann[112]. Schlesier räumt ein, daß die frühen Cheyenne-*Contraries* ihre Intentionen nicht genau auf diese Weise in Worte gefaßt haben mögen, sie hätten jedoch so gedacht[113].

Meiner Meinung nach sollten wir nicht versuchen, den Plainsindianern hinduistische Doktrinen und Philosophien über die Einheit zuzuschreiben, ohne zuerst zu versuchen, sie in ihrem eigenen Licht zu sehen. Das Hindu-Konzept der Realität, wie Eliade dargelegt, zwang Menschen, gewisse Methoden der Vereinigung und Riten der Integration zu verwenden. Sind heutige Hindus wie die Sadhu-Asketen ähnlich oder analog zu den *Contraries?* Hindu-Asketen sind Schmerz und Unbequemlichkeit gegenüber gleichgültig, und ihr Ziel ist die Flucht vor dem Streben und materiellem Leben. In der glühenden Sonne stehen sie stundenlang auf einem Bein, während sich der *Contrary* einen Mantel anlegt und vor Kälte zittert und Schnupfen hat. Der Sadhu und der *Contrary* sind sich nicht so ähnlich.

Die *Contraries* gaben niemals an, daß sie nach metaphysischem Wissen strebten oder um das Problem der letzten Wirklichkeit rangen. Sie lebten ihr Leben nach dem konträren Prinzip und strebten nicht danach, sich selbst zu erklären. Cheyenne-*Contraries* könnten genug Zeit gehabt haben, um über solche Dinge nachzudenken, nicht so jedoch die *Contraries* der Comanchen, die im allgemeinen so sehr mit anderen Dingen beschäftigt waren, daß sie keine Zeit hatten, über die tiefere Bedeutung ihrer Bräuche nachzudenken[114].

Die wirkliche Welt der *Contraries* war auf den Plains und nicht in einer transzendentalen Idee. Viel mehr als mit der Suche nach Einheit mit der Totalität der Dinge waren sie mit ihrem persönlichen Verhalten in ihren sozialen und geistigen Welten beschäftigt.

[112] Eliade (1962: 135–141). Auch Francis Huxley (1974: 44) deutet an, daß inverses Denken und konträres Handeln Wege sind, sich des Ganzen bewußt zu sein, da es eine weitverbreitete Idee sei, daß die andere Welt ein Spiegelbild dieser Welt ist. Es sind jedoch keine Plainsstämme bekannt, die solche Vorstellungen der Nachwelt entwikkelt hätten.

[113] Schlesier (1983: 244; 1987: 67).

[114] Siehe Wallace und Hoebel (1952: 185) und Curtis (1930: 183).

Ansatz zu einer Theorie der *Contraries*

Die schon angeführten Erklärungen über die Identität und den Ursprung der *Contraries* sind nur zum Teil zufriedenstellend. Der historische Gesichtspunkt (Diffusionismus) gibt zu, daß sich die Plainsindianer kulturell gegenseitig beeinflußt haben. Wenn kulturelle Eigenschaften sich von Stamm zu Stamm ausbreiten, gewinnen sie neue Formen und Bedeutung. Konträres Verhalten zum Beispiel fand unterschiedlichen Ausdruck, ob bei den Kriegerbünden, bei den zeremoniellen Aufführungen der Clowns, bei einigen Medizinmännern, bei den Verrückten-Kriegern oder bei den *Contraries* selbst.

Die *Contraries* sind wiederholt als Clowns und Schamanen falsch gedeutet worden. Obwohl konträres Verhalten ein Kunstgriff war, der von den Clowns angewendet wurde, stellten die *Contraries* keine Clowns dar. Noch waren sie Medizinmänner, obwohl ihre Leistungen und ihre Berufung mysteriös oder geistig waren.

Nach psychologischen Analysen werden die *Contraries* der Sioux, Comanchen und Cheyenne als fehl angepaßt, sozial abweichend und neurotisch bezeichnet. Diese Studien verurteilten die traditionelle Plainskultur, weil sie, ihrer Ansicht nach, zu gewaltige Betonung auf kriegerische Aktivitäten legte. Diese gesellschaftliche Einseitigkeit führte zur Entstehung marginaler Institutionen, wie die der *Berdache*, die als ungefährliche Alternative für diejenigen, die sich den sozialen Normen nicht anpassen konnten, gedeutet worden ist.

Was die *Contraries* jedoch als *Contraries* getan haben, wurde in einer Art und Weise viel schwieriger als notwendig ausgeführt. In vielen Fällen übertrafen sie sogar die sozialen Idealvorstellungen. Im Krieg zum Beispiel standen sie in voller Sicht vor dem Feind und sangen und tanzten, statt auf den Feind zu schießen. Bei einer anderen Gelegenheit schossen sie auf ihre eigenen Männer. Statt sich mit den anderen zurückzuziehen, gingen sie zum Angriff über. Selbst die *Contraries* der Comanchen, die als abweichende Jugendliche beschrieben worden sind, mußten sich an hohe Verhaltensmaßregeln halten. Zeigten sie sich ängstlich im Krieg, wurden sie später von ihren eigenen Leuten gelyncht.

Da die *Contraries* für ihre Familien und die Öffentlichkeit ein Ärgernis sein konnten, kann man konträres Verhalten auch als eine Trotzigkeit oder einen gewohnheitsmäßigen Ungehorsam beschreiben. Es mag deshalb sein, daß bestimmte Persönlichkeitstypen eher dazu geneigt waren, eine konträre Lebensweise anzunehmen. Die Literatur liefert auf jeden Fall kein eindeutiges Bild davon. Im Grunde genommen bedeutete die Ungehorsamkeit der *Contraries* mehr: sie umfaßt auch eine Todesmißachtung, eine Mißachtung der Gesellschaft und der natürlichen Dinge.

Heute wird konträres Handeln vor allem bei indianischen bildenden Künstler eingesetzt und bedeutet eine Zurückweisung gesellschaftlicher Normen, eine Ablehnung typischer Denkkategorien oder eine Umkehrung von Stereotypen[115].

Die Ethnographen wußten wahrscheinlich nicht, was die wirkliche Bedeutung und der Sinn der *Contraries* waren. Sie hatten in dieser Hinsicht ihre Probleme. Ein Cheyenne erzählte einem Ethnologen einmal: *»Siehst du, in der Vergangenheit gingen diese weißen Menschen zu den Zeremonien und zu den anderen Dingen, und sie schrieben das, was sie gesehen haben, nieder. Sie haben es eigentlich nicht falsch mitbekommen, nur sie haben überhaupt nicht verstanden, was da vorgeht*[116]*.«*

Densmore, die berühmte Musikethnologin, warnte, daß jeder Versuch eines tiefen Verständnisses des Gedankengutes der Indianer berücksichtigen muß, daß es unausgesprochene Elemente enthält[117].

Dies ist wohl der Grund, warum sich die eigene Erklärung der Indianer für viele Ethnologen als unbefriedigend erwiesen hat. Der Glaube der bisonjagenden Plainsindianer wurde nicht verstanden, da er nicht vollständig erläutert schien. Er konnte es auch nicht sein. Ihr Glaube und Gedankengut waren nicht auf Ton oder Papier reduziert oder zu Dogma und Doktrin geworden. Darin liegt ein Grund für ihre Vitalität.

Die Vitalität der Plainskultur und ihre Zeremonialität brachten mit sich u. a. eine Mißachtung von Schmerz, Gefahr und Tod, und sie forderte auch einen Sinn für Humor und Narrheit. Ich möchte nochmals betonen, daß der Begriff Narrheit und Narreteien nicht abschätzend oder ethnozentrisch gemeint ist. Narrheit ist vielmehr als reine Dummheit zu verstehen, und Plains-Narrheit entschuldigt keine Un-

[115] Lippard (1990: 199–241); siehe auch Ballinger (1985).
[116] Moore (1987: 4).
[117] Densmore (1918: 85n).

zurechnungsfähigkeit. Sie meint vielmehr die Tendenz (und bei den *Contraries*, die Pflicht) im Widerspruch zum Offensichtlichen oder Selbstverständlichen, etwas Unerwartetes, Überraschendes, Schokkierendes oder Gegensätzliches zu tun.

Alle Clowngruppen auf den Plains profitierten von ihrer Narreteien. Dies gilt ebenso für den Okipa-Narr der Mandan. Narreteien, die sich auf einer nicht-clownesken, sondern auf einer ernsthaften Ebene abspielten, fanden, wie schon gezeigt, breiten Ausdruck vor allem im Krieg. Narrheit wurde oft auch mit Liebe und Sexualität in Verbindung gebracht. Frauen, die sexuelle Normen überschritten hatten, wurden zum Beispiel »verrückt« oder »närrisch« genannt[118]. Lüsterne Männer konnten liebesverrückt werden[119]. Obwohl ihre Bedeutung nicht immer klar ist, bezogen sich einige indianische Namen auf Verrücktheit oder Torheit, zum Beispiel Fool Chief, Crazy Mule, Crazy Horse, Crazy Bear, Foolish Woman, Fools Crow usw.

Närrische Handlung war in der Gesellschaft der Plainsindianer mehr als toleriert, sie war gewünscht und hatte ihren festen Platz. Närrisch-Sein und Verrückt-Sein waren Teile der menschlichen Natur und des Universums. Ein Lakota-Heiliger im Alter von 71 Jahren erzählte, daß die Donnerwesen die Heyoka des Universums seien[120].

Die *Contraries* handelten mehr als die Clowns oder irgendeine andere Gruppe bei den Plainsindianern auf eine närrische Art und Weise. Der Trickster mag noch verrückter sein, jedoch ist er kein wirklicher Mensch. Die *Contraries* stellten somit die extremste Form von närrischem Verhalten in der traditionellen Plainskultur dar. Sie waren sozusagen die Meister der Narrheit.

[118] Lowie (1917: 78, 86; 1924b: 361); Hayden (1863: 360).
[119] Powers (1977: 197; 1988: 29–34).
[120] Martin Gollner-Marin (pers. Mitt. 1993).

Literaturverzeichnis

Apte, Mahadev L.

1986 *Humor and Laughter: An Anthropological Approach.* Ithaca: Cornell University.

Arader, W. Graham

1988 *Native Grace: Prints of the New World, 1590–1876.* Charlottesville, Virginia: Thomasson-Grant.

Ballinger, Franchot

1985 »Sacred Reversals: Tricksters in Gerald Vinzenor's *Earthdrivers: Tribal Narratives on Mixed Descent*«. American Indian Quarterly, 49(1): 55–59.

Beckwith, Martha Warren

1930 »Mythology of the Oglala Dakota«. *Journal of American Folk-Lore,* 43: 339–442.

1938 *Mandan-Hidatsa Myths and Ceremonies.* Memoirs of the American Folk-Lore Society, 32: 1–327.

Benedict, Ruth

1922 »The Vision in Plains Culture«. *American Anthropologist,* n.s., 24 (1): 1–23.

1923 The Concept of the Guardian Spirit in North America. Memoirs of the American Anthropological Association, 29: 1–97.

1934 *Patterns of Culture.* Boston: Houghton Mifflin.

Bent, George E.

MS Unveröffentlichter Brief von George Bent an George Hyde vom 23. Februar 1904. William Robertson Coe Sammlung, Yale University. Freundlicherweise zur Verfügung gestellt vom Beinecke Library, New Haven, Connecticut.

Berger, Thomas

1964 *Little Big Man.* New York: Dial Press.

Bierhorst, John
1985 *The Mythology of North America.* New York: Quill William Morrow.

Blish, Helen H.
1967 *A Pictographic History of the Oglala Sioux.* Lincoln: University of Nebraska.

Bowers, Alfred W.
1950 *Mandan Social and Ceremonial Organization.* Chicago: University of Chicago.
1965 *Hidatsa Social and Ceremonial Organization.* Smithsonian Institution, Bureau of American Ethnology, Bulletin 194.

Body, Maurice
1983 *Kiowa Voices: Myths, Legends and Folktales.* Band II. Fort Worth: Texas Christian University.

Boyd, Tom W.
1988 »Clowns, Innocent Outsiders in the Sanctuary: A Phenomenology of Sacred Folly«. *Journal of Popular Culture,* 22(3): 101–109.

Brightman, Robert A.
1988 »The Windigo in the Material World«. *Ethnohistory,* 35(4): 337–379.

Brown, Dee
1970 *Bury My Heart At Wounded Knee: An Indian History of the American West.* New York: Holt, Rinehart & Winston.

Brown, Joseph Epes
1953 *The Sacred Pipe: Black Elk's Account of the Seven Rites of the Oglala Sioux.* Norman: University of Oklahoma.
1979 »The Wisdom of the Contrary«. Parabola, 4: 54–65.
1982 *The Spiritual Legacy of the American Indian.* New York: Crossroad.

Bucko, Raymond A.
1988 The St. Francis Community New Year's Dance. *European Review of Native American Studies,* 2(2): 25–28.

Campbell, Joseph
1984 *The Way of the Animal Powers: Historical Atlas of World Mythology.* Band I. London: Times Books Limited.

Catlin, George
1842 *Letters and Notes on the Manners, Customs, and Condition of the North American Indians: Written during Eight Years' Travel amongst the Wildest Tribes of Indians in North America, in 1832–1839.* Band I. Dritte Ausgabe. London: Tilt und Bogue.
1967 *O-Kee-Pa: A Religious Ceremony and other Customs of the Mandans.* Herausgegeben von John C. Ewers. New Haven: Yale University. (Erstauflage 1867).
1973 *Die Indianer Nord-Amerikas und die während eines achtjährigen Aufenthalts unter den wildesten ihrer Stämme erlebten Abenteuer und Schicksale.* Kassel: Horst Hamecher. (Unveränderter Abdruck der deutschen Ausgabe von 1851, herausgegeben von Dr. Heinrich Berghaus.)

Chamberlain, Alexander F.
1907 »Humor«. In *Handbook of American Indians North of Mexico.* Herausgegeben von Frederick Webb Hodge. Smithsonian Institution, Bureau of American Ethnology, Bulletin 30 (1): 578.

Charles, Lucile Hoerr
1945 »The Clown's Function«. *Journal of American Folklore,* 54: 25–34.

Culin, Stewart
1907 *Games of the North American Indians.* 24. Annual Report of the Bureau of Ethnology, Smithsonian Institution.

Curtis, Edward Sheriff
1908 *The North American Indian,* Band 3 »The Teton Sioux; The Yanktoni; The Assiniboin«. New York: Johnson Reprint, 1970.

1909a *The North American Indian,* Band 4, »The Apsaroke, or Crows; The Hidatsa«. New York: Johnson Reprint, 1970.
1090b *The North American Indian,* Band 5, »The Mandan; The Arikara; The Astina«. New York: Johnson Reprint, 1970.
1911 *The North American Indian,* Band 6, »The Piegan; The Cheyenne; The Arapago«. New York: Johnson Reprint, 1970.
1930 *The North American Indian,* Band 19, »The Indians of Oklahoma; The Wichita; The Southern Cheyenne; The Oto; The Comanche«. New York: Johnson Reprint, 1970.

Curtis, Natalie
1987 *The Indians' Book: An Offering by the American Indians of Indian Lore, Musical and Narrative, to form a Record of the Songs and Legends of their Race.* New York: Bonanza Books. (Erstauflage 1907.)

Deloria, Ella
1944 *Speaking of Indians.* New York: Friendship.

DeMallie, Raymond J.
1984 *The Sixth Grandfather: Black Elk's Teachings Given to John G. Neihardt.* Lincoln: University of Nebraska.
1987 »Lakota Belief and Ritual in the Nineteenth Century«. In *Sioux Indian Religion: Tradition and Innovation,* 25–43. Herausgegeben von Raymond J. DeMallie und Douglas R. Parks. Norman: University of Oklahoma.

Densmore, Frances
1918 *Teton Sioux Music.* Smithsonian Institution, Bureau of American Ethnology, Bulletin 61.

Dorsey, George Amos
1903 *The Arapaho Sun Dance: The Ceremony of the Offerings Lodge.* Field Columbian Museum, Publication 75, Anthropological Series 4: 1–228.
1904 *Traditions of the Skidi Pawnee.* Memoirs of the American Folk-Lore Society, 8: 1–366.
1905 *The Cheyenne: I. Ceremonial Organization.* Field Columbian Museum, Publication 99, Anthropological Series 9: 1–55.

Dorsey, George A. und Alfred L. Kroeber
1903 *Traditions of the Arapaho.* Field Columbian Museum, Publication 81, Anthropology Series 5: 1–475.

Dorsey, George A. und James R. Murie
1940 *Notes on Skidi Pawnee Society.* Field Museum of Natural History, Anthropological Series, 27(2): 67–119.

Dorsey, James Owen
1889 »Teton Folk-Lore Notes«. *Journal of American Folk-Lore,* 2: 133–139.
1894 *A Study of Siouan Cults.* 11. Annual Report of the Bureau of American Ethnology, Smithsonian Institution.

Driver, Harold E.
1969 *Indians of North America.* Chicago: University of Chicago.

Dugan, Kathleen Margaret
1985 *The Vision Quest of the Plains Indians: Its Spiritual Significance.* Studies in American Religion, 13: 1–260. Lewiston, New York: Edwin Mellen.

Eastman, Mary
1849 *Dahcotah; or, Life and Legends of the Sioux around Fort Snelling.* New York: John Wiley.

Eastman, Seth
1853a »Gods of the Dacotahs«. In *Information Respecting the History, Condition and Prospects of the Indian Tribes of the United States.* Herausgegeben von Henry R. Schoolcraft, 1851–1857, 3: 485–487. Philadelphia: Lippincott.
1853b »The Giant's Feast and Dance«. In *Information Respecting the History, Condition and Prospects of the Indian Tribes of the United States.* Herausgegeben von Henry R. Schoolcraft, 1851–1857, 3: 487–488. Philadelphia: Lippincott.

Eliade, Mircea
1962 *Méphistophélès et l'Androgyne.* Paris: Gallimard.

Elias, Peter Douglas
1988 *The Dakota of the Canadian Northwest: Lessons for Survival.* Winnipeg: University of Manitoba.

Ewers, John C.
1958 *The Blackfeet: Raiders on the Northwestern Plains.* Norman: University of Oklahoma.
1967 »An Appreciation of George Catlin's O-Kee-Pa«. Einführung zu dem Nachdruck von George Catlins *O-Kee-Pa: A Religious Ceremony and other Customs of the Mandans.* New Haven: Yale University.

Farb, Peter
1968 *Man's Rise to Civilization as Shown by the Indians of North America from Primeval Times to the Coming of the Industrial State.* New York: Dutton.

Fletcher, Alice C.
1901 »The ›Lazy Man‹ in Indian Lore«. *Journal of American Folk-Lore,* 14: 100–104.

Fletcher, Alice C. und Francis La Flesche
1911 *The Omaha Tribe.* 27. Annual Report of the Bureau of American Ethnology, Smithsonian Institution.

Frazer, James George
1910 *Totemism and Exogamy: A Treatise on Certain Early Forms of Superstition and Society.* Band 3. London: MacMillan.

Gluckman, Max
1954 *Rituals of Rebellion in South-East Africa.* Manchester: Manchester University.

Goddard, Pliny Earle
1914 *Dancing Societies of the Sarsi Indians.* Anthropological Papers of the American Museum of Natural History, 11: 461–474.

Grinnell, George Bird
MS Unveröffentliches Notizbuch für dem 22. August 1898; Nummer 328. Freundlicherweise zur Verfügung gestellt vom Southwest Museum Library, Los Angeles.
1892 *Blackfoot Lodge Tales: The Story of a Prairie People.* New York: Charles Scribner's Sons.
1908 »Some Early Cheyenne Tales«. *Journal of American Folk-Lore,* 21: 269–320.
1910 »Coup and Scalp among the Plains Indians«. *American Anthropologist,* n.s., 12: 296–310.
1911 *The Indians of Today.* New York: Duffield. (Erstauflage 1900.)
1915 *The Fighting Cheyennes.* New York: Charles Scribner's Sons.
1923 *The Cheyenne Indians: Their History and Ways of Life.* Band II. New Haven: Yale University.

Haines, Francis
1938 The Northward Spread of Horses among the Plains Indians. *American Anthropologist,* n.s., 40: 429–437.
1976 *The Plains Indians: Their Origins, Migrations, and Cultural Development.* New York: Thomas Crowell.

Hartland, E. S.
1917 »Phallism«. In *Encyclopaedia of Religion and Ethics,* 9: 815–831. Herausgegeben von James Hastings. Edinburgh: T. & T. Clark.

Hartmann, Horst
1979 *Die Plains- und Prärieindianer Nordamerikas.* Berlin: Museum für Völkerkunde.

Hassrick, Royal B.
1964 *The Sioux: Life and Customs of a Warrior Society.* Norman: University of Oklahoma.

Hayden, F. V.
1863 *Contributions to the Ethnography and Philology of the Indian Tribes of the Missouri Valley.* Transactions of the American Philosophical Society (Philadelphia), n.s., 12: 426–444.

Hieb, Louis A.
1972 »Meaning and Mismeaning: Toward an Understanding of the Ritual Clown«. In *New Perspectives on the Pueblos,* 163–195. Herausgegeben von Alfonso Ortiz. Albuquerque: University of New Mexico.
1979 »The Ritual Clown: Humor and Ethics«. In *Forms of Play of Native North Americans,* 171–178. Herausgegeben von Edward Norbeck und Claire R. Farrer. St. Paul: West Publishing.

Highwater, Jamake
1977 *Ritual of the Wind: North American Indian Ceremonies, Music, and Dances.* New York: Viking.

Hilger, M. Inez
1952 *Arapaho Child Life and Its Cultural Background.* Smithsonian Institution, Bureau of American Ethnology, Bulletin 148.

Hirschfelder, Arlene und Paulette Molin
1992 *The Encyclopedia of Native American Religions: An Introduction.* New York: Facts on File.

Hodge, Frederick Webb (Herausgeber)
1907 *Handbook of American Indians North of Mexico.* Smithsonian Institution, Bureau of American Ethnology, Bulletin 30.

Hoebel, E. Adamson
1940 *The Political Organization and Law-ways of the Comanche Indians.* Memoirs of the American Anthropological Association, 54: 1–149.
1960 *The Cheyennes: Indians of the Great Plains.* New York: Holt, Rinehart und Winston.
1977 *The Plains Indians: A Critical Bibliography.* Bloomington: Indiana University.
1978 *The Cheyennes: Indians of the Great Plains.* New York: Holt, Rinehart und Winston. (Zweite, überarbeitete und erweiterte Auflage.)
1980 »The Influence of Plains Ethnography on the Development of Anthropological Theory«. In *Anthropology on the Great Plains,*

16–22. Herausgegeben von W. Raymond Wood und Margot Liberty. Lincoln: University of Nebraska.

Hollow, Robert C. und Douglas R. Parks
1980 »Studies in Plains Linguistics: A Review«. In *Anthropology on the Great Plains,* 68–97. Herausgegeben von W. Raymond Wood und Margot Liberty. Lincoln: University of Nebraska.

Honigman, John J.
1942 »An Interpretation of the Social-Psychological Functions of the Ritual Clown«. *Character and Personality,* 10: 220–226.

Howard, James H.
1954 »The Dakota Heyoka Cult«. *Scientific Monthly,* 78: 254–258.
1965 *The Ponca Tribe.* Smithsonian Institution, Bureau of American Ethnology, Bulletin 195.
1984 *The Canadian Sioux.* Lincoln: University of Nebraska.

Hultkrantz, Åke
1973 *Prairie and Plains Indians.* Institute of Religious Iconography, State University Groningen. Leiden: Brill.
1987 *Native Religions of North America: The Power of Visions and Fertility.* San Francisco: Harper und Row.

Huxley, Francis
1974 *The Way of the Sacred.* New York: Doubleday.

James, Edwin
1823 *Account of an Expedition from Pittsburgh to the Rocky Mountains, performed in the Years 1819, 1820.* 2 Bände. London: Longman, Horst, Rees, Orme und Brown.

Kardiner, Abram
1963 *The Psychological Frontiers of Society.* New York: Columbia University. (Erstauflage 1945.)

Kehoe, Alice B.
1970 »The Functions of Ceremonial Sexual Intercourse among the

Northern Plains Indians«. *Plains Anthropologist,* 15: 99–103.

Kennedy, Dan
1972 *Recollections of an Assiniboine Chief.* Herausgegeben von James Stevens. Toronto: McClelland und Stewart.

Kidd, Kenneth E.
1986 *Blackfoot Ethnography: Being a Synthesis of the Data of Ethnological Science with the Information Concerning the Blackfoot Indians contained in the Writings of the Explorers, Travellers and Traders from the time of First Contact to the Year 1821.* Archaeological Survey of Alberta, Manuscript Series, 8.

King, Arben R.
1979 »North American Indian Clowns and Creativity«. In *Forms of Play of Native North Americans,* 143–152. Herausgegeben von Edward Norbeck und Claire R. Farrer. St. Paul: West Publishing.

Kipp, James
1873 »On the Accuracy of Catlin's Account of the Mandan Ceremonies«. *Annual Report of the Board of Regents of the Smithsonian Institution for the Year 1872; Showing the Operations, Expenditures, and Conditions of the Institution for the Year 1872,* 436–438.

Kroeber, Alfred L.
1902– *The Arapaho.* Bulletin of the American Museum of Natural
1907 History, 18 (1,2,4): 1–229, 279–254.
1908a *Gros Ventre Myths and Tales.* Anthropological Papers of the American Museum of Natural History, 1: 55–139.
1908b *Ethnology of the Gros Ventre.* Anthropological Papers of the American Museum of Natural History, 1: 141–281.
1922 *American Indian Life: By Several of its Students.* »Einleitung«, 5–16. Herausgegeben von Elsie Clews Parsons. New York: Viking.

Lame Deer, John und Richard Erdoes
1972 *Lame Deer: Seeker of Visions.* New York: Simon und Schuster.

Landes, Ruth
1937 »The Personality of the Ojibwa«. *Character and Personality,* 6: 51–60.
1968 *The Mystic Lake Sioux: Sociology of the Mdewakantonwan Santee.* Madison: University of Wisconsin.

Lang, Sabine
1990 *Männer als Frauen – Frauen als Männer: Geschlechtsrollenwechsel bei den Indianern Nordamerikas.* Hamburg: Wayasbah.

Laski, Vera
1959 *Seeking Life.* Memoirs of the American Folk-Lore Society, 50.

Laubin, Reginald und Gladys
1977 *Indian Dances of North America: Their Importance to Indian Life.* Norman: University of Oklahoma.

Levine, Jacob
1969 »Regression in Primitive Clowning«. In *Motivation in Humor,* 167–178. Herausgegeben von Jacob Levine. New York: Atherton.

Lewis, Meriwether und William Clark
1965 *History of the Expedition under the command of Lewis and Clark.* Neuveröffentlichung der Francis P. Harper Ausgabe von 1893. Herausgegeben von Elliott Coues. New York: Dover.

Lewis, Thomas H.
1970 »Notes on the Heyoka, the Teton Dakota ›Contrary‹ Cult«. *Pine Ridge Research Bulletin,* 11: 7–19.
1974 »The Heyoka Cult in Historical and Contemporary Oglala Sioux Society«. *Anthropos,* 69: 17–32.
1982a »Traditional and Contemporary Ritual Clowns of the Crow«. *Anthropos,* 77: 892–894.
1982b »The Evolution of the Social Role of the Oglala Heyoka«. *Plains Anthropologist,* 27: 249–253.
1990 *The Medicine Men: Oglala Sioux Ceremony and Healing.* Lin-

coln: University of Nebraska.

Linderman, Frank B.
1962 *Plenty Coups, Chiefs of the Crows.* Lincoln: University of Nebraska.

Lippard, Lucy R.
1990 *Mixed Blessings: New Art in a Multicultural America.* New York: Pantheon Books.

Llewellyn Karl N. und E. Adamson Hoebel
1941 *The Cheyenne Way: Conflict and Case Law in Primitive Jurisprudence.* Norman: University of Oklahoma.

Lowie, Robert H.
1909 *The Assiniboine.* Anthropological Papers of the American Museum of Natural History, 4: 1–270.
1912 *Social Life of the Crow Indians.* Anthropological Papers of the American Museum of Natural History, 9: 179–247.
1913a *Dance Associations of the Eastern Dakota.* Anthropological Papers of the American Museum of Natural History, 11: 101–142.
1913b *Military Societies of the Crow Indians.* Anthropological Papers of the American Museum of Natural History, 11: 123–217.
1913c *Societies of the Hidatsa and Mandan Indians.* Anthropological Papers of the American Museum of Natural History, 11: 219–358.
1915a *Societies of the Arikara Indians.* Anthropological Papers of the American Museum of Natural History, 11: 645–678.
1915b *Dances and Societies of the Plains Shoshone.* Anthropological Papers of the American Museum of Natural History, 11: 803–835.
1916a *Societies of the Kiowa.* Anthropological Papers of the American Museum of Natural History, 11: 837–851.
1916b *Plains Indian Age-Societies: Historical and Comparative Summary.* Anthropological Papers of the American Museum of Natural History, 11: 877–984.
1917 *Notes on the Social Organization and Customs of the Mandan, Hidatsa, and Crow Indians.* Anthropological Papers of the

American Museum of Natural History, 21: 1–99.
1918 *Myths and Traditions of the Crow Indians.* Anthropological Papers of the American Museum of Natural History, 25: 1–308.
1919 *The Hidatsa Sun Dance.* Anthropological Papers of the American Museum of Natural History, 16: 411–431.
1922a *The Material Culture of the Crow Indians.* Anthropological Papers of the American Museum of Natural History, 21(3): 201–270.
1922b »Takes-the-Pipe, a Crow Warrior«. In *American Indian Life: By Several of its Students,* 17–33. Herausgegeben von Elsie Clews Parsons. New York: Viking.
1924a *Notes on Shoshonean Ethnology.* Anthropological Papers of the American Museum of Natural History, 20: 185–314.
1924b *Minor Ceremonies of the crow Indians.* Anthropological Papers of the American Museum of Natural History, 21: 323–365.
1935 *The Crow Indians.* New York: Farrer und Rinehart.
1982 *Indians of the Plains.* Lincoln: University of Nebraska. (Erstauflage 1954.)

Lynd, James William
1865 »The Religion of the Dakota«. *Collections of the Minnesota Historical Society, 2: 63–84.*

Mails, Thomas, E.
1972 *The Mystic Warriors of the Plains.* Garden City, New York: Doubleday.
1973 *Dog Soldiers, Bear Men and Buffalo Women: A Study of the Societies and Cults of the Plains Indian.* Englewood Cliffs, New Jersey: Prentice-Hall.

Makarius, Laura
1970 »Ritual Clowns and Symbolic Behaviour«. *Diogenes,* 69: 44–73.

Mallery, Garrick
1886 *Pictographs of the North American Indians.* 4. Annual Report of the Bureau of Ethnology, Smithsonian Institution.
1893 *Picture-Writing of the American Indians.* 10. Annual Report of the Bureau of Ethnology, Smithsonian Institution.

Mandelbaum, David G.
1940 *The Plains Cree.* Anthropological Papers of the American Museum of Natural History, 37: 155–316.

Marano, Lou
1982 Windigo Psychosis: The Anatomy of an Emic-Etic Confusion«. *Current Anthropology,* 23(4): 385–412.

Maximilian, Prinz zu Wied
1839 *Reise in das innere Nord-Amerika in den Jahren 1832 bis 1834.* Band I. Coblenz: Hoelscher.
1841 *Reise in das innere Nord-Amerika in den Jahren 1832 bis 1834.* Band II. Coblenz: Hoelscher.

Mayhall, Mildred P.
1962 *The Kiowas.* Norman: University of Oklahoma.

McAllister, J. Gilbert
1937 Kiowa-Apache Social Organization. In *Social Anthropology of North American Tribes: Essays in Social Organization, Law, and Religion,* 99–172. Herausgegeben von Fred Eggan. Chicago: University of Chicago.

McClintock, Walter
1923 *Old Indian Trails.* Boston: Houghton Mifflin.

McCracken, Harold
1959 *George Catlin and the Old Frontier.* New York: Dial Press.

Mead, Margaret und Nicolas Calas (Herausgeber)
1953 *Primitive Heritage: An Anthropological Anthology.* New York: Random House.

Michelson, Trumen
1930 *Contributions to Fox Ethnology.* Smithsonian Institution, Bureau of American Ethnology, Bulletin 95.

Millichap, Joseph R.
1977 *George Catlin.* Boise State University Western Writers Series, 27: 1–48. Boise, Idaho.

Mirsky, Jeannette
1937 »The Dakota«. In *Cooperation and Competition among Primitive Peoples,* 382–427. Herausgegeben von Margaret Mead. New York: McGraw-Hill.

Mooney, James
1896 *The Ghost-Dance Religion and the Sioux Outbreak of 1890.* 14. Annual Report of the Bureau of American Ethnology, Smithsonian Institution, Teil II.
1898 *Calendar History of the Kiowa Indians.* 17. Annual Report of the Bureau of American Ethnology, Smithsonian Instiution, Teil I.
1905–1907 *The Cheyenne Indians.* Memoirs of the American Anthropological Association, 1: 357–442.

Moore, John H.
1987 *The Cheyenne Nation: A Social and Demographic History.* Lincoln: University of Nebraska.

Morgan, Lewis Henry
1959 *The Indian Journals, 1859–62.* Herausgegeben von Leslie A. White. Ann Arbor: University of Michigan.

Müller, Werner
1956 *Die Religionen der Waldlandindianer Nordamerikas.* Berlin: Dietrich Reimer.
1970 *Glauben und Denken der Sioux: Zur Gestalt Archaischer Weltbilder.* Berlin: Dietrich Reimer.

Muntsch, Albert
1932 »Notes on Age-Classes among the Northern Arapaho«. *Primitive Man,* 5: 49–52.

Murie, James R.
1914 *Pawnee Indian Societies.* Anthropological Papers of the Ameri-

can Museum of Natural History, 11: 543–644.
1981 *Ceremonies of the Pawnee.* Herausgegeben von Douglas R. Parks. Smithsonian Contributions to Anthropology, 27.

Neihardt, John G.
1979 *Black Elk Speaks: Being the Life Story of a Holy Man of the Oglala Sioux.* Lincoln: University of Nebraska. (Erstauflage 1932.)

Neill, Edward Duffield
1872 »Dakota Land and Dakota Life«. *Collections of the Minnesota Historical Society,* 1: 254–294.
1873 *The History of Minnesota: From the Earliest French Explorations to the Present Time.* Zweite Ausgabe. Philadelphia: Lippincott.

Nizhoní, Martin
1990 *Ich liebe meine Indianischen Wege: Die Wiederbelebung der heiligen Sioux-Zeremonien.* Aachen: Alano.

Norbeck, Edward
1961 *Religion in Primitive Society.* New York: Harper & Row.
1974 *Religion in Human Life: Anthropological Views.* New York: Harper & Row.
1979 »Rites of Reversal of North American Indians as Forms of Play«. In *Forms of Play of Native North Americans,* 51–66. Herausgegeben von Edward Norbeck und Claire R. Farrer, St. Paul: West Publishing.

Paget, Amelia MacLean
1909 *The People of the Plains.* Herausgegeben von Duncan Campbell Scott. Toronto: Ryerson.

Parks, Douglas R.
1991 *Traditional Narratives of the Arikara Indians.* 2. Bände. Lincoln: University of Nebraska.

Parks, Douglas R., Margot Liberty und Andrea Ferenci

1980 »Peoples of the Plains«. In: *Anthropology on the Great Plains,* 284–296. Herausgegeben von W. Raymond Wood und Margot Liberty. Lincoln: University of Nebraska.

Parsons, Elsie Clews und Ralph L. Beals
1934 »The Sacred Clowns of the Pueblo and Mayo-Yaqui Indians«. *American Anthropologist,* n.s. 36: 491–514.

Petersen, Karen D.
1964 »Cheyenne Soldier Societies«. *Plains Anthropologist,* 9: 146–172.

Pond, Gideon H.
1854 »Power and Influence of Dacota Medicine-men«. In *Information Respecting the History, Condition and Prospects of the Indian Tribes of the United States.* Herausgegeben von Henry R. Schoolcraft, 1851–1857, 4: 641–651. Philadelphia: Lippincott.
1867 »Dakota Superstitions«. *Collections of the Minnesota Historical Society,* 2: 32–62 (auch in Neuauflage von 1889, 2: 215–255).

Pond, Samuel William
1908 »The Dakotas or Sioux in Minnesota as they were in 1834«. *Collections of the Minnesota Historical Society,* 12: 319–501.

Powell, Peter John
1969 *Sweet Medicine: The Continuing Role of the Sacred Arrows, the Sun Dance, and the Sacred Buffalo Hat in Northern Cheyenne History.* 2 Bände. Norman: University of Oklahoma.
1981 *People of the Sacred Mountain: A History of the Northern Cheyenne Chief and Warrior Societies 1830–1879 with an Epilogue 1869–1934.* 2 Bände. Norman: University of Oklahoma.

Powers, Williams K.
1977 *Oglala Religion.* Lincoln: University of Nebraska.
1986 *Sacred Language: The Nature of Supernatural Discourse in Lakota.* Norman: University of Oklahoma.
1987 »Lakota Religion«. In *The Encyclopaedia of Religion,* 8: 434–436. Herausgegeben von Mircea Eliade. New York: Macmillan.

1988 »Foolish Words: Text and Context in Lakota Love Songs«. *European Review of Native American Studies,* 2(2): 29–34.

Prescott, Philander
1853 »The Dacotahs or Sioux of the Upper Mississippi«. In *Information Respecting the History, Condition and Prospects of the Indian Tribes of the United States.* Herausgegeben von Henry R. Schoolcraft, 1851–1857, 3: 225–246. Philadelphia: Lippincott.

Ray, Verne F.
1937 »The Bluejay Character in the Plateau Spirit Dance«. *American Anthropologist,* n.s., 39: 593–601.
1945 »The Contrary Behavior Pattern in American Indian Ceremonialism«. *Southwestern Journal of Anthropology,* 1: 75–113.

Riggan, William
1981 *Pícaros, Madmen, Naïfs, and Clowns: The Unreliable First-Person Narrator.* Norman: University of Oklahoma.

Riggs, Stephen Return
1872 »Mounds of Minnesota Valley«. *Collections of the Minnesota Historical Society,* 1: 149–152.
1880 »The Theogony of the Sioux«. *The American Antiquarian and Oriental Journal,* 2(4): 265–270.
1883 *»Mythology of the Dakotas«. The American Antiquarian and Oriental Journal,* 5(2): 147–149.
1890 *A Dakota-English Dictionary.* Contributions to North American Ethnology, 7: 1–665.

Roe, Frank Gilbert
1955 *The Indian and the Horse.* Norman: University of Oklahoma.

Sandoz, Mari
1976 *Hostiles and Friendlies: Selected Short Writings of Mari Sandoz.* Lincoln: University of Nebraska.

Schlesier, Karl H.
1983 »Anmerkungen über Tsistsistas (Cheyenne) Hemaneh und Hohnuhka oder die Coincidentia Oppositorum«. In *Sehnsucht*

nach dem Ursprung: Zu Mircea Eliade, 239–249. Herausgegeben von H. P. Duerr. Frankfurt: Syndikat.
1987 *The Wolves of Heaven: Cheyenne Shamanism, Ceremonies, and Prehistoric Origins.* Norman: University of Oklahoma.

Schoolcraft, Henry Rowe
1852 »Haökah – a Dacota God«. In *Information Respecting the History, Condition and Prospects of the Indian Tribes of the United States.* Herausgegeben von Henry R. Schoolcraft, 1851–1857, 2: 224–226. Philadelphia: Lippincott.
1857 »Religious and Mythological Opinions of the Mississippi Valley Tribes«. In *Information Respecting the History, Condition and Prospects of the Indian Tribes of the United States.* Herausgegeben von Henry R. Schoolcraft, 1851–1857, 6: 647–657. Philadelphia: Lippincott.

Schwartz, Warren E.
1989 *The Last Contrary: The Story of Wesley Whiteman (Black Bear).* Sioux Falls, South Dakota: Augustana College.

Skinner, Alanson B.
1911 *Notes on the Eastern Cree and Northern Saulteaux. Anthropological Papers of the American Museum of Natural History, 9: 1–177.*
1914a »The Cultural Position of the Plains Ojibway«. American Anthropologist, n.s., 16: 314–318.
1914b *Political and Ceremonial Organization of the Plains-Ojibway.* Anthropological Papers of the American Museum of Natural History, 11: 475–511.
1914c *Political Organization, Cults and Ceremonies of the Plains-Cree.* Anthropological Papers of the American Museum of Natural History, 11: 513–542.
1915a *Societies of the Iowa.* Anthropological Papers of the American Museum of Natural History, 11: 679–740.
1915b *Ponca Societies and Dances.* Anthropological Papers of the American Museum of Natural History, 11: 777–801.

Smith, Marian B.
1938 »The War Complex of the Plains Indians«. *Proceedings of the American Philosophical Society,* 78: 425–464.

Standing Bear, Luther
1933 *Land of the Spotted Eagle.* Boston: Houghton Mifflin.

Stands In Timber, John und Margot Liberty
1967 *Cheyenne Memories.* New Haven: Yale University.

Steward, Julian H.
1929 *The Clown in Native North America.* Ph.D. Dissertation, University of California, Berkeley.
1930 »The Ceremonial Buffoon of the American Indian«. *Papers of the Michigan Academy of Science, Arts and Letters,* 14: 187–207.

Taylor, Colin
1975 *The Warriors of the Plains.* New York: Acro Publishing.

Tedlock, Barbara
1975 »The Clown's Way«. In *Teachings from the American Earth: Indian Religion and Philosophy,* 105–118. Herausgegeben von Dennis Tedlock und Barbara Tedlock. New York: Liveright.

Titiev, Mischa
1972 »Some Aspects of Clowning among the Hopi Indians«. In *Themes in Culture: Essays in Honor of Morris E. Opler,* 326–336. Herausgegeben von Mario D. Zamora, J. Michael Mahar und Henry Orenstein. Quezon City, Philippinen: Kayumanggi.

Trenholm, Virginia Cole
1970 *The Arapahoes, Our People.* Norman: University of Oklahoma.

Turner, Victor W.
1969 *The Ritual Process: Structure and Anti-Structure.* London: Routledge und Kegan Paul.

Underhill, Ruth Murray
1965 *Red Man's Religion: Beliefs and Practices of the Indians North of Mexico.* Chicago: University of Chicago.

Walker, James R.
1917 *The Sun Dance and Other Ceremonies of the Oglala Division of the Teton Dakota.* Anthropological Papers of the American Museum of Natural History, 16: 51–221.
1980 *Lakota Belief and Ritual.* Herausgegeben von Raymond J. DeMallie und Elaine Jahner. Lincoln: University of Nebraska.
1982 *Lakota Society.* Herausgegeben von Raymond J. DeMallie. Lincoln: University of Nebraska.
1983 *Lakota Myth.* Herausgegeben von Elaine Jahner. Lincoln: University of Nebraska.

Wallace, Ernest und E. Adamson Hoebel
1952 *The Comanches: Lords of the Southern Plains.* Norman: University of Oklahoma.

Wallis, Wilson D.
1919 *The Sun Dance of the Canadian Dakota.* Anhtropological Papers of the American Museum of Natural History, 16: 317–380.
1923 »Beliefs and Tales of the Canadian Dakota«. *Journal of American Folk-Lore,* 36: 36–102.
1947 *The Canadian Dakota.* Anthropological Papers of the American Museum of Natural History, 41(1): 1–225.

Weltfish, Gene
1965 *The Lost Universe with a Closing Chapter on »The Universe Regained«.* New York: Basic Books.

Will, George F.
1928 »Magical and Sleight of Hand Performances by the Arikara«. *North Dakota Historical Quarterly,* 3(1): 50–65.
1930 »Arikara Ceremonials«. *North Dakota Historical Quarterly,* 4(4): 247–265.

Will, George F. und Herbert Spinden
1906 *The Mandans: A Study of their Culture, Archaeology and Language.* Papers of the Peabody Museum of American Archaeology and Ethnology, Harvard University (Cambridge, Massachusetts), 3(4): 79–219.

Wissler, Clark
1907 *Some Protective Designs of the Dakota.* Anthropological Papers of the American Museum of Natural History, 1: 19–53.
1911 *The Social Life of the Blackfoot Indians.* Anthropological Papers of the American Museum of Natural History, 7: 1–64.
1912 *Societies and Ceremonial Associations in the Oglala Division of the Teton-Dakota.* Anthropological Papers of the American Museum of Natural History, 11: 1–99.
1913 *Societies and Dance Associations of the Blackfoot Indians.* Anthropological Papers of the American Museum of Natural History, 11: 359–460.
1914 »The Influence of the Horse in the Development of Plains Culture«. *American Anthropologist,* n.s., 16: 1–25.
1916a »General Introduction«. In *Societies of the Plains Indians.* Anthropological Papers of the American Museum of Natural History, 11: v–viii.
1916b »General Discussion of Shamanistic and Dancing Societies«. In *Societies of the Plains Indians.* Anthropological Papers of the American Museum of Natural History, 11: 853–876.

Danksagung

Ich habe versucht, mich in das Wesen der Plainsindianer vergangener Zeiten hineinzuversetzen und mich dann in einer Fremdsprache auszudrücken.

Ich danke herzlich meinem Doktorvater, Herrn Prof. Dr. Ulrich Köhler für seine Hilfsbereitschaft, Aufgeschlossenheit und freundliche Unterstützung meiner Arbeit.

Für zahlreiche Diskussionen und Ratschläge sowie für ihre uneingeschränkte Hilfe bei der Korrektur der deutschen Fassung ergeht ein Dank an Dr. Roland Melzer und Dr. Margarete Roithmair.

Katina Marx trug sehr zur Entstehung früherer Fassungen des Textes bei. Ihr sei herzlich gedankt, wie auch Bruce Hughes, Ricarda Kranz, Dr. Leo Rupp und Pete Tosic für ihre unentbehrliche Hilfe und Freundschaft.

Mein Dank gilt auch Eva Zellinger, Susanne Raudolf, Prof. Dr. Stephan Seitz, Prof. Dr. Christian Feest, Dr. Michael Heinrich, Dr. Bruno Illius, Aminta Castillo-Morales, Dr. Evelyn Dürr, Dr. Michael Schmitt, Gabriele Uhl, Volker Preis, August Spitznagel, den Mitarbeiter der Universitätsbibliothek Freiburg, Elli Waller, Susanne Einfeld, Susanne Mirschika, Dr. Peter Bolz, Prof. Dr. Karl Schlieser, Petra Staudinger, Lucas Beck, Dr. Weddig Fricke, Dr. Walter und Dr. Elisabeth Gruber, Dr. Martin Gollner-Marin, Uschi Hannappel, Prof. Dr. Hannes Paulus, Dr. Lothar Käser, Karin Ebel, Birgit Schmidtmann, Dr. Claudia Gack, Dr. Russell Phillips, Bradford, Mark, Jason und Dr. Texas Whiteman und Dr. Don Swanjord.

Ein besonderer Dank geht an Big Eagle und Duke.

Register

Curriculum vitae

geb. 27. 2. 54	in New Haven, Connecticut, U.S.A.
1972–1976	Windham College, Putney, Vermont, U.S.A. Abschluß: Bachelor of Arts (B.A.) in Anthropology
1977–1978	Southern Connecticut State College, New Haven, Connecticut Abschluß: Bachelor of Science (B.S.) in Biology
1979–1980	Studien in Deutsch als Fremdsprache, Thomas Morus Burse, Freiburg und Albert-Ludwigs-Universität, Freiburg. Abschluß: Deutsche Sprachprüfung
1980–1985	Albert-Ludwigs-Universität, Freiburg Abschluß: Biologie Diplom
seit 1985	eingeschrieben im Institut für Völkerkunde, Albert-Ludwigs-Universität, Freiburg
1987–1988	Wissenschaftliche Hilfskraft (Zoologie Freiburg)
1991–1993	Wissenschaftliche Hilfskraft (Zoologie Wien)

John Plant